中国好采购

（2017/2018）

TOP
PURCHASER
IN CHINA

宫迅伟◎主编

汪浩 刘成◎副主编

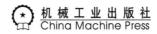

机械工业出版社
China Machine Press

图书在版编目（CIP）数据

中国好采购 2 / 宫迅伟主编 . —北京：机械工业出版社，2020.1（2022.5 重印）

ISBN 978-7-111-64267-1

I. 中… II. 宫… III. 企业管理 – 采购管理 – 案例 – 中国 IV. F279.23

中国版本图书馆 CIP 数据核字（2019）第 259059 号

哈佛商学院的学生之所以备受欢迎，能够担任高管，是因为他们在校研读了 800 个案例，几乎涵盖任意领域出现的所有问题，成为解决问题的"能力分子"，而不是"知识分子"。

"中国好采购"是个年度千人大会，出版的案例集《中国好采购》收录了 2015 年、2016 年的获奖案例，本次出版的《中国好采购 2》收录了 2017 年、2018 年的获奖案例，这些案例不求"高大上"，只是反映采购人的日常"实操"，可供大家了解采购、学习采购、研究采购借鉴。

中国好采购，年度群英会，助力采购人实现"能力显性化、知识结构化、个人品牌化"，讲述采购故事，"三化"助力人生。

中国好采购 2

出版发行：机械工业出版社（北京市西城区百万庄大街 22 号　邮政编码：100037）	
责任编辑：李晓敏	责任校对：李秋荣
印　　刷：固安县铭成印刷有限公司	版　　次：2022 年 5 月第 1 版第 2 次印刷
开　　本：170mm×240mm　1/16	印　　张：20
书　　号：ISBN 978-7-111-64267-1	定　　价：79.00 元

客服电话：（010）88361066　88379833　68326294　　投稿热线：（010）88379007
华章网站：www.hzbook.com　　　　　　　　　　　　读者信箱：hzjg@hzbook.com

版权所有·侵权必究
封底无防伪标均为盗版

推荐序一　专业匠人精神，推动中国采购专业化

随着中国经济由高速到高质量发展，采购与供应链管理越来越重要。宫迅伟老师多年来一直在做"采购与供应链"领域的培训，他把自己的职业生涯分成三个阶段：先是做采购，后来教采购，现在研究采购。他创立的中国采购商学院以"推动中国采购专业化"为使命，他开发的"专业采购四大核心能力""G16采购情景工作坊""三步打造采购专家"系列课程，获得了国家的版权认证，在市场上获得了广泛好评。他创办的"中国好采购"千人大会和案例大赛，已经连续成功举办四届，并且配套出版了案例集《中国好采购》，我非常欣赏他这种聚焦专业、研究专业的匠人精神，时代需要他这种精神。

宫迅伟老师是中国机械工程学会物流工程分会理事。中国机械工程学会是一个全国性、学术性、非营利性学会组织，是中国科学技术协会的组成部分。学会成立于1936年，是我国成立较早、规模最大的工科学会之一，现有36个专业分会，18万名会员。学术交流是学会的基本职能，编辑出版与学术会议是学术交流的两翼，继续教育和专业人员资格认证是学会服务社会的有效形式。

多年来，学会组织编写了数百种大型工具书、科技图书和相关教材，对推动学科发展起到了重要作用。近年来，学会又积极推进工程师资格的国际

互认。中国机械工程学会代表中国加入了 11 个国际组织,与 26 个国家的 45 个一流学术团体和专业组织签订了双边合作协议,并与 60 余个国家和地区的千余个科研、教学、设计、制造、咨询、中介以及社会公益机构建立了良好的工作关系。

今天,我非常高兴受邀为《中国好采购 2》写推荐序,希望这本书的出版能为"推动中国采购专业化"做贡献,为所有采购同人提供帮助。

中国经济由高速到高质量发展,需要更多的人加入"学术"行列,总结中国企业成功的管理经验,把实践总结为理论,用理论指导实践。中国是一个制造大国,随着经济的发展、国力的提升,一定能够诞生影响世界的管理大师。

我希望更多的人能够关注"采购与供应链",因为企业的竞争就是供应链之间的竞争,采购是连接外部资源的纽带,是供应链成员间数据交互的枢纽。采购的专业化,一定能够给企业创造更大的价值,为中国的经济发展做贡献。

祝"中国好采购"越办越好。

陆大明

中国机械工程学会秘书长

推荐序二　萃取行业经验，指导行业实践

我与中国采购商学院首席专家宫迅伟老师相识，是2019年4月中国建筑材料流通协会重大工程采购管理委员会在杭州举办的一次行业大会上。大会邀请宫迅伟老师做了一个题为"数字化时代，如何打造供应链竞争优势"的演讲，他结合实践阐述了自己对供应链管理的独特见解——"三个流、两条主线、一个突破口"，获得了广泛好评。通过与他的交流，我了解到中国采购商学院举办了"中国好采购"案例大赛，已经成功举办了四届。这是个千人大会，在千人大会上，来自全国各地的优秀案例在现场进行比拼，由现场的专家评委和现场参会的采购经理人进行投票，评选出"中国好采购"冠军。我认为这是一个符合行业所需的好活动。

2018年，全国建筑施工行业采购成本高达14万亿元。在建筑行业中，经常是小批量多品种、项目采购，供应商管理比较粗放，各种干扰因素比较多，采购情景更加复杂。采购成本降低对企业利润贡献巨大。因此，中国建筑材料流通协会也有一个想法，就是希望把全国范围内优秀的典型案例收集整理出来，让大家相互借鉴和学习，以更好地指导各企业的采购实践，从而推动行业管理水平的不断提升。为此，我们将面向工程建设产业链相关企业，以及服务于工程建设的互联网及信息技术企业、高等院校和科研机构等单位，征集建筑业采购与供应链管理创新应用典型案例，并配套开展一个征

文活动，期待通过总结、推广促进工程建设行业采购与供应链管理方面的创新应用成果，发挥典型示范、借鉴作用，进一步提高采购与供应链管理的整体水平。

这个活动与宫迅伟老师举办的"中国好采购"案例大赛异曲同工，都是在筛选采购的最佳实践，都是在彰显采购的专业价值，都是在推动中国采购的专业化发展。中国采购商学院的使命是"推动中国采购专业化"，我觉得这个使命非常伟大、非常光荣。中国经济实现由高速到高质量的发展，需要专业的采购、专业的采购人。

听闻中国采购商学院已经出版了一本案例集《中国好采购》，现在即将出版《中国好采购2》，我认为非常有意义，把每一年的中国好采购案例编辑出版，是对中国采购从业者的一个贡献，希望能够坚持，一直做下去。

我非常荣幸为《中国好采购2》写推荐序。本书是一本不可多得且实用易学的好书。这本书包含了丰富的信息和行业案例，这些案例主要围绕采购管理模式创新及应用、新技术在采购中的应用、采购平台建设及应用等方面展开，密切跟踪采购与供应链管理发展趋势，反映最新动态，能够帮助行业从业者厘清采购与供应链管理中的诸多细节和操作方法，找到精益化管理策略。我希望这本书能够给采购从业者提供重要的参考，带来一定的启发和借鉴，也非常希望采购从业者能够在各自的领域中用自己的专业创造价值。

祝中国好采购，越办越好。

中国建筑材料流通协会会长

前言　讲述采购故事，"三化"助力人生

TOP PURCHASER IN CHINA

　　中国好采购，年度群英会。一年一度的"中国好采购"千人大会，已经成功举办四届，2017年出版的案例集《中国好采购》广受欢迎，它收录了2015年、2016年的获奖案例。您手上这本《中国好采购2》是第二本案例集，它收录了2017年、2018年的获奖案例。

　　我们将努力把分享采购案例一直做下去，目的有两个：一个是帮助采购人了解同行，了解采购发展趋势，借鉴一下同行的解决方案。哈佛商学院的学生之所以备受欢迎，能够担任高管，就是因为在校研读了800个案例，这些案例几乎涵盖任意领域出现的所有问题。另一个是给采购人一个舞台，展示采购的专业，成就专业的采购，让采购人成为真正的"能力分子"，而不是"知识分子"。

　　采购人聚在一起聊天，总觉得企业高管很少是采购出身，职业晋升通道有限。经常有人问我，做采购10年了，以后做什么？交谈中，我难免心有戚戚焉。为什么呢？想想也有道理，要晋升往往有两条标准：第一，此人要有才；第二，别人知道他有才。

　　采购人是人才吗？社会上很多人并不觉得采购人是人才。第一，很多人不把采购当专业，觉得就是"花钱买东西""肥差"；第二，很多采购人，比较低调内敛，不擅长展示自己的才华，所以，采购人的才华并没有被别人

"看见",别人也就不知道他是不是人才。

那么,采购人究竟算不算是人才呢?

采购人要评审供应商,对企业战略规划、经营计划、管理流程、质量标准、生产管理、研发制造都要有所了解;采购人要会谈判,对财务知识、成本构成、供应市场都要熟稔于心;采购人要签合同,对风险控制、企业合规、合同管理也都需要掌握;采购人天天接触销售,对营销策略、定价机制耳濡目染。专业的采购人,可以掌握这么多知识,怎能不是人才?!可为什么,采购人的这些能力没有被"看见",职业生涯少了很多机会呢?我经常说,作为专业采购人,最缺的一种才华,往往就是展示自己才华的才华。

20多年的职业生涯,10多年的培训经历,我见证了无数采购人的成长与发展,他们有些并不尽如人意。所以我越发感觉到,职场竞争力不足,成为制约采购人发展的瓶颈。关于提升采购人的职场竞争力,我总结的"能力显性化、知识结构化、个人品牌化"获得大家的广泛认同,甚至有人赞美"三化是职场发展的一盏明灯",当然这是溢美之词,但也确实让大家感同身受,有些触动。

我们举办"中国好采购"案例大赛,就是想提供这样一个平台——让采购人展示才华的舞台。通过"中国好采购"案例大赛演讲,大家实现"能力显性化";通过专家老师指导撰写案例,大家完成"知识结构化";通过登台演讲入选《中国好采购》案例集,大家实现"个人品牌化"。三化融合,助力采购人职业生涯发展。

"中国好采购"不仅是一个案例大赛,还是一个大会,一个"360度看采购"的专业大会。它邀请各方专家,让不同领域的专家谈采购,让采购人看不同领域的事,360度拓宽视野。我们坚信"职业的天花板来自认知的局限,企业的未来取决于企业家的视野和局限"。

中国好采购,拓宽视野,中国好采购,年度群英会。

"当种子落入泥土,当梦想注入心田,种子发芽了,中国好采购诞生了。"这是2015年我为第一届"中国好采购"大会写下的诗。

中国采购商学院的使命是"推动中国采购专业化",这也是我的梦想。在此,我要感谢亲临现场的专家评委、演讲嘉宾,感谢每次到场的1000位采购人,要特别感谢为大会成功举办提供支持的各位赞助商、忙前忙后的50

名志愿者。当然，我也非常感谢为这本案例集辛勤付出的67位点评嘉宾，他们在深夜里、在工作间隙，抽出宝贵的时间，结合自己的工作经验对案例做了精彩的点评，读这些点评，犹如茶炉夜话、世界咖啡，使人受益匪浅。

我也非常感谢奋战在采购领域的各位专家学者、培训师、咨询师，感谢不断探索前行的实践者，每个人都在用自己的努力，践行中国专业采购化，共同书写着"推动中国采购专业化"的宏图大卷。

我特别希望中国采购商学院能为大家搭建一个舞台，种下一颗梦想的种子，使大家成为"中国好采购"，让三化融合，点亮采购人生。

中国好采购，年度群英会，期待您的光临，若有任何问题和建议，可以发送至我的邮箱：gongxunwei@cipm-china.com。

宫迅伟

目录
TOP PURCHASER IN CHINA

推荐序一　专业匠人精神，推动中国采购专业化

推荐序二　萃取行业经验，指导行业实践

前　　言　讲述采购故事，"三化"助力人生

第一篇　采购降本　1

跨部门技术降本管理实践 / 杨楷基　2

采购成本控制的道、法、术 / 李斌　31

精益，帮助供应商成本领先 / 赵玉新　53

第二篇　国产化采购项目　75

通过跨部门协同实现核心零部件国产化 / 徐尉哲　76

乘用车离合器关键零件国产化项目 / 谭力　92

第三篇　采购谈判　113

电视广告采购实战案例解析 / 孟春　114

年度降本谈判，挖掘双赢空间 / 王仁波　129

第四篇　采购价值提升　*153*

铸件供应链优化，预防环保断货 / 章栩　*154*

模式创新，让采购价值再创新高 / 颜新平　*182*

志同道合，战略采购实现双赢 / 王伟玲　*205*

采购早期介入、全程参与，帮助销售做销售 / 林岚　*223*

第五篇　数字化采购　*243*

X 公司 MRO 数字化管理演进之路 / 祝圆圆、赵琳　*244*

通过采购电商赋能企业采购业务开启数字化采购新时代 / 程序　*264*

采购数字化转型中的障碍和对策 / 霍绍由　*284*

参考文献　*306*

TOP PURCHASER
IN CHINA

第一篇
采购降本

跨部门技术降本管理实践

（2017 年三等奖　杨楷基　长园集团）

推荐语

一看到这个案例题目，我就想推荐。为什么？一是"跨部门"，二是"技术降本"。

在很多公司，降本似乎就是采购部的事，降本就是两大招，要么招标，要么谈判，简单说就是"砍价"，采购部成为"砍价部"。其实，产品设计好了，百分之七八十的成本就定了，采购可操作的空间十分有限。如果空间很大，那一定是错了。哪里错了？供应商报价错了，报价"水分大"。这也不能怪供应商，因为你太喜欢砍价了，他是根据你的习惯报的价。你年年招标，相信供应商也早已想出来一堆"高招"应对你。

那怎么"跨部门"，怎样进行"技术降本"呢？一是运用"项目管理"，二是改变"分配机制"。悄悄告诉你，我就是因为在一家500强公司成功实施"跨部门协同技术降本"，获得了全球总裁特别奖。

本案例主人总结了技术降本的四个关键要素：管理技术、专业技术、项目管理和人才，大家可以试用。

宫迅伟

我们是总部位于深圳的一家电力行业的企业，产品涉及继电保护、变电站监控与综合自动化、配网自动化、电力监测、汽车充电设备等领域（见图1），业务涵盖科研开发、生产制造，以及系统集成、技术服务，并提供全面解决方案。

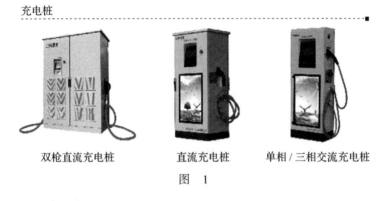

双枪直流充电桩　　　直流充电桩　　　单相/三相交流充电桩

图　1

要想生存，只有降本

我们主要的客户是国家电网和南方电网。近年来，随着市场竞争越来越激烈，行业内各友商都在通过打价格战来拼命地提高自身产品在市场上的竞争力，以获得更多的份额。

对于客户来说，他们永远期待供应商的产品质量越来越好，而自己的成本越来越低，所以他们每年都要进行招投标，迫使供应商不断降价，从而达到降低成本的目的。

在这种形势下，企业的压力非常大。一方面，企业要通过技术部门的研发来提高产品的质量；另一方面，企业要通过采购努力降低成本。这两个方面需要同时取得进展，企业才有竞争力，否则必然没有生存空间，面临被淘汰的风险。

我们这个行业，用"血拼"来形容，也许一点儿都不为过。国家电网每年6次集中招标，我们的某产品系列从未中标，而有一年竞争对手的中标价，居然比我们的成本价还低。作为采购，我们面临的降本压力越来越大。

商务降本行不通怎么办

在现实中，通过招标、谈判等商务手段降本，已经越来越难了，从

2016年下半年开始，原材料成本不断上涨，供应商都提出涨价，硬是被我们压下去了，对此供应商叫苦连天。

像光缆跳线、生产外购件、电源模块、机柜及附件、机箱/衬板、光纤配线箱等物料，前几年主要通过招标、议价等商务手段进行多轮降本，商务降本已遇到了天花板，再加上2016年底以来，人民币持续贬值，原材料价格上涨，导致降本越来越难。

技术降本的必要性

在上述行业背景下，企业不得不从技术的角度去考虑降本。就我们企业自身来说，我们的产品成本占公司总成本的50%以上，而产品成本的70%是由设计决定的，那么通过工艺改进、设计优化等降低产品本身的成本就成为我们工作的重点。

什么是技术降本

到底什么是技术降本呢？

我们的理解是，技术降本是以专业技术创新、改进为根本手段，辅以管理技术/工具，运用项目管理统筹推进，在不降低产品品质、性能的基础上，降低产品从设计、制造、销售到报废为止所产生的所有成本的活动。

技术降本的困难

搞清楚了什么是技术降本，那么，技术降本的具体工作怎么开展呢？一开始，我们也一筹莫展，但是团队经过讨论后认识到，目前我们主要面临四大挑战。

1. 如何挖掘降本方向

通过什么思路找到降本方向？技术是一个方向，关键是从哪里下手最容易突破。

2. 如何提高降本的计划性

以前我们也有过技术降本,但总是项目计划性不强,推行进度慢,甚至发生过原计划半年完成的项目两年都未完成,有的甚至不了了之。当然这其中有很多原因,但是现在我们也算是被逼到绝路上了,技术降本的任务迫在眉睫,这条路必须要快捷有效。

3. 涉及多个部门,如何有效协同

部门墙如何打通?各部门都有考核指标,都希望自己的局部利益最大化,如果不打破这样的理念,是很难进行有效协同的。所谓协同,就是要为了实现全局的利益最大化,牺牲一些局部的利益。

4. 如何和交付挂钩,快速收益

交货计划倒逼降本计划。我们需要建立完善的机制,在降本的同时,不能耽误交付。如果为了降本而耽误了交付,是得不偿失的,双重目标都要完成,这又是一项艰巨的任务。

解决方案

为了解决上面的难题,我们首先要从思维方式上做出转变。经过仔细地研究和分析,我们对降本的思路有了两个重大转变。

(1)由关注物料转向关注产品:从原来的物料维度转向产品维度统筹和管理降本项目,更加宏观,具有降本战略性。

(2)项目结项的唯一标准:必须以交付计划为指挥棒,收益才能快速落地,变成真金白银,否则都是空谈。

专业技术和管理技术、工具分类

毫无疑问,降低成本必须以专业技术为中心,对于我们公司来说,我们的专业技术就是电气回路设计、结构设计、硬件研发技术、元器件品类技术、制造工艺技术和材料工艺技术(见图2)。

专业技术[1]	管理技术
• 电气回路设计 • 结构设计 • 硬件研发技术 • 元器件品类技术 • 制造工艺技术 • 材料工艺技术	• 价值分析（VA）/价值工程（VE） • 成本分析与建模（产品/物料） • 中标均价分析 • 竞品分析 • DFC（面向成本设计）和跨行业对标 • 项目管理 • 跨部门协同 • 采购人员技能矩阵

图 2

[1] 不同的行业，专业技术不同。

我们确定了基本策略，那就是以**专业技术**为中心，在实施降本时，辅以很多**管理技术**来提高专业技术的效率，活用专业技术，同时运用**项目管理**统筹推进，跨部门协作，在不降低产品品质、性能的基础上，降低产品从设计、制造、销售到报废为止所产生的所有成本。

在整个过程中，项目管理是发动机轴，专业技术是主轴，而管理技术是传动轴，用以提高专业技术降本效率并灵活应用专业技术降本（见图3）。

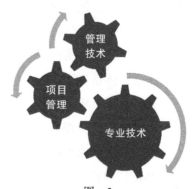

图 3

如果把技术降本比作一辆飞奔的马车，那么专业技术就是那匹奔驰的骏马，项目管理就是挥舞的马鞭，管理技术就是手握的缰绳，当然最核心的要素是驾驭马车的人，也就是人才（见图4，即技术降本的四个关键要素）。

图 4

成立项目组织

在组织分工上，我们成立了项目组，组织结构如下（见图5）：

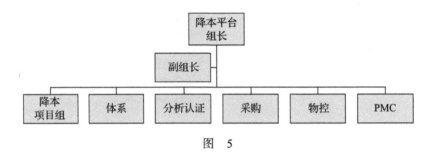

图 5

这个项目组被称为降本平台组，而不是降本项目组，组长由总经理亲自挂帅，各自的责任分工如下。

平台组长：机制保障。

副组长：流程管控。

降本项目组：实施降本项目。

体系：体系备案。

分析认证：质量风控。

采购：项目管理。

物控：加快成果应用。

PMC：收益核算。

制定流程与管控机制

当然，我们也制定了详细的流程和管控机制（见图6）：

图 6

结项有两个必要条件：

(1) 历史库存消耗完毕。

(2) 成果应用于实际工程交付。

技术降本方案的实施

实施的过程,就是要先搞清楚问题,再确定步骤,然后分别使用不同的工具。问题已经明确了,步骤也制定出来了,那么我们就要按步骤实施。为此,我们制定了以下时间表(见表1)。

表 1

序 号	步 骤	时间计划
1	降本项目收集(降本方向)	2017 年 1 月
2	确定项目清单	2017 年 3 月前
3	落实资源	2017 年 3 月前
4	项目实施与跟进	2017 年 3—12 月
5	收益核算及成果评定	2017 年 12 月

步骤 1:降本项目收集(降本方向)

我们把降本分为 6 个方向:

- 销售额大的产品。
- 利润空间低的产品。
- 市场竞争力弱的产品。
- 产品归一化降本。
- 原材料换型降本。
- 设计配用方案降本。

步骤 2:确定项目清单

我们挖掘了 7 个大项、16 个专项技术降本,按照项目的重要性,分为公司级项目、部门级项目、班组级项目。这 7 个大项及其对应的部门如下(见表 2)。

表 2

专项项目	部门
DFC	质量中心
商务部降本	商务部
综自	研发中心/综自部
配网	研发中心/配网组
数据网关机	研发中心/系统部
设计立项	设计部
充电桩模块	产业中心

步骤 3：落实资源

前两个步骤主要是通过建立行动学习小组来实施的，而在这个步骤中，主要是大家跨部门进行研讨，研讨的规则如下：

- 每个人都发言，但每次只能一个人发言。
- 追求数量，追求创意。
- 不许质疑，不许批评，不许打断。
- 视不同意见为学习的机会。
- 说出平常想说却不好意思说出口的话。
- 兼顾辩护与探究。
- 以事实为依据。

步骤 4：项目实施与跟进

（1）采购部负责全公司降本项目的管理及推进工作。

（2）建立四大通报机制——周报、月例会、季度汇报、年底总结（见图 7）。

图 7

（3）跟进具体措施：

- 所有项目形成看板挂牌管控。

- 每周刷新项目管控表,及时筛出异常项目。
- 异常项目通报各项目组及时纠正,严重偏离者通报公司协调资源进行解决。
- 每月召集各项目责任环节进行一次降本项目总结,并输出报告通报公司。
- 每季度平台小组召集各部门进行一次公司级别的盘点总结会,以确定下一步工作计划等。
- 针对某个降本项目条件具备后不能立即执行的工程实施逐一审批制,由 PMC 发起,小组长确认,对于严重滞后的,由项目责任环节向公司输出专项说明。
- 各个项目收益以生产根据实际工程应用计算为准。

步骤 5:收益核算及成果评定

收益核算:降本项目成果的唯一核算标准为降本项目的实际工程应用,即实际产生的效益。成果核算方法是生产通过实际出库数量按工程核算。

降本金额 = 出库数量 × (降本前库存单价 A − 降本后库存单价 B)

出库数量指执行降本价格的物料以工程发货为目的的出库数量。

降本前库存单价 A 指降本物料入库前的老物料期初库存单价(由财务通过 ERP 核算给出)。

降本后库存单价 B 指降本核算当月对应物料期末库存单价(由财务通过 ERP 核算给出)。

财务月度加权计算库存单价。

库存单价 = (期初库存金额 + 当期入库金额) / (期初数量 + 当前入库数量)

核算基本原则:

(1)标准物料:先进先出原则,降本前物料未用完,降本后物料不出库。

(2)收益计算的起点为第一颗新物料出库。

(3)AB 类不入 ERP 库,按工程单项直接计算。

(4)连续降本计算:对于连续降本的物料,先分阶段计算收益,再合并计算总收益。

行动方案：在每个项目的行动方案中，我们的数据来源于2016年中标价格数据、产品物料清单（BOM）展开明细、原材料成本数据，以及近3年采购人员技能数据。

由于产品成本主要取决于设计阶段，要从设计源头开展技术降本，我们在设计中采取了以下措施，通过优化设计来实现降本（见图8）：

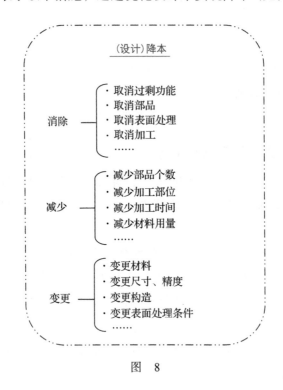

图 8

成本的70%左右被确定在构想、设计阶段，设计阶段成本一旦确定，以后再降低成本就难了。

另外，考虑到我们的产品价值，我们还通过VA和VE来降本：

$$价值（value）=\frac{功能（function）}{成本（cost）}=\frac{顾客满意度（效果的大小）}{采购价格（支付费用）}$$

VA（价值分析）：开始量产后，由于成本或利润的压力，必须进行功能/成本等详尽的价值分析，才能发掘降低成本或提高价值的改善点（见图9）。

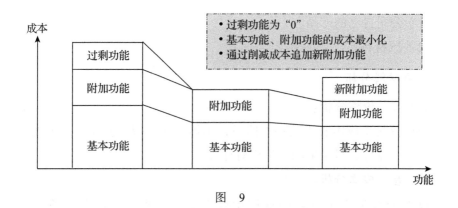

图 9

VE（价值工程）：在产品开发阶段即开展价值与成本革新活动。因为仍在工程设计阶段，所以称为价值工程。

这里顺便提一下，价值分析和价值工程到底怎么区分，很多人还是不能说清楚。为了把价值分析和价值工程说得更清楚一点儿，我们用图10来说明。

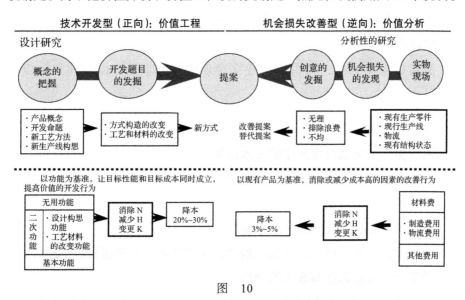

图 10

价值工程是技术开发型，也就是正向的，而价值分析是机会损失改善型，也就是逆向的。

成本分析及建模

成本分析和建模的对象有两种：

（1）公司自己的产品。

（2）原材料。

1. 原材料分析

第一步：价格分析。

价格分析是成本管理的初级阶段，不需要建立成本模型，一般方法有历史对比、竞标、目录采购、价格对标等。

第二步：成本分析。

成本分析是成本管理的深层阶段，最佳时机是产品开发阶段，包括定义成本要素、获取成本数据。总拥有成本包括采购成本、取得成本、使用成本、寿命末期成本。成本要素包括材料成本、人工成本、费用等。

第三步：成本建模及跟踪调整。

对每一个采购项目建立成本模型，并根据市场变化对模型进行修正。

第四步：利润分析。

分析供应商利润，与供应商建立合理的利润水平，以达到和供应商双赢。

2. 产品分析

第一步：分析本公司产品的成本结构。

一般对主打产品的成本结构进行分析，确定材料成本、直接人工成本、制造费用的比例，占比最大的就是降本方向。

第二步：制定本公司的分解报价表。

统一报价模板，供应商均按此报价，才能比价。分解报价越细越好！

第三步：关注总拥有成本的分析。

分析产品生命周期的成本，即产品在整个生命周期所产生的成本，包括从原材料采购到后期使用、维护的成本。

3. 竞品分析

对竞品进行分析，可以采用目视、比较被分解的装置和零件，以及比较对照价值的方法（见图11和图12）。

所有这些，都是为了达到我们最终的目的——提高产品竞争力和收益。

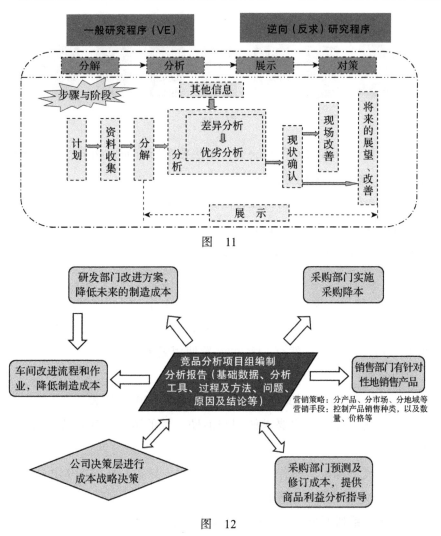

图 11

图 12

遇到的问题

整个项目实施中遇到了很多问题，笔者在这里主要列举两个比较典型的问题，并介绍一下我们采取的对策。

问题一

在降本项目推进过程（见图13）中，部分关键、瓶颈物料刚开始没有被发现，直到要批量上量时才暴露出来，交期不够，导致批量生产计划延误。

图 13

原因分析：目前的流程有缺失，无法覆盖所有研发物料，部分物料三不管（研发、物控、采购等都不管）。

对策：由原来的关注物料级转向关注产品级，从产品维度统筹和防控物料交付风险，建立专门的流程和管控机制。

难点：什么时候启动？什么时候介入？

问题二

MP 平台项目，项目完成时间为 2017 年 4 月，但切换到工程应用进度有延误。1—10 月生产的装置为 5600 台，但按照降本后规格生产的只有 3300 台，占比 59%，仍然有 41% 的装置使用老规格。

原因分析：

（1）设计部门内部落地执行过渡期间仍沿用 300G 装置。

（2）扩建工程，用户要求使用与前期一致的装置，所以无法使用 MP 装置。

（3）交流电源板、操作板 5 月完成开发，导致有段时间 MP 装置不满足 AC 220V 电源的需求而不能使用 MP 装置。

（4）产品系列不全，导致有些工程无法推广使用。

对策：

（1）厂内于 8 月组织生产、设计、研发、中试等相关环节进行了切换工作阶段总结，发现设计环节对 300G-MP 的切换场合比较模糊，需重新明确切换原则。

（2）完善产品型号、功能、性能，以确保系列产品都有降本后的规格可供使用。ISA-300G-MP 切换趋势如图 14 所示。

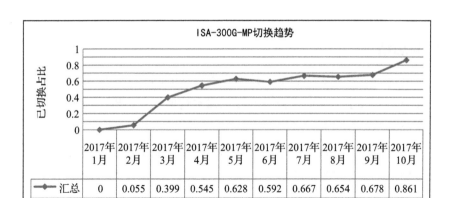

图 14

收获

在降本收益方面，2017 年的技术降本收益超过了 1600 万元，是 2016 年 300 万元的 5.3 倍，同时，技术降本占总降本的比重提升到了 67%（见图 15、图 16）。

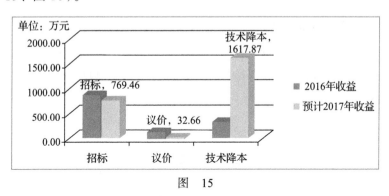

图 15

预计 2017 年各项降本占总降本的比重

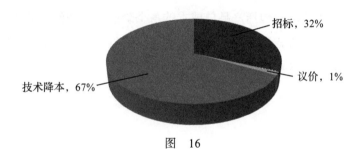

图 16

经验总结

通过该项目，公司总结了技术降本管理的四个关键要素及它们之间的关系，形成了一套适合自身的技术降本管理模式，推广到所有降本项目管理中。

通过该项目，技术降本由原来的专注于产品本身转到面向交付管理降本项目，保证了收益的快速落地。

1. 采购早期介入仍然不够

（1）早期介入研发，采购需要和研发经常沟通，了解研发未来的工作计划，也就是说，采购需要知道研发接下来要做什么，才能做好准备，根据研发的需要，与相关的供应商提前进行交流。

（2）早期介入市场，采购人员需要对市场有很高的敏感度，对市场信息的变化了如指掌。

2. 技术降本谁主导

采购充当了项目管理者的角色，在降本方向挖掘、专业技术工具开发方面仍然无法和研发人员比，所以采购和技术需要共同主导。

3. 供应商技术创新不足

很多供应商不愿意或没有能力主动发起技术创新，无法提供更优的方案。

4. 技术降本还未延伸到全价值链

技术降本的范畴包括产品总成本的各个阶段，比如使用的成本和维护的成本也要考虑，还包括供应商端，需要对供应商进行指导，向各主要供应商推广技术降本。

[点评 1]

从降本的角度看,这个案例很有实践意义,突破了以往降本局限于采购谈判压价、招投标竞价的简单模式,试图从更具战略意义的角度来理解成本的含义,从而丰富降本的手段与内容,值得推广。

这位采购提出了一个相对精准的技术降本理念,在整个项目实施过程中,管理逻辑思维明确,保证了降本实践达到一定的效果。

但是正如案例作者自己指出的那样,实施降本更应该具有 TCO 的概念,在技术降本的实施过程中离不开其他部门的支持,更应该考虑技术降本在整个供应链流程中的位置与作用。离开了采购、运营、销售、供应商管理的技术降本很容易陷入"单相思"的境地。因此,将技术降本的思维更进一步地提升到战略降本的角度,提升全流程的整合与效率,或许公司的收益将会更大、更明显。

对于这个案例,我会鼓励采购者思考以下问题:

(1)是不是所有的库存量单位(SKU)都适合技术降本?如何知道现在准备技术降本的产品是否都是必需的、可行的,有否遗漏?

(2)我们进行技术变更的时候,如何知晓这些变更是合适的、必需的、可以接受的?我们怎么知道这些变更会受市场欢迎,或者说不至于引起市场的大幅反对?

(3)这些变更对相关职能的履行是否有影响,有关职能又需要做出什么样的变化及更正来适应这些变更?比如 BOM 的变动是否会对部分标准件的生产造成影响,从而使个别产品降本了,但在生产、运输等职能处置中工艺、规格的变化造成新的浪费?

(4)供应商对这些变更是否接受,对供应的前置期及质量把控是否会发生变化?供应商是否会因为工艺的变化而影响积极性,或者是否会导致新的模具生产需求?这些费用及风险的承担如何安置?

这个案例中值得点赞的是,实施技术降本的流程清晰,思考 VA、VE 的定位准确,领导小组明确了分工。但是,不同职能看待问题的角度不一,如果将现在的不同职能为技术降本服务,转化为所有职能协同作战为企业降本,克服片面夸大技术降本作用的问题,整合全供应链的力量，那么不仅技术部门发挥了作用，相关职能甚至供应商、消费者也会加入降本的调研、实施、改进中，从而在真正意义上起到降本的作用。

胡伟
中物联采购委外聘专家
CPSM、CIPS 认证授权讲师

[点评2]

本案例从成本降低的技术降本维度进行了经验介绍，大的目的是找到一套方法论来全面管理成本，小的目的是从技术层面降低成本。

技术层面降低成本，也就是大家常常提到的 VA/VE 思路（虽然不完全一样），如果我是这位采购，我会首先由易到难地梳理并实践降本方法：第一层，直接商务议价是否没空间；第二层，招标是否可以细化为战略整合，以量还价并选择培养出战略供应商；第三层，是否可以在流程、操作、其他层面进行降本，比如供应商账期延长、供应商通过流程改进或者 JIT 缩短交期，"快"就是"赚"，产生库存正向影响，进而转化为成本受益；第四层，开始攻克技术降本，并且推广成为一种成熟的降本方法。

由易到难的好处是，基础会很踏实，比如案例中讲到的成本建模、分解报价表，以及供应商技术创新的难点，都可以在基础的降本方法中夯实并解决，那么真正意义上的技术降本就可以专注于攻克材料替换、功能替换、功能减少等方面的难题了。

另外，对于案例中提到的"技术降本谁主导"的经验教训，我的经验是，坚持采购作为项目主导，以项目制推动技术，其他部门参与并出力，这里体现的就是软性项目管理里的领导力。除了常常推荐的六西格玛项目管理方法以外，有三个关键点，我在实践里觉得受益匪浅：第一，项目发起时要得到高层的战略方向支持；第二，步步为营，步步推进，决不能一蹴而就；第三，过程中要注意妥协，比如对待技术部门这些强势人员，一定要求同存异，不求 100% 实现既定目标，只要能 60% 实现既定目标就是成功的项目和跨部门联动。

周海

物流与供应链专家

"菜鸟漫记供应链"公众号创建人

[点评 3]

个人认真看了好几遍，感触很深，我想表达以下几点。

第一，作者作为采购，其专业性强，而且符合好采购的标准：所有的采购行为符合公司战略（降本不降质地提升公司利润），且给客户带来价值（保质低价格地达成客户需求，提升客户价值）。

第二，作者在整个项目启动运作中的组织工作做得很巧妙，把公司高层作为降本平台的总负责人，为整个历时一年的项目的成功做了很好的铺垫。用以客户为中心、人人参与、以身作则来形容该公司的企业文化对采购的支撑力度是很合适的。

第三，此项目集全公司之力跨部门来推动，非一般有影响力的采购是做不到的，何为有"影响力"呢？"影响力"其实就是采购专业能力。该案例充分利用了 VE/VA 的专业性来推动技术做改进，首先让公司高层认可，其次让研发部门同事遵照配合执行，非一般专业性采购是无法做到的。

综合来看，此项目成功的关键点在于以下几方面。

第一，抓住"技术"降本的关键，并很好地完成利用组织平台推动做保障、关键人才做支撑、关键任务保落实、关键流程必执行的四点关键任务。

第二，降本思路：VE/VA 的工具用得炉火纯青，但进一步的落实降本措施就是三个，即消除（过剩功能）、减少（非必要用料）、变更（工艺改进），从而达到降本的目的，但客户的功能体验没有根本性差异。

该项目把"产品 70% 的成本都是来自研发设计（VE/VA）环节的"这一理念体现得一清二楚。

第三，采购降本：把供应商的利润也分析了一把，需要采购具有足够的专业性来推动成本分析，且实现公司与供应商双赢的局面。

第四，成本核算：财务参与进来更有说服力，且核算到产品生命周期成本。一般企业是很少核算到这一步的，说明作者公司全体部门的专业性值得所有企业学习并引荐为内部的管理模式。

最后，建议本案例作者思考以下几点：

第一，采购人员提前介入研发，你的企业项目立项开始就要参与吗？采购人员参与项目评审了吗？

第二，采购人员提前参与需要利用供应商资源做到双赢：是否可以做到研发内部的能力提升，把产品做到更具有竞争力？

瞿友新

苏州凌云视界智能设备有限责任公司副总经理

[点评 4]

案例完整地交代了：

开展"技术降本"的迫不得已，"商务降本已遇到了天花板"，这是采购面临的常态。

开展"技术降本"面临的困难，"涉及多个部门如何有效协同"，解决好这个问题是跨部门技术降本成功的前提，尤其是在"成果应用于实际工程交付"的约束下。

开展"技术降本"的方法工具，包括通用管理类和行业技术类两方面，实际应用中如何处理两类方法工具的关系，可以借鉴案例中的两个比喻（轴和马车）。

开展"技术降本"的实施机制，由总经理挂帅、各部门分工、管控机制保障，制订一套面向实务的较为完整的策划文案。

案例以 VA/VE 为主，较为详细地阐述了技术降本的实施步骤与行动方案。

五个步骤的介绍，与国标规定的价值工程工作程序非常吻合，"资源落实"使得步骤更具有实操性，但遗憾的是，没有进行具体阐述；收益核算，给出了计算公式和核算原则，"降本前物料未用完，降本后物料不出库"，但这可能会形成呆滞库存，在文末的"问题二"部分就有所体现，需要认真对待。

　　最后，案例作者还毫不掩饰地提出"跨部门技术降本"实践中存在的不足，采购早期介入的程度、技术降本由谁主导、供应商创新能力不足、全价值链如何延伸，这应该是采购在努力提升自身价值过程中遇到的共性难题，需要科学应对。

　　案例集中凸显三个思维转换："从关注物料转向关注产品""交货计划倒逼降本计划""实际工程应用是降本项目收益的唯一核算标准"。如果能形成到物料采购的闭环，那就更难能可贵了。

　　期待后续对如下内容进行更详细的阐述：

　　如何实现"通过成本削减追加新附加功能"？这是 VA／VE 应用中难度最大的途径。

　　如何能让行动小组参与者"说出平常想说却不好意思说出口的话"？这是调动参与人员积极性、形成高质量降本方案的关键。

　　如何"调整各部门考核指标，进而打通部门墙，从而实现全局利益最大化"？这是"跨部门技术降本"成功的保障。

　　我更期待在遵循保密条例的前提下，以某一个特定的项目为例，具体阐述跨部门技术降本的实践。因为原材料项目由采购来主导，如果选取的项目是与供应商协作降本的成功实践，将会产生更大的说服力。

邓恒进

管理科学与工程专业博士

南通大学经济与管理学院副教授

中国技术经济学会价值工程专委会常务理事

[点评5]

很高兴看到一篇认真、细致、具有实战意义的采购降本案例。

电源电力设备市场竞争残酷,尤其在资源密度极大的南方。这就使得提供产品与服务的各类供应商,包括二级、三级供应商,以及外包商,同时面临巨大的物料成本与供应链总成本、企业运营成本的压力。而我国电气制造业多年来形成的特点就是反推压力,促使企业在产品和供应链,以及运营结构上想办法,优化产品结构和成本结构,同时利用外包和细化分工来提高细节管理水平,专业的人做专业的事。整个电力行业的供应链认知正在大环境下发生变化,例如国家电网和供应链机构共同发起的需求与采购管理能力提高的项目,就是一个积极的信号,并传导到上游,使得供应商团体能够在更加有序的前提下,发挥更大的效能和作用。

我对这个降本实践案例的基本观点如下:

(1)对于项目启动背景环境等关键内容描述透彻、阐述清晰。

(2)对于某些关键词,定义清晰、认真,尤其是对自定义的技术降本,在阐述时,考虑了复杂环境下的多种视角。这种维度使得提前设定制约条件而开展的项目更有针对性,更能快速形成有效的策略和战术。

(3)文中多次提到或穿插强调,其实施考量了计划性和可实现性,这其实是以供应链大计划的角度考量降本的实际落地效果,而且在整个项目推进过程中的时间效率和里程碑管理值得肯定和推广。

(4)项目实施策略与战术清晰,毫无冗余与低效的关注,并能关注总成本,高点切入。

(5)项目采取了以实战落地为导向的倒排模式,突出了项目管理的落地风格,对于计划的理解与关注,证明计划本身的实战性很强。文中描述的项目结构唯一标准是以交付计划为指挥棒,这实际上意味着,对于不考虑实施效果和客户满意度的策略与战术是不予考虑的,这也意味着,在项目管理实施过程中,项目优化的目标是被提前计算、计划、排程、模拟、校验的,是有目标的。这也是大多数公司在降本过程中经常忽略，以致失效、低效的原因之一，所以长远集团的这个降本项目是令人钦佩的，这是一个很大的加分项。

（6）项目按照平台管理模式，实际是建立了快速的、有最高层领导层参与的升级争议管理架构，是有效的项目升级结构（project escalation structure），这个是加分项。项目组的横向沟通，使得在计划、实施内容上处于同一水平线管理，减少凌驾于正确判断之上的个人主导因素，这个是细心的考量。

（7）项目的实施过程采用了有效、实用的分类归类识别系统，逐级逐层深入分析，并在过程中建立车间学习计划（workshop study program），使得问题在公开场合以项目管理目标的方式呈现，避免了日常工作中巨大的沟通障碍和实施阻力，这是精妙的安排。

（8）对于项目成果的核算，专门建立了具有针对性的考核标准和方法，值得肯定。

（9）行动方案的分类管理，针对实施的手段，快速落地的基本布置，在实战项目中的跟踪、调整（纠错纠偏）、建模，使得整个项目管理过程更加丰满与殷实，使得项目过程受到有效管理与监控，是十足的加分项。

（10）在项目问题分析中，关键物料解析、纠错管理、项目时效绩效管理的分析到位。这一点值得肯定。

（11）项目关注交付、质量和客户满意度，这是令人钦佩的考量。

（12）长远集团对于早期介入（包括供应商早期介入 ESI）的关注，值得赞赏。该集团对于项目管理实施过程中的问题，认知深刻。

赵韶翌
上海大学需求链研究院工业品专家顾问

[点评6]

企业能否获得足够的利润，对成本的控制能力是关键。成本竞争力是企业的核心竞争力之一，谈起成本，人们往往想到的是采购，原因在于总成本中超过一半的成本是采购成本。本案例中，作者所在公司，在商务和结构降本空间越来越小的情况下，通过技术降本，取得了优异成绩，提升了产品竞争力，也在公司提升了采购价值，归纳起来，有以下几点可以借鉴。

（1）从单一采购部门到跨部门团队的项目化运作：案例中，采购部牵头，成立了总经理亲自挂帅的降本平台组，公司质量、商务、研发、产品等各部门高层参与，明确各项任务和一系列降本项目，通过项目管理，让VA、VE、成本改善深入公司的每一个环节。

（2）从关注单颗物料到关注产品：产品70%~80%的成本在方案设计阶段就决定了，因此，方案设计阶段是成本控制的关键阶段。该阶段，需要采购早期介入产品研发中，产品方案的选择和成本目标的达成是采购的重要工作。在产品方案选择中，通用化选型、模块化设计、减少独家和指定供应，是推动成本目标达成的重要手段。除此之外，加强与外部供应商的联合，让关键供方早期介入产品研发，通过联合设计来提升产品竞争优势，也越来越重要。

（3）从关注过程到关注结果落地：在降本项目中，很多时候可能项目策划得很好，但忽视了最终结果落地，达不到预想的收益，比如兼容替代项目，在采购已经完成寻源和资源准备、研发已经完成方案测试的情况下，由于市场迟迟未能切换产品版本，最终降本产品未能及早投入市场，造成一定的成本损失，这一点也是需要特别关注的。

总之，在技术降本越来越重要的今天，采购降本已不仅仅是采购单方面的工作，需要整个公司协同起来，从"小采购"跨越到"大采购"，才能确保产品竞争力。

李腾飞

中兴通讯股份有限公司采购管理及稽查部部长

[点评7]

在竞争升级的大环境下，企业绝不仅仅是靠经营性手段的改善就能赢得生机的。经营思维的转换、管理模式的跟进、运营系统的深化、激励机制的有效，才是企业脱胎换骨、真正"长成"的王道。

中国市场的纵深宽厚，企业生态众多，早期旺盛的市场需求孕育了众多的行业同道，特别是超大体量的行业，其配套、供货商端更是星罗棋布，各类能力彰显的企业八仙过海，各显神通，倒也颇有蒸蒸日上的景象。

随着市场经济的深化、外部环境的竞争加剧，所有的企业重新站到了市场法则的起跑线上，无论是大甲方，还是小乙方，产品价值高的最有发言权！因此，习惯了"以往"的生产管理、采购管理、销售管理的资深从业者，重新审视产品本身，继而深入组织激励层面，形成力出一孔的新组织效能，才是企业真正的获客能力。

案例作者眼光敏锐、思路严谨，更难能可贵的是以项目统筹的方式，摸索出一套整合创新的运行模式，非常值得企业借鉴！但如果想实现非"一把手"主导也能让企业大小环节全面开花，还可以进一步解放思想，从利益分享机制上进一步创新，相信企业未来的路会越走越宽广。

张 伟
北大纵横管理咨询集团副总裁

[点评8]

杨老师的案例在采购降本领域是一个重点，同时也是最难的点，案例本身非常精彩，给我们采购领域的相关人员提供了非常好的借鉴和参考。多数企业做跨部门降本的直接诱因是企业盈利下降或者已经陷入亏损状态。

所以，一般情况下是这样的节奏：公司亏损，仅靠采购无法扭亏，开始跨部门降本，达成效果且企业业绩平稳后，跨部门降本进入相对休眠期，然后再亏损，再降本，周而复始。

我的采购生涯也是在这样的一个怪圈中反反复复的。当年也是面临一个亏损标案，我们最终在90天内完成降本工作使项目扭亏，其中最为核心的要点有三个：

第一，协同点高度一致。因为售价确定，项目亏损，企业陷入危机后只能通过降本才能扭亏，各部门真正地拧成一股绳，本着相同的目标——"产品盈利"展开，部门间协同阻力大大降低。

第二，"一把手"亲自参与，公司总裁/总经理作为跨部门降本组组长，亲自带队协同作战。这就是通过领导的核心作用，推动整个公司运转，将烦琐的大部门变成跨部门的项目小组，打破部门墙。

第三，充分授权，选取合适的执行落地人员。降本成果的落地具有强时效性，同时跨部门降本就是一次变革，变革成功的一个关键要素是充分授权，使新政策快速落地，这点我个人深有感触，突破原来的条条框框制约将低成本物料快速应用到产品中才是降本成果落地的关键。

以上是一种生病再治病的模式，并且没有去根。如何从根本上解决跨部门技术降本问题？我认为可以从以下几方面展开：

（1）改变产品降本考核模式，从单一的单颗物料降低模式调整为产成品 BOM 总价的降低，作为降本考核重点。

（2）将降本指标做部门转换，产品研发部门或者产品市场部门对产品的最终盈利及降本承担较大比例责任，而采购部门进行辅助配合。

（3）常态化推广"微创新"活动，设置提案奖、成果奖。平衡利益相关方的降本收益，科学分配奖金。

（4）参考华为的 IPD（integrated product development，集成产品开发）模式，借鉴其中的产品生命周期成本预估、盈利规划及联合成本规划。

（5）采用目标成本法进行新品开发或者老产品成本再优化。

程显峰
华立集团管理学院培训师，原华立仪表采购经理

[点评 9]

采购降本永远是非常热门的话题。它的热度无外乎来源于几个方

面：其一，采购是花钱大户，花出的每一分钱都要事出有因，合情合理；其二，没有成功的企业，只有时代的企业。

当前处于VUCA（不稳定（volatile）、不确定（uncertain）、复杂（complex）、模糊（ambiguous））时代，放眼世界，我们面对的是百年未有之大变局；各个行业、各个领域其实都可能被重新定义；企业竞争的边界越来越模糊，跨界融合更加普遍，竞争变得更加激烈。《跨部门技术降本管理实践》中提及的"行业血拼"是中国企业面临的市场的一个缩影，减少无效能量的耗散，保持团队整体的战斗力和竞争力变得尤其重要。《跨部门技术降本管理实践》通过完整的背景和案例剖析，给现代中国生产制造业提供了很好的降本示范。

如果说降价（price down）为战术采购的业务，降本（cost down）则属于战略采购层面的焦点。对于降本中技术降本更是需要深厚的知识，即在专业知识储备、行业或产品方向、跨部门组织能力、公司绩效等方面都要有深刻的理解，杨楷基的《跨部门技术降本管理实践》中的观点与我的观点不谋而合，同时在思考和落地上也非常系统。

作为实践者，我有两点建议。

（1）降本的品类选择。此案例中降本分为6个方向：销售额大的产品、利润空间低的产品、市场竞争力弱的产品、产品归一化降本、原材料换型降本、设计配用方案降本。对于一元式管理型企业是没有问题的，对于二元型组织，企业既要确保现有主营业务的成长，又要能够培育出未来可能具有颠覆性的新兴业务，则需要VA思路进行主营业务的降本，通过VE手段在新兴业务上有所突破。

（2）公司产品趋势和采购物资趋势的匹配度。VA/VE在使用时，常常结合公司产品路线图（product roadmap）或采购物资的成本路线图（cost roadmap）进行评估。一方面，在公司产品处于成熟期之前，降本意义较大；如生命周期较短，或者已处于成熟期，濒临衰退期，则技术降本需要谨慎。另一方面，对于采购物资，导入前同样需要评估其产品路线图和成本路线图，以保证在公司产品生命周期内物资的可获得性，同时双方降本相一致。

钱兆刚
万华化学集团股份有限公司采购部总经理

讨论与思考

○ 你觉得是否可以在你的公司采用 VA/VE 的方式降本？

○ 你的公司主要通过哪些方式降本？在降本过程中，你的公司遇到过哪些困难？

采购成本控制的道、法、术

（2017年一等奖　李斌　飞利浦）

推荐语
TOP PURCHASER IN CHINA

"降本"是采购永远的"痛","降本"是采购永远的追求。由于市场"倒逼"、领导"威逼",采购人早已练就了各种降本本领。本案例作者出身小家电公司,专职负责降本工作,在"价格战"战场多年来身经百战。500强公司卓越的方法论能力,让作者悟出了采购成本控制的"道、法、术"。

降本要考虑"术",要从最基本的成本分解、ABC作业成本法做起,构建成本模型;在"术"的基础上,要考虑"法",从方法论上研究品类战略,对不同品类制定不同的"术";"道"就是要从价值链角度出发,从整个公司运营战略高度思考,因为战略错了,"术"再对也没用。"道、法、术"勾勒了一幅降本方法论的美景。

宫迅伟

何谓道、法、术

道、法、术是中国古老智慧的结晶：道者不易，法者时易，术者简易。

道，是理念，可以说是一种价值观，是站在价值链层级的宏观角度看问题。

法，是规章制度，在这里我把它解读为采购的方法论。

术，是管理的技巧，指战术层面的行动技术，可以看作针对具体的产品和流程层级来做分析。

采购，要与各种人打交道，平衡公司与供应商之间的关系，还要面对各种不确定性，应对各种难题。所以，采购只有让自己的功力深厚了，在原材料市场行情上涨的时候，才能够从容应对。

生活经验告诉我们，像切香肠一样，用分层的方式去研究和解决一些复杂的问题，把它们分成一些简单、易于入手的各个小问题，逐个击破，往往能取得非常好的效果，这也是"道、法、术"的灵感来源。

在采购成本控制工作中，有许多知识、方法与技巧，能不能系统化地提炼出来并成功地复制应用到其他的案例当中也是非常重要的。

因此，我提出了"采购成本控制的道、法、术"，从三个不同的层次构建了一套解决策略的框架（见图1）。

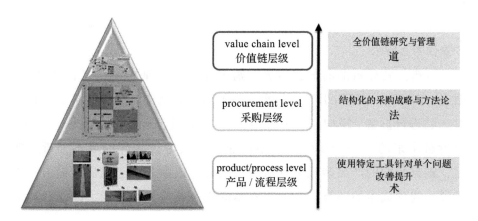

图 1

案例简介：空气净化器滤网

这个案例描述的是空气净化器产品的滤网，在 2015 年的时候，我们做了空气净化器的市场调研，虽然当时公司的产品在市场占有率上处于前列，但在 2016 年国内市场上新增竞品就达到上百个，竞争对手提供了具有相当价格优势的产品，向我们发起猛烈进攻，我们公司的处境可谓是四面楚歌、八面埋伏。

一句话，我们面临着成本的压力。在过滤式空气净化器整机产品中，核心的采购部件之一就是滤网，它的主要功能是过滤 PM2.5 小颗粒，吸附甲醛、病毒等。在对整个系列产品的 BOM 表进行分析的过程中，我们发现滤网的平均采购价格能占到整机成本的 20% 以上，所以非常有必要针对滤网启动成本优化的项目。

经过综合考虑，我们决定，首先从最基础的层面——"术"开始。

"术"：扒下成本的外衣

"术"是具体操作的技巧、模型，也是"道、法、术"的基础层，从单个产品或流程入手，详查产品结构或工艺流程，做成本分析，达到降低成本、增加价值的目的。"术者简易"指的是术的方法要简易，具有可操作性。

因此我们对滤网采用 ABC 法（作业成本法）进行成本分析，其基本的步骤如图 2 所示。

当然，做分析的时候，首先，需要输入一些基本的信息，如产品、图纸、BOM、流程指引等。其次，为了对产品结构有更多的了解，我们对产品进行拆解（逆向工程），以发现它的设计原理、装配方法。再次，对拆解出来的每一个零件，使用作业成本法进行零件的成本分析。然后，根据我们的产品装配流程做整机的装配成本分析。最后，输出分析结果，找到成本的差异点，发现降本的机会及改善的空间，以便启动降本项目。

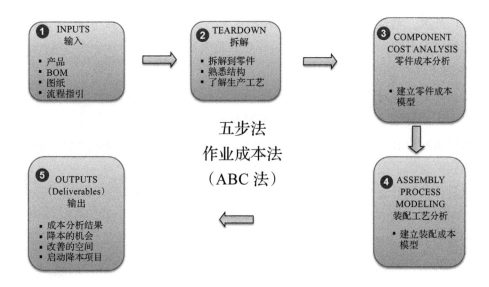

图 2

图3是拆解之后的滤网结构,分解到每一个小零件。

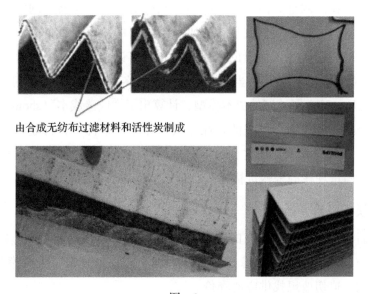

图 3

1. 成本分析的步骤

现在就可以进行零件的成本分析了。

分析的步骤可以采用三步法:首先,了解零件的整个生产制造工艺流程；其次，调查每个步骤的资源耗用量（所使用的材料及其用量、机器设备数、人工数、生产周期）；最后，建立整个成本模型（见图4）。

由于滤网是专业生产公司的核心产品，在这个过程中，要详细了解其生产工艺是不容易的。比如，滤网层结构中有一个比较核心的网层——PP熔喷层，虽然我们查阅了很多资料，知道是使用挤出熔喷成形的，但具体使用什么等级的PP材料，以及生产设备多少、人工配置如何、生产周期长短都不清楚。即使在参观供应商的工厂时，供应商也是要么以熔喷层不在本地生产为由拒绝提供资料，要么干脆将这个制程列为机密工艺，使得我们很难一睹真容。

图 4

2. 计算应该成本

为此，我们调整方向，迂回降本。既然从空气净化器滤网的厂商处得不到这些资料，那么我们就从生产工业类滤材的厂家着手，学习和了解其生产制程。我们进行了大量的走访和调查，有许多发现和意外收获，其中一家成了我们的合作伙伴，当然这是后话。最终，我们对调查得到的数据整理分析之后，建立了滤网的成本模型，计算出了"应该成本"(should cost)。

这个"应该成本"代表的是在一般工业生产条件下，行业内生产这个产品的一个标准成本。把这个标准成本作为一个基准，考虑其他相关的费用，用来衡量现在的采购价格是否合理。

3. 谈判降价

我们惊喜地发现，现在的采购价格与我们计算出来的应该成本有51%的差距空间。项目组里好像过年一样，每个人都很兴奋，大家摩拳擦掌，跃跃欲试，迫切地想找供应商降价。

于是我们立即成立谈判小组，浩浩荡荡地奔赴供应商处，明确向他们提出：他们现在的价格远远高于我们计算出来的成本，这是不厚道的。作为战略供应商，不能仅满足于赚取一时的高额利润，要立足于长远。

在几轮激烈的谈判中，我们软硬兼施。供应商看我们来者不善，并且一副不达目的誓不罢休的样子,知道不降是不行了,最后也做出了一些让步,同意降价8%,并表示这是给了我们很大的面子,完全是战略性的让步(见图5)。

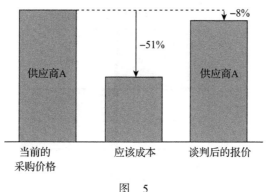

图 5

所以呢,在"术"的层面上,我们使用相关的知识、工具、技巧,可以快速地锁定问题,针对问题,采用直接应对方法。所谓的"对症下药",如果没有深究其理,其应用结果必然有一定的局限性。

这时,我们需要升级,从更加宏观的视角去看待采购面临的问题,因此要上升到"法"的层面。

"法":矩阵模型的二合一

所谓"法"是采购的方法论层,是综合运用采购的战略与方法,对于组织的外购产品或服务,进行全面的品类分析,对品类进行定位,然后制定相应的品类管理方法。法者时易,指的是法要与时俱进,因形势而变化。

对产品进行分析和定位,可以采用"**势力分析矩阵**"。要说清楚势力分析矩阵的前世今生,我们先从两个基础的分析模型入手。其中,一个是从采购方视角看供应商的,叫作"**卡拉杰克模型**",另一个是从供应商视角看客户的,叫作"**供应商偏好模型**"。

1. 卡拉杰克模型

卡拉杰克模型(见图6),可以将关键的物料或关键的几个供应商(他们供应重要的、高价值的、高使用量的物品,这些物品只能从有限的供应市场中获取）与无关紧要的众多供应商（他们供应日常的、低价值的物品，这些物品可以容易地从任何地方获取）区分开，进行"区别对待"，采购大部分的精力和能量可以集中于关键的物品及需求方，更好地满足他们的需求。

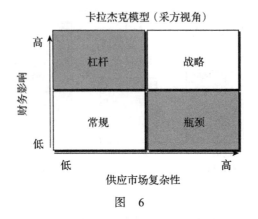

图 6

对于常规型的物品，采购可以保持最少的资源投入，甚至可以授权物品的需求方根据签订的采购协议，自行下单给供应商进行采购。例如，使用网上订购、采购卡等，以提高日常的工作效率。

2. 供应商偏好模型

供应商偏好模型（见图7），是站在供应商的角度看采购方，从客户的吸引力和业务价值两个维度去分析客户。简单地说，这种模型就是看客户的采购金额及魅力。

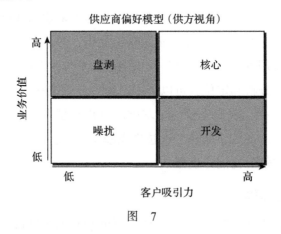

图 7

用这个模型分析的目的就是，采购要搞清楚，在供应商心中，自己的公司处在一个什么样的位置。

用这两个模型进行分析之后，就可以算得上知己知彼了。

3. 势力分析矩阵

从上面两个模型出发，如果将采供双方的定位组合做一下简单的划分，就会产生16种定位（4×4），比如采购方分析自己购买的品类是瓶颈型，而供应商将采购方视为噪扰型客户，这下就悲催了！

显然，针对16种定位都去制定应对策略，有些复杂。因此，我们对这两个模型仔细分析，发现它们都有一个相同的维度——采购金额，那能不能将其整合，而保留其他两个关键维度呢？我们做一下改进，创造了一个"**势力分析矩阵**"（见图8）。

我们保留纵坐标，表示"**供应商势力**"，用"**供应市场复杂性**"来衡量；而横坐标，表示"**采购方势力**"，用"客户吸引力"来衡量，具体的考虑因素如图8所示（实际使用中，可以使用团队打分的形式来计算参考的数值）。这样重新架构以后，只用四大类来反映采供双方的势力对比，保留"战略、瓶颈、杠杆、常规"的表述。那"采购金额"这个维度怎样反映呢？

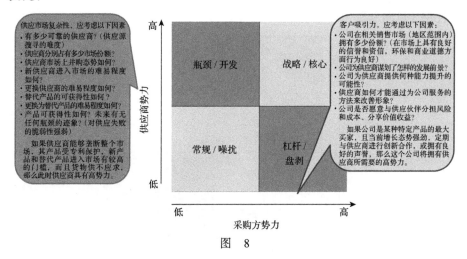

图 8

势力分析矩阵，讲起来也并不是一个高深莫测的道理，其来源于生活和工作。很多事情的发生和最终的结局，其实都是双方博弈力量的对比。如果某家供应商有核心专利技术，它垄断了供应市场，竞争对手进入的门槛又很高,我们就认为供应商的势力是非常强大的。比如电脑中用的CPU,基本上被英特尔和AMD所垄断。

而作为供应商的客户,即采购方,如果在终端市场占有率高,品牌价值高,愿意与供应商一起成长,分享收益以及分担风险,声誉良好,我们就认为采购方的势力是非常大的,比如HP电脑。

在势力分析矩阵中,当采供双方的势力都很强时(右上角),即战略型品类,应对策略是发展公司之间的战略协作关系;当双方势力都很弱时(左下角),即常规型品类,可以进行一些全方位的开支管理;当采购方的势力大于供应商的势力时(右下角),即杠杆型品类,采购方可以充分利用市场竞争,获得最好的采购协议条款;但当采购方的势力小于供应商的势力时(左上角),即瓶颈型品类,总体原则是查找导致瓶颈的原因,进行需求的重新定义。

4. 流程对标与开发新供应源

我们对拆解出来的滤网零件进行细分,结果将滤网中的三层核心滤材——熔喷PP层、驻极体纺粘层及椰壳碳混合层,都定位到左上角的瓶颈型。而且用圆圈大小,显示其价值高低。

其他的一些物料,如支撑层、边框、纸盒、贴标,显然处于右下角的杠杆型(见图9)。

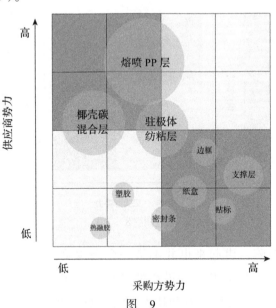

图 9

因此，我们对特别需要资源和付出努力去改善的瓶颈型进行分析，制定改善策略。它们之所以处于瓶颈的位置，说明供应商掌握着核心技术，并形成垄断的态势。

针对瓶颈型，通常可以采用的策略有：进行功能性的评估（需求分析），进行替换性的设计，开发新供应源，以及进行流程对标等。

结合产品的实际情况，最后项目组决定采用流程对标和开发新供应源去改善。

说起对标，其实原理很简单。项目组从生产工业类滤材的厂家着手，进行了大量的走访和调查，学习和了解滤材的生产制程，对这个流程进行对标。

同时，项目组也着力开发和培养新的供应商，经过差不多一年半的时间，与新供应商进行技术协作开发，帮助供应商熟悉产品设计要求，建立测试实验室，终于成功地导入了这家新的供应商 B。

新供应商 B 的导入报价，比较接近应该成本（与之前的采购价格相比下降 43%）。在开发新供应商期间，项目组又设计了新的产品型号。

成本分析的数据，新供应商导入带来的业务转移的压力，以及新型号带来的额外业务量的吸引力，对现有的供应商 A 施加综合的压力，促使供应商 A 与我们重新进行谈判。

然后，供应商 A 产生松动，报价从咬牙坚持的降 8% 到降 31%（见图 10）。

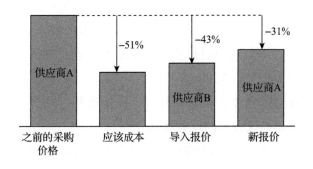

图　10

最后，我们保持双供应源战略，运用业务量的灵活分配，达到长期价格最优。

5. 法与术的关联

"法"是一套方法论，在什么时候，用什么框架思路，用什么流程，用什么结构，这就是法。我们应用势力分析矩阵，在术的基础上，从法的视角，全面综合地分析问题，定位问题，制定相应的策略去实施。因此，法基于术，同时又高于术。

老子说："道可道，非常道。""道"是一种价值观，不变的信仰才叫道。如果我们在"术"和"法"的层面，经过一段时间的积累和沉淀，运行得比较成熟了，就可以从更加长远、宏观的视角去分析问题，这样才能站得高，看得远。这样就上升到"道"的层面。

"道"：更高视角看成本

所谓的"道"，在这里就是从价值链管理出发，从整个公司战略运营的角度，对公司业务进行现状与未来状态的分析，确定业务发展的方向。

然后，对核心业务进行全价值链研究（例如，总拥有成本分析），找出优化的空间，全面提升价值。全价值链研究可能涉及对公司整体的文化和战略进行变革。用我们自己的话来说，DNA 可能都要进行改造，才能适应新的思模式。道者不易，说的就是表象下的基本规律是不变的，这种规律就是一种价值观。

我们对滤网进行总拥有成本分析，不仅要考虑生产制造成本，而且要考虑运营、使用、维护、物流成本，后续的客户服务成本，质量损失成本，处理报废的整个成本。我们根据整个供应链的特点，进行分段处理，形成相应的改善小组（见图 11）。

首先，站在道的角度，做业务分析，确定哪些才是公司未来发展的核心业务，市场部要确认五年的业务计划。

其次，在这个业务方向的指引下，进行产品线的梳理，以及产品平台化的发展。研发设计部在总的平台化方针下，再进行相应的模组标准化的设计。

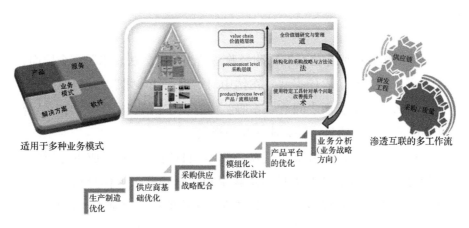

图 11

最后，采购供应链要配合设计，制定供应源战略，进行供应源的优化，在供应商的生产和制造工艺流程上进行优化。这样自上而下的方式，就像武林高手，达到了"心中有招，信手拈来"的境界。

经验总结

回看"道、法、术"的体系框架，开始的摸着石头过河，是从"术"干起，当我们在"术"这个基础之上做到一定程度之后，为了挖掘出更大的潜力，就需要站在采购和供应链的方法论层面上考虑问题，这个层面就是"法"。最后，当"术"和"法"的马步打扎实了，水到渠成升级到"道"的层面，站在公司价值链的角度去管理采购的成本。这是典型的自下而上（bottom-up）的方式。

那现在呢？我们从业务的源头，从"道"开始，下沉到"法"，再到"术"，是自上而下（top-down）的方式，这样就形成一个完整的优化闭环链条。

同时，"道、法、术"的应用，不只应用于产品实物中，也已经扩展到软件服务和整体解决方案的应用上。当然，这样的优化项目的开展，需要跨部门的项目团队，如业务和市场、研发、生产制造、品质管理、采购与供应链管理，以及供应商等共同参与。

[点评1]

案例作者把所在公司的采购经验总结为"道、法、术"三个层面，这是一个非常有意思的提法。案例中对"道、法、术"多是独立阐述的，那么这三个层面之间有联系吗？如有，它们是怎么联系的？结合文中的滤芯降本项目，补充谈谈我的观点。

我注意到，作者开展空气滤芯降本项目时，用到了成本分析法。须知道，这种方法涉及大量信息收集和数据建模，工作量投入很大。其实降本的手段有很多，比如对供应商比价询价可以降本，提升谈判能力可以降本，甚至和供应商一顿酒喝好了也有可能降本，为什么一上来就选最麻烦的成本分析法呢？

再者，成本分析过程中会遇到很多具体的技术难题，项目团队甚至用了迂回降本的方法，可以想见过程中团队一定经历了很多挫折和沮丧，他们为什么不"灵活"一些？只是因为团队成员意志坚韧吗？

此外，一个空气净化器可能涉及数百个物料，是否要对每个物料都做非常细化的成本分析？这些看似都是"术"的问题，但在"术"的层面是找不到答案的。

答案在上一层"法"的层面。根据卡拉杰克模型，滤芯是战略性物料，一来采购金额大，二来直接决定产品质量。既然滤芯是战略性物料，就值得做，也必须做战略性的管理投入。如不掌握细化成本结构，只靠谈判技巧等短期策略，则只能去博眼前一城一池的得失，无法形成战略级采购能力。而对其他非战略性物料，公司完全可以根据实际情况选用不同的降本策略。采购经理人手头的资源总是有限的，如果不在"法"的层面想明白，"术"也会陷入混乱。

"法"的层面有没有困扰采购的难题？也有。比如，"降本"一定是采购的重点任务吗？宫老师在《如何专业做采购》[一]一书中说到一个例子：假如你是一家创业公司的采购，你也明白，自家的采购量很小，所以根本也不指望能拿到很低的价格。那么采购工作的重点是什么呢？因为你的产品还没形成量产，现金流压力太大，所以此时你应努

⊖ 宫迅伟. 如何专业做采购 [M]. 北京：机械工业出版社，2015.

力向供应商争取一个比较好的付款条件，而不是拼命压价。

"道"是企业总体战略、商业模式和核心竞争力，它决定了采购该把关注重点投向这个"法"，还是那个"法"——如果"道"是成本优势，那就要成立案例中的项目小组，千方百计挖掘降本潜力；如果"道"是产品快速迭代能力，采购就要拉着供应商早期参与，一起搞敏捷开发；如果"道"是赌一款市场风险较大的爆款产品，那就要说服关键供应商成为"劣后供应商"，共担风险，共享收益（关于"劣后供应商"，参见《采购2025：数字化时代采购管理》[⊖]）。

所有管理决策都是在资源限制条件下做出的，泛泛而谈管理提升没有意义，我们要知道在哪里发力。

"术"层面的难题，要在"法"上找答案；"法"层面的难题，要在"道"上找答案。

"道、法、术"，上一级驱动一级，下一级服务上一级。

厘清上一级，下一级才能有的放矢。

汪亮
北大纵横管理咨询集团高级合伙人
"控制与激发"管理理论开创者

[点评2]

自从2018年初听了宫迅伟老师关于采购如何专业化，以及五步作业成本法、采购方视角的卡拉杰克模型、供应商视角的供应商偏好模型等系列工具的详细讲解，我深受启发，对采购工作在理论上有了新的系统理解。

何为道？我的理解是做事的法则或规则。我们做任何事，都要遵循它的规则。

以前我认为，我们和供应商的关系，实质上就是零和游戏，互相博弈，是我赢他输的关系。运用了宫老师的"道"，我们引入了"伙伴"

⊖ 宫迅伟. 采购2025：数字化时代的采购管理[M]. 北京：机械工业出版社，2018.

理念，从提高供应商能力入手，深入了解供应商产、供、销的组合结构，细化分析供应商的供应链组成，从源头上帮助供应商提升综合能力，帮助了他人，提高了自己，最终获得双赢和分享。

何为法？我的理解是解决问题的方法。理解了之前的道，我们解决问题的法呼之欲出。之前我们的供应商缺乏成本概念，反正有用户会买单。随着市场竞争的日益加剧，我们对供应商物资成本核算方法进行分类，关注每个节点，了解每个环节的信息。从供应商的选择，到产品的成本分析直至物流的配送方式，我们发现了其中的很多环节可以强化管理，用经营者的眼光去捕捉矛盾点、问题点，及时地进行了拆分、简化、整合，实现了双赢。

何为术？即解决问题所采用的手段、技巧，从战术上可以着力的抓手。我觉得，任何手段都来源于对"道"和"术"的真正理解，才会在法上运用得当，最终的结果才会是双赢，任何单方面的输赢都不会且不可能持续。唯有双方都觉得确实都得到了实实在在的利益，才是我们共同需要的结果。

之前我在宫老师的课上，和同学们分享的我们大宗单项原材料仅物流成本从 180 元 / 吨降低到 130 元 / 吨的案例，实实在在地为我们的供应商就单个材料的供应项赢得了每年 30 万元的利润增效，当然供应商在原材料价格波动的情况下，保持对我们供应的原材料价格稳定也就有了可靠的依据。

王亦宜
上海永利带业股份有限公司副总经理

[点评 3]

案例从实务角度层层递进地呈现了"采购成本控制"真实场景。

第一，竞争激增，成本压力增大。怎么办？

尽管公司产品的市场占有率处于前列，但一年之内就有上百个竞品出现，并以"价格优势"发起猛烈攻势。为保持公司利润，降低成本是必需的策略，采购成本的控制当仁不让。关于如何控制采购成本，案例提供了三个层面的解决思路。

第二，找供应商砍价，没有依据。怎么办？

要想控制采购成本，找供应商砍价是没有办法回避的。不分青红皂白的"命令式"砍价已经非常低级，而详细的成本分析可以为砍价提供有力的依据。作者提供的"五步法"（ABC 法）举例呈现了成本分析的基本步骤。

第三，进行成本分析，供应商不配合。怎么办？

进行采购成本分析，供应商需要提供资料。然而供应商出于商业机密考虑，总是不愿意配合，案例中的滤网供应商"要么以熔喷层不在本地生产，要么干脆将这个制程列为机密工艺"，不愿为调研提供便利。案例提供了迂回降本的思路，"从生产工业类滤材的厂家着手，学习和了解其生产制程"。

第四，价格高出成本很多，供应商强势不降价。怎么办？

通过成本分析，算出了"采购价格与应该成本有 51% 的差距"。供应商明明在收取"非常不合理的利润"，但因为其强势地位，价格下降的空间甚小。案例项目组另寻途径，通过"培养新的供应商"和"设计新产品型号"，向原供应商施加压力，最终使原供应商把价格"从咬牙坚持的 8% 降到了 31%"。

第五，采购成本要降，TCO 也要控制。怎么办？

前面四个场景都是为控制采购成本而努力。采购成本隶属于 TCO，理想的状况是 TCO 较低，即在保持 TCO 较低的约束下，进行采购成本的控制。案例提供了"根据整个供应链的特点，进行分段处理，形成相应的改善小组"的思路。

整个案例呈现出以下特性：

采购的主动性（从"被动执行"到"主观能动"），为控制采购成本积极地想方设法，比如迂回降本"培养新供应商"。

采购的技术性（从"花钱买东西"到"专业技术活"），为了进行成本分析和培养新供应商，项目组对产品工作原理、零部件结构、生产制程、逆向工程，甚至材料成分了如指掌。

采购的战略性（从"辅助支持"到"战略职能"），密切关注"公司未来发展的核心业务""产品平台""模组设计"，进而"制定供应源战略"和"进行供应源优化"。

案例理论与实操结合，宏观与细节结合，三个层面不仅分述完整，而且彼此嵌套，相互支撑，形成了从"自下而上"到"自上而下"的闭环链条。在传统的采购降本手段已经用尽的背景下，为"采购发挥更大价值"提供了新的思路。

我非常期待案例作者后续能够从"道"的层面，对TCO框架下的采购成本控制做出更详细的阐述。这个应该是体现采购价值的另一片天地，需要上升到价值链层级，在充分考虑采购部门、企业整体、企业供应商、企业客户，以及企业其他部门诉求的基础上，进行实务性探讨。

邓恒进
管理科学与工程专业博士
南通大学经济与管理学院副教授
中国技术经济学会价值工程专业委员会常务理事

[点评4]

现代企业的竞争不再是单点竞争，而是整个供应链的竞争，李斌的《采购成本控制的道、法、术》中介绍的价格梳理过程，是对其公司供应链的一次细化分析的过程。

案例中，通过"术"层面单品分析的过程，分析团队针对目标物料建立起了对行业信息、市场环境、供应商所处行业地位，以及采购企业自身地位的信息分析档案，对采供双方在市场上的博弈能力进行了分析。此阶段，公司对不同采购品类后期应该采用的不同成本管理方式有了更加清晰和深入的了解，最终落地的成本管理方式不再是针对单品而是针对某品类，系统性更强，对企业总成本的影响也更大，是更有效率的成本管理之"法"。而"道"层面的价值链管理，其实是摆脱了相对狭义的采购范围，从最终目标消费人群角度出发，以产品全生命周期为目标，对供应链全流程进行优化。

从"术"到"法"再到"道"，团队经历了分析问题、解决问题、扩展思维宽度、构建系统优化模型的能力提升，而从"道"到"法"再到"术"的下沉，则是公司战略下沉落地、凝聚合力的过程。信息只有形成完整的闭环链条，团队和公司才能有效进步成长。

例如，云南白药集团的重点原料种源种植资源整合、重点化工原料跨地域合作整合、重点纸质包装资源上下游整合，也是企业战略与市场重点信息经供应链团队及时分析、有效沟通、适时启动的产物。云南白药集团的诸多实操经验在中国好采购的交流平台上得到宫老师及各位采购专家的指导与肯定。

而"术""法""道"的有机联系、有效运用，需要企业拥有相对稳定的运作平台。现代企业的成本管理团队不仅包括采购、生产、供应商，还包括业务、研发、客服等。云南白药在集团内部坚持实施项目管理制的10年期间，为跨部门沟通的妥善协调、里程碑关键点的实时管理、项目效果的及时总结评估、项目工作转化为日常工作，提供了有效的管理机制，为有能力、有抱负的年轻同仁提供了施展个人能力的舞台，鼓励采购同事在职业规划上拥有更宽广的视野，搭建了灵活有效的制度基础。

张义斌

云南白药集团采购中心寻源主管

[点评 5]

道、法、术、器等国学智慧源自历史长河，内涵精髓经久不衰，其理论方法被不断成功应用于现代企业管理中。

在现代企业管理中，道是方向、理念、价值观；法是组织架构、经营模式、管理体系、规章制度；术是策略、技能；器是工具、硬件、软件等。国学智慧同样应该运用到采购管理的实践中！如何将道、法、术、器理念更好地融入企业管理中，运用到采购管理实践中，将是值得我们采购人研究的一个课题！

我在中国好采购的现场听了李斌的案例演讲，听其在采购成本控制的管理实践中对"道、法、术"的详细阐述，觉得豁然开朗！中国的国学智慧是人们在认识自然、改造自然过程中不断总结、不断思索的结晶。作者同样从采购管理实践中总结出管理理论，并用"道、法、术"对其进行层次化、结构化。这样可以更好地理解，更加灵活地运用。

中国国学智慧：道以明向，法以立本，术以立策，势以立人，器以成事。

作者提出了"采购成本控制的道、法、术"，从三个不同的层次构建了一整套解决策略的框架：

道是理念，可以说是一种价值观，是站在价值链层级的宏观角度看问题。

法是规章制度，在这里我把它解读为采购的方法论。

术是管理的技巧、战术层面的行动技术，可以看作针对具体的产品和流程层级来做分析。

面对激烈的市场竞争，企业首先祭出降本的大旗。现场调研核算，掌握现场一手数据，运用成本模型核算，做竞品对比等，核算出配件的应该成本，为价格谈判做好充分的准备。

有了成本的合理分析，接下来就是如何将价格执行到位。卡拉杰克模型、供应商偏好模型、棋盘博弈理论等采购技术，是对管理实践进行总结而形成的采购管理理论，也用于指导管理实践。成本控制的管理实践体现出术的技能、法的思维。

空气净化器滤网成本控制项目在企业采购管理中怎么也算不上一个大项目，尽管滤网成本占比高达20%，但是面对激烈竞争的市场，一个配件的成本可能影响一条产品线的生存，甚至影响企业战略，那么一个配件的成本控制很可能就会上升到企业的战略层面。

成本已经影响了企业的生存，影响了企业的商业成功，成本领先战略也是不得已而为之了。那么，如何控制成本自然就上升到"道"的层面。反过来，企业成本领先战略也将指导企业更好地实施成本控制。

当然，在企业战略决策中不会这么简单粗暴，但是企业在决策过程中的战略远见归结到采购层面能做的事情首要的一定是成本控制。

对于采购而言，最缺的则是系统提升总结的能力。通过对空气净化器滤网采购与供应管理实践的系统总结，从管理实践中总结出理论，并将采购管理理论结构化、层次化，结合国学智慧，为采购管理提供了系统化的理论基础，为采购与供应管理从业者树立了很好的榜样！

采购人就要专注于采购，专业做采购，在管理实践中不断总结，在专业化的道路上不断学习，做精于术而明道的专业采购！

赵平
九阳股份有限公司审计监察部

[点评6]

在本案例中，作者引用《道德经》中的道、法、术总结出采购成本控制的三个层次，可谓言简意赅、别具匠心。

"术"可以理解为采购成本模型，宫老师在课上已多次介绍采购应该成本（should cost）的分析和计算，这是每个采购商务人员的基本技能。但有了应该成本，并不代表就是最终的采购价格，因为价格很多时候是竞争出来的，这里就涉及"法"的层面，就是我们的品类采购策略。实践中采用"卡拉杰克模型""势力分析矩阵"都是为了制定不同品类的差异化采购策略。对于采购来说，无论品类目前处于何种象限，竞争充分性（杠杆类采购）永远都是我们追求的目标。

对于强势供应商，引入替代，提升竞争性，是采购和研发共同的责任，也是采购价值所在。"道"的层面上，不仅要关注采购成本，还要关注全产业链成本和竞争对手成本，建立采购相对竞争优势，让采购成为产品的核心竞争力之一。

道、法、术在一定程度上代表了采购对公司的三种价值贡献，体现了采购的不同阶段，值得每一个采购人学习和借鉴。

李腾飞
中兴通讯股份有限公司采购管理及稽查部部长

[点评7]

采购成本控制的道、法、术，这是一个很大的命题，案例作者的论述很有深度和高度，分析的理论也很有指导意义。整个案例既讲了采购成本控制的方法层级，介绍了卡拉杰克模型、势力分析矩阵（这些都是围绕采购层面即"法"的成本控制方法），又讲了围绕产品层面即"术"的成本控制方法、成本架构和成本分析步骤，还详细介绍了拆解逆向工程和估时作业成本法，最后总结了全价值链分析，即"道"的成本控制方法。

"术"是最基础的层面，通过从单个的产品或流程入手，运用ABC作业成本法，进行零件的成本分析，找到成本的差异点，发现降价的机会及改善的空间。

"法"是采购的方法论层面，是综合运用采购的战略与方法，对组织的外购产品或服务进行全面的分析。比如案例中介绍了两个基础的分析模型："卡拉杰克模型"和"供应商偏好模型"。

所谓的"道"，在案例里就是从价值链管理出发，从整个公司战略运营的角度出发，进行全价值链研究（例如，全生命周期成本分析），找出优化的空间，全面提升价值。全生命周期成本分析贯穿于产品的全生命周期，具有更高的战略眼光，将全价值链管理的思想变为企业的DNA，这也是采购成本管理的最高境界，是企业文化和价值观一个非常重要的部分。案例作者最后把"道"的层面总结升华，把整个案例推升到一个新的高度。

刘成

资深采购高管

讨论与思考

○ 你是如何理解本案例中采购降本的道、法、术的？
○ 你觉得目前你的公司适合用哪个层级降本？

精益，帮助供应商成本领先

（2017年三等奖　赵玉新　九阳集团）

推荐语
TOP PURCHASER
IN CHINA

供应商是"资源",我们要善待他、帮助他。为什么要帮助他?因为帮供应商就是帮自己,"资源"不好,我们也不会好。

可是,帮什么?怎么帮?这是大家在实践中常常比较困惑的问题。丰田汽车的成功跟它帮扶供应商密不可分。丰田对供应商有一套帮扶方法,如派工程师入驻供应商、委托第三方咨询专家。

九阳集团(JY)联合供应商计划、质量、研发部门,以及外部咨询讲师等,一起作战,你中有我、我中有你,各自融合,内外部打穿,以精益做主线,定人、定岗、定项目,全员参与、全过程管理。

九阳集团是小家电行业企业,低成本是其公司战略,于是各部门协同一致,以成本领先为导向,围绕价值流基本路径展开,通过精益搭建、人才培育、生产模式、物流模式四个核心模块,辅导供应商变革。

九阳集团的诸多做法,值得大家学习。

宫迅伟

世上有很多东西，是给予别人时，自己越来越少，而唯一越给越多的是"分享"，感谢中国采购商学院提供的分享平台，让我们有机会且非常荣幸与大家分享九阳集团在帮助供应商能力提升方面的一个案例，这也体现了我们采购组织的整体能力。本案例反映了我们在产品同质化程度高、市场价格竞争日趋激烈的市场环境下，如何通过精益生产帮助供应商提高效率、减少浪费、降低成本，从而获得好的成本优势、提高产品竞争力所做出的反思、总结和提升！

为什么要做这个项目？大家是否也遇到了图 1 中的三个问题？

图　1

在行业中保持竞争力、话语权和提升盈利水平的主要利器是成本优势。

作为一名采购人，在实际工作中，如何选择、搭建合适的供应链是优化成本的驱动器，是我们首先需要考虑的。

其次，企业需要与供应商，也是我们的合作伙伴，一同面对原材料、人工成本上涨等巨大挑战，共渡难关。

在本案例实施过程中，我们使用了一些耳熟能详的工具和方法，如精益路径（价值流最优）、波士顿经验曲线、成本分析工具等。

面临的困难

坚持做自己擅长的事情，将整机的生产外包出去，轻资产运营，提高资产回报率，一直以来，都是九阳集团的战略和追求的目标。

但在发展的过程中，并不是那么顺利的，同时，我们面临着这样一些困难：

第一，产品多品种小批量订单模式日趋明显，成为一种常态，市场对产品成本、交付周期、质量的要求变高。

第二，市场的竞争越发激烈，要求供应链的反应能力越来越强，这就要求企业与供应商之间有更好的协同，而我们感觉这方面还有所欠缺，特别是供应商这方面的能力明显偏弱。

第三，越来越多的年轻人加入公司，"90后"慢慢成为企业的新生力量，他们的思想理念，与"80后""70后"相比，都有很大的差别，那么，对新生代员工进行有效的管理的难度也很大。

项目实施过程

为了提升供方综合供应能力，降低供应链总成本，以合适的成本保证市场占有率，以更敏捷的交付速度、更优良的品质满足消费者需求，我们有必要将九阳集团多年沉淀形成的持续且具备学习力、改善力的企业文化传递到供方，帮助供方提升达到成本领先的供应共赢力。

首要的是企业在组织架构上能够保证支持。

对于一家产品委托贴牌生产（OEM）工厂生产的企业来说，九阳集团采购工作的核心是帮助供应商提升能力和降低成本，利益共享，实现双方的共赢。

在精益项目一体化团队运营中，采购最重要也是最关键的，就是组织统筹协调。

在整个项目实施过程中，九阳集团和供应商的计划、质量、研发部门，以及外部咨询讲师等，一同作战，你中有我、我中有你，各自融合，内外部打穿，每个环节都要做到精益，定人、定岗、定项目、全员参与、全过程管理（见图2）。

那么，问题来了，精益是供应商需要的吗？答案是肯定的！

九阳集团统筹集中管理、分散执行，本质是价值创造和价值分享。大家共同行动，倡导标准化、规模化盈利，然而，面临的现状是原材料、人员优势消逝。

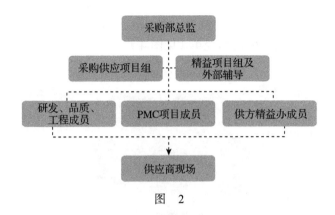

图 2

基于以上需求,我们重点在集团**精益变革路径**和**供应商辅导变革**两个层面进行了研究和推广。

首先是精益变革路径的四个阶段的研究内容和方法:**精益现场、精益制造、精益供应链、精益价值链**(见图3)。

图 3

九阳集团从2011年导入精益,到2013年完善标准和模式。2015年起,九阳集团开始推动供方到整个供应链的精益变革。

九阳集团在精益变革中,以精益学院为依托培养精益人才,以标准升级为契机沉淀九阳集团精益文化,以关键项目为突破推动变革创新,过程中常态化推进启动10家核心供方,树标杆、榜样;后期新增4家,完善规划的全面性和有效性;根据完善的规划制定第3~5年度目标和任务;阶段例行分享、季度比拼,年度计划能有效掌控。

其次是供应商辅导变革,由高层关注决策方向,采购部门组织与执行成本领先,团队各部门协同一致以成本领先为导向,围绕价值流基本路径展开软硬兼施（软实力：精益搭建，人才培育；硬实力：生产模式，物流模式）的四个核心辅导模块的变革（见图4）。

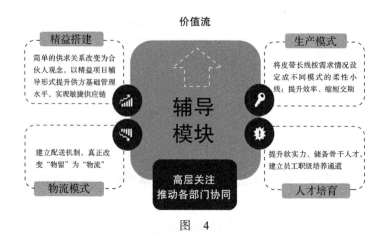

图 4

精益生产已经成为九阳集团评审供应商的基本门槛。

系统的精益供方搭建分三个阶段：

第一阶段，建试点树标杆。供方选择的条件是能力、意愿与九阳集团战略匹配，正确选择合作供方，以适合相应供方的精益项目加上合适的资源匹配，使精益经验得到传承、积累和改善，是获取持久竞争优势的不二法门，突破口是高层扫盲，通过人、智、财的支持，做好精益办组建和梯队建设两项基础工作，进行核心供方试点，经验复制推广。

第二阶段，标杆推广，从一级供方供应圈整合优化开始，实现区域配套互补成本最优。

第三阶段，拓展延伸到整个供应链，精益评估体系升级，打造精益供应链；在这个过程中，精益团队周期性辅导＋专业评估组定期认证，形成14家（战略＋一级）供方通过供应链认证。

精益供方搭建之后，我们导入了一个行之有效的"价值流"工具——VSM（value stream mapping，价值流程图），全覆盖在信息流（平台／系统）、物流（物流布局／工具／运输模式）、工艺流（瓶颈改善／连续流）、时间流（数据收集后联动分析，推动价值流最优）得到了巨大优化，改善并缩短了生产周期，响应高效快速，订单及时交付率提升。

这是A公司导入价值流工具后的前后对比：计划达成率从无法统计到

≥94%；生产周期实现从19天降到6.5天；中间仓库从13PCS降低到5PCS，计划管控点从30PCS降低到11PCS，供方资金周转圈数翻番，供应链成本大大降低（见图5）。

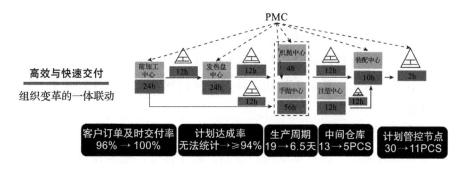

图 5

生产模式辅导的核心是柔性，是变革中的重要一环，它的演变升级是集人、机、料、法、环的改善提升，特别是多能工与熟练工的培养，使供应链能力得到提升，实现线体人机配合最优化，柔性生产适合多品种小批量快速换型满足订单快速增长5%的需求，提效达37%以上，获得明显的人员效率收益（减少56人）。

图6展示的是生产模式辅导的四个历程，核心是在柔性的研究上不断延伸升级，大家可以看到每个阶段多能工率、人均效率、线平衡率的大幅提升。

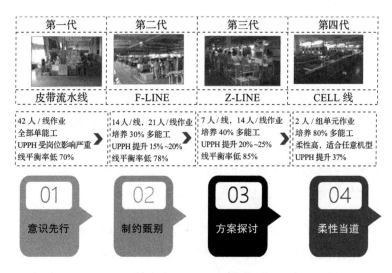

图 6

生产模式辅导的关键是意识先行，团队带动；制约甄别，找不合理浪费点；然后进行方案探讨，头脑风暴可行的改善对策；满足目前多品种小批量下的总结需求。

在制造烤箱的生产线上，我们发现会有没有喷好的产品从流水线上流入市场，于是成立了一个项目组来解决这个问题。通过一系列分析，我们对生产流水线进行打破常规的自主改造，在质量问题被破解的同时提高了效率，节省了人工，减少了损耗，环保安全问题也得到了有效解决，真是一举多得。

物流模式辅导环节关注的核心是"流"而非"留"，推动供方精益布局，设计现边超市，推行标准周转容器，减少拆分、搬运和寻找物料的时间，节省空间，获得明显的**人员效率收益**（减少26人）。

我们的物流模式辅导的四个历程，从批量送料到水蜘蛛配送，再到配餐式配送，目前我们推行的模式是一站式直供，让物流动起来，适用经济批量需求，拉式匹配需求，不浪费每一次搬运和流动的价值。

A公司是我们战略供方之一，2015年3月我初次去走访，从门口到车间、仓库甚至是办公区堆满了成品和在制品。在此情况下，我们5月引入精益项目，在不增加人手与场地的情况下，通过IE（改善）的主要技术分析，进行八大减少浪费的高效与快速交付等专项改善，10月我们再次去巡检，整个厂区物流整洁有序。

2016年初，我们新上破壁料理机产品，当时玻璃杯的渗水工序需要盛水静置12小时，造成人员怠工、大面积占用场地和重复物流搬运。后经专项改进，我们在流水线上增加气密检测工装，取消了场地占用，缩短了流转时间与距离，降低了人工占用以及搬运劳动强度。半年后，老板高兴地说：精益使他的库存周转提升63%、资金周转从4圈到7圈，过去规划年产值1亿元的场地和人工，目前产出了3亿元。

在人才训练培养方面，我们帮助供应商打造精练组织力团队，在实践中，我们"既授之以鱼，又授之以渔"，拉动供方梯队建设，将精益从理念和方法落实到行动，贯穿渗透到中基层，保证供应链活力，使供方具备自主精益的能力。九阳集团组织外部讲师讲给供应商听，树标杆做给供应商看，让供方自己动手，然后进行评估检验的 PDCA 管理循环。

以九阳集团精益学院为平台，依托联动 14 家主力供方，实施了 11 期 186 人次的实战特训营，主要方法是，外聘精益讲师授课 + 沙盘模拟实践 + 标杆参访交流等。

在这个过程中，我们实现了团队成长。每家 2~5 名骨干覆盖价值流、布局、平衡、计划、财务、质量等模块；促进 60% 的组长管理技能水平提升（以目前现有的班组长为准）；精练组织力团队，建立一套管理体系，提升供应商自我持续改善本领。

通过"帮助供应商实现成本领先"项目的实施，精益理念在不同层面得到具体延伸与实现，九阳集团与供方合作关系更加紧密。2015—2017 年上半年，我们取得了良好的经营效益，不仅使供方的成本、供应观念发生转变，更激发了他们不断进行产品创新、微创新的意识，使产品附加值得到提升。

实施效果

综合看来，我们有以下这些收获：

（1）收获了增长：整机平均 +39%、配件平均 +8 倍、毛利率平均 +3%。
（2）供应加速：订单满足率 +5%、库存周转响应速度降到 7 天。
（3）品质改善：保内返修率降低到"0"时代，新品"1"时代。
（4）创新提效：在供方普遍展开创新提效，提升了研发项目的成功率，仅 2016 年度就有 28 项创新入围，7 项获金银奖（见图 7）。

图 7

1. 从九阳集团层面看

订单及时满足率、新品首单达成率提升5%以上，使九阳集团和供应商的时间成本、缺货成本、库存积压成本以及资金周转成本得到有效降低，通过共同努力，实现采购成本的降低，达到共赢的目的（见图8）。

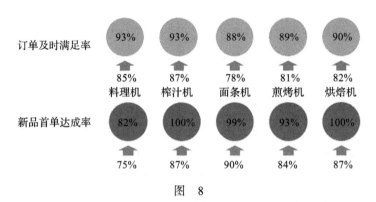

图 8

2. 从供应商层面看

供方制造周期平均下降48%、库存周转提升43%、生产效率提升37%、人员优化82人，直接节省了大量成本。

通过以上工作的推进辅导，我们建立了九阳集团供应商的成本领先优势，九阳集团在市场上保持市场占有率优势地位，规模化、标准化生产使成本优势更优，百万宝贝入口产品从5个单品提升到12个单品；在不增加场地和人手的情况下供方产能扩充，效率从年供630万台提升到1300万台；九阳集团直接单机降本2亿元（见图9）。

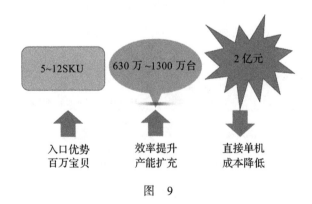

图 9

经验总结

高层关注，过程监控，全员参与改善七大浪费。

持续改善整机成本核价经验（规模与经验曲线中的学习和分工成分；每当积累的经验翻一番，增值成本就会下降20%~30%）。

联合辅导优质整机合作伙伴，人财合力支持试点，供应链复制拓展，提升产品的竞争力。

双赢采购，全员参与总成本领先是采购工作中最关键的一种组织力（见图10）。

局限性：随着改善的不断重复，供方的经验和自信逐渐增加，导致更高效和更快速的生产，单位产品生产所用时间会逐渐减少，但不会无休止地减少，学习过程最终会停止，从此效率无法继续提升，停留在一个稳定状态。

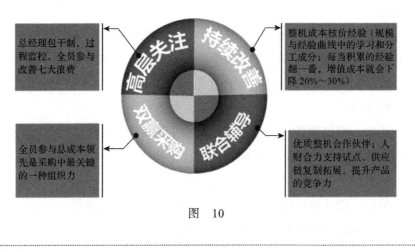

图 10

[**点评1**]

九阳集团通过采购精益项目，致力于提升供应商的精益生产管理水平，既提升了供应商的能力，又满足了集团自身的成本控制目标，更保障了集团供应链运转的安全和高效，可谓是一举多得。

如果说过往以企业自我为中心的采购属于"传统采购"，现在则进入了"精益采购"阶段,这为国内外其他企业提供了鲜活案例和实操经验,具有十分积极的意义。

但在实际操作中,需要明确的是,在供应商精益项目上,采购部门与集团其他部门特别是精益学院之间的关系。各方是平级部门,要明确以下问题:项目由谁来主导、谁来负责,结果向谁汇报?采购部门在该项目上的绩效如何评价?精益学院及集团其他配合部门在该项目上的绩效如何评价?

我曾经有个做精益生产的客户,就出现了类似的问题。采购部门认为,精益项目是采购专业以外的事情,应该由精益部门负责,它只是负责牵个头;而精益部门认为,采购部门不应因自身背负的降本压力,就过多干涉精益项目的具体进程,并设置过高的降本目标,且设计部门应该改进或优化设计以有效降低工艺复杂度,进而降低制造成本等;研发、质量等部门认为,自身工作量很大,很难予以人员的充分配合等。

根据该问题的突出矛盾,我们在客户内部成立以集团副总为组长、采购部门和精益学院负责人为副组长的供应商精益项目专项工作小组。

首先,界定供应商精益项目在集团年度工作中的定位,获取高层领导的支持。

其次,明确供应商精益项目的整体目标与年度工作目标,包括项目推进计划、成本控制总目标及分项目标等。

其次,明确各部门的责权分工与考评指标(纳入集团年度考核)。

最后,设计相应的定期不定期沟通机制与制度规范等。

项目实施进展顺利,受到各方一致好评。

赵时坤
北大纵横管理咨询集团高级合伙人

[点评2]

本案例方案的设计围绕精益展开,将精益的实现划分为四个阶段来逐一完成精益现场、精益制造、精益供应链和精益价值链,这四个部分构成一个精益系统。

从生产到物流，通过 IE 分析、VSM 等工具让物料流动起来，优化价值流以期达到缩短生产周期、响应高效快速、提升订单及时交付率的目的。从供应链的思想来看改善方案的设计，通过帮助供应商提升供应能力和响应速度，降低供应商的成本来实现自身利益的双赢方式，是符合供应链思想的。

精益供方搭建模块：精益供方搭建就是在供应商中进行标杆推广。标杆供应商的推行有利于形成行业典范，以适合相应供方的精益项目匹配合适的资源，使精益经验得到传承，同时拓展延伸到整个供应链，逐步打造精益供应链。

人才培养模块：帮助供应商打造精练组织力团队，不仅是想让供应商传播企业的精益思想，更是为了让供应商与核心企业的战略思想能高度统一，避免方向出现偏差。

生产模式辅导：核心是柔性，是对人机料法环的改善提升，重在对多能工与熟练工的培养，这不仅是对人工素质的提升，同时也能实现线体人机配合最优化，使得柔性生产可以满足多品种、小批量、快速换型的需求，缩短生产周期，实现高效快速响应，提升订单及时交付率。

物流模式辅导：核心是"流"而非"留"，目的是使得物料能有效流动。目前的企业，在成本压缩到极致的情况下，需要寻找第三利润源泉，而物流就是这个第三利润源泉。单靠企业本身已经不能适应现今社会日益激烈的竞争，对供应商物流模式进行辅导、控制和管理，增强了上下游企业面对市场的能力以及响应速度，哪一个环节出问题了，都会产生牛鞭效应，影响全局，所以真正的竞争就是供应链之间的竞争。

建议：

过程上，应该从以下几个方面不断深入推进。

（1）导入精益思想。精益生产是整个供应链的课题而不是某一个节点的问题，让全体员工熟悉并认同精益思想，明确相关人员的角色和职责；不断梳理精益生产、物料供应的逻辑，持续开展精益供应链培训。

（2）实施"5S"和 TPM（全面生产维护）。"5S"是一切管理工作的基础。

（3）建立持续稳定的生产物料流动体系和机制。做好平准化生产、供应链管理及全面质量管理。

（4）建立无缝衔接的信息流。不仅要确保持续不断的物料"流动"，还需要做好各种数据传递的无缝衔接。

（5）建立标准化和强执行力。一些实践中经验证可行的方法，需将它们标准化，以确保执行可重构。

（6）建立供应商标杆企业考核标准和定期考核机制。

（7）设立改善绩效指标体系，对于精益生产项目各个环节的改善前后进行绩效对比与分析，找出与预期目标及标杆企业的差距点，不断进行修正，达到整体最优。

（8）"90后"员工将是企业的后生力量，更应该激发他们不断进行产品创新、微创的新意识，使产品附加值得到提升，同时也引进"标杆员工"策略，有利于员工的自我提升。

李俚

广西大学教授

广西大学机械工程学院副院长

[点评3]

这个案例充分地让大家感受到，在中国起步较早的家电行业，随着行业的竞争加剧，行业整体利润率的进一步压缩，比拼的正是供应链，谁可以将供应链的速度与效率、成本优化做到极致，谁就领先一筹。

九阳集团是轻资产运营，将产品委托 OEM 工厂生产，供应商的能力与成本就是九阳集团自身的能力成本，故供应商的能力提升与成本的下降是其核心竞争要素。

然而从九阳集团自身的环境及管理水平来看，对供应商进行精益管理是有其必要性和可操作性的，但是企业如果真的要效仿，可能会存在以下难点：

（1）实操难度较大。很多企业连自身生产的精益都还没有摸索清楚，而对供应商进行精益管理难度较大。

（2）管理难度大。企业本身的采购部人员已是合理超负荷运用，想要抽出一部分精干力量投入此项目中，难度较大。

（3）更为重要的是时机，项目投入资源较多，企业要确定在什么阶段做这类项目才是比较合适的。

对大部分企业来说，现阶段的采购管理，我们认为首先应该更加注重"内功"的修炼。

这项"内功"首先是对自身采购业务流程的优化与提升。通过战略寻源七步法对关键品类、一般物资进行信息收集与分析，确定不同品类的采购策略与实施方案，先从自身能够进行调整和优化的角度出发进行改进，即从自身开始精益。

其次，未来可以通过数字化的工具对以上的流程优化、策略的调整进行固化与绩效跟踪。通过数字化平台，企业可实现对外与供应商协作，对内实现信息资源共享，从而对采购整体业绩进行实时跟踪。这样可以为企业带来的好处是：

- 能够收集更多可分析的数据。
- 释放部分劳动力。把通过数字化平台所节省的劳动力用于挖掘可降本及业绩提升的项目。

最后，通过内部业务流程的优化和数字化平台的固化跟踪，企业自身采购的管理水平有一定的提升，此时可以针对关键物资的成本要素分析，对已较难降低成本的供应商实施"精益管理"赋能，将自身的能力进一步释放至供应链前端，从帮助供应商降本的角度降低自身采购成本。

何文俊

上海甄云信息科技有限公司 CEO

[点评4]

与赵总认识有四年之久，因为所处行业相同，我们所在的企业在产品类别上有些许相近，所以平时我们俩也会有一些方法、资源上的交流借鉴。

在国内当下的供应环境中，很多民营企业与供应商的关系，还属于初级的买卖关系，供应商的成长主要基于供应商自身的管理水平、质量控制、生产效率及获取订单量等，买家通常处于强势地位，如果现有供应商管理水平有限，则甲方通常是引入新供应商，增强供应商之间的互相竞争，来逆向对供应商施加压力，迫使供应商自行做改善。很多民营企业因为研发能力、技术团队和管理意识的差距，在效率提升和品质改良上通常处于"摸着石头过河"的境况。

相比之下，九阳集团具有高度的前瞻性，预见国内供应链的竞争趋势，为了打造全面的、战略性的、具有竞争力的供应链关系，率先开展了"帮扶供应商"计划，将精益生产的四个阶段认真落实，分阶段推进，以一两年一个阶梯的速度，依次完成了精益现场、精益制造的推行，并最终在公司管理层的推动下，完成了精益供应链的项目实施，在现有供应商系统中，精选了十多家核心供方，调集公司内部力量，花费三年时间对其做辅导、变革。

将"精益生产"作为九阳集团评审供应商的基本门槛，保证了后期改善、推进的可执行性，并最终在提高效率、减少浪费、降低成本这三方面获得了成效，降低了成本优势，提高了产品的综合竞争力，最终与供应商形成了双赢的格局。

需要指出的是，我们所有的基于供应商的改善，最终目的是提高我们的产品在市场上的竞争力，关于帮扶出来的成果，需要以书面的方式做一些约束，保证自己优先享用，同时，要签订一些排他性协议，以防止这些培养出来的竞争力为竞争对手所用。

只有将这些后期的成果保护好，将相关的风险管控好，我们所做出来的成果，才能真正地为企业、为组织所服务，这也是我们能够持续对供应商帮扶的动力来源。

我从事采购管理有八年之多,在帮扶供应商方面,一直有些较深的感受,其中最痛苦的莫过于协调公司内部的品保、技术、设备等相关人员至供应商处做辅导和改善,采购如何调动这些资源?获取的资源是否有效(有时,工厂内部因为存在部门墙,给到采购的技术人员专业度并不强)?在改善项目的推进上,如何保证供应商如期有效执行?项目推进过程中是否运用"甘特图"等工具做进度管控?

关于这些细节,本案例方案中没有细述,略感遗憾!但也正因为如此,读者才有一种意犹未尽的感觉!

唐振来

膳魔师(中国)家庭制品有限公司采购课长

[点评5]

精益生产方式(Toyota Production System,TPS),其两大支柱是**准时化**和**自働化**[一],目标都是减少或杜绝浪费。以精益的思想理念消除浪费、降低生产成本是传统生产模式下大家普遍采用的一种策略。

作为一名采购人,把目光聚焦在供应商身上,以供应商的精益化促进其生产成本降低,支撑九阳产品的竞争力提升无疑是一种正确的选择。

在这里,我愿意在案例的基础上,和大家在其他维度分享一点看法。

由于九阳集团生产和营销模式的特殊性,供应商的生产自成体系并按照九阳的销售需求供货。要实现供应商生产环节的精益化,九阳集团的销售部门必须有一定锁定周期且无波动的需求计划的支撑。否则,要想保证多品种产品的随机供货,必须通过建立大量产品或在制品的储备才能实现。因此,九阳集团销售部门有一定提前周期、稳定和无波动的要货计划才是供应商精益化的关键所在。

另外,如果能够将生产锁定一个比较合理的周期并将所有的产品种类"平准化"(各种配置、款式的产品在生产线上均等间隔分布),就可以实现零件配送的准时化和资源(空间、设备)占用的最小化,会

一 精益生产中的"自働化"与"自动化"不同。

使供应商的精益生产水平再上台阶。再者，降低质量成本也是精益生产方式的一个重要维度。

TPS中"自动化"的意思是，当设备生产出不合格产品时要自动停机，防止不合格品产生的浪费。毕竟，"羊毛出在羊身上"，要么供应商将不合格品的质量成本转嫁给消费者，要么因侵蚀自身的利润而影响长远的合作。

所以，提升供应商全员的质量意识和提高产品质量水平必须引起足够的重视，并给予足够的支援和培训。

正如案例最后所总结的那样，传统改善所带来的供应商的精益水平提升正在接近"增长的极限"，如何打破这个"效率瓶颈"是当下企业界面临的共同课题。在汽车制造业中，物联网、大数据、云计算等数字化的技术和手段正在带来一场新的技术变革。

在东北某汽车制造企业的总装车间，大量采用了AGV（自动导引运输车）、RFID（射频识别）、智能存储仓库、智能防错拣选等智能产品，减少了近30名物流配送人员，节约了近1/5的物流区域面积。

这种通过数字化手段实现全体系在数字平台上的无缝衔接和高效协同，消除体系中各环节的浪费的举措，正在带来新一轮的效率提升，会是未来供应链体系进一步精益化的出路。

生产制造企业各具特点，但是目标和手段是相通的。希望大家在借鉴九阳集团的成功经验的同时，在体系化思维和数字化技术应用方面积极探索，大胆尝试，更快、更好地提升企业的综合竞争力。

杨成延
中国第一汽车股份有限公司工程部高级物流专家

[点评6]

两年前，在中国好采购的舞台上分享《精益，帮助供应商成本领先》这个案例，我记忆犹新，案例主要是基于自己的亲历。生活中，虽然不是每个人都能以采购为业，但在我看来，采购是每个人必然扮演的角色，采购是一类人，他们的做事思路与方法可以解决很多实际的生活问题。

两年来，对供应商帮扶中精益"金矿"的挖掘又有了一些新实践，特别是随着"数字化采购"春天的来临，九阳集团供应链上下游互联互通和协同水平进一步扩大。九阳集团通过内外联动、上下游的紧密协作，提升供应链创新的组织能力，探索出以项目制为核心，"集中、联动、竞争"的精益供应新模式。

（1）**提升精益供应链管理和协同水平**。充分利用社会分工和供应资源优势，推进生产外包，完善精益供应链管理制度，加强采购数字化、电商化、信息化升级，加强标准化建设，培养供应链专业人才。供应商精益项目深入推行，现场、效率、质量、成本、自动化、运营等模块均得到提升，特别是与上下游企业的协同能力提升，形成了分工协作的网络体系，打破了上下游壁垒，共同提升了供应链整体水平；同时，积极"走出去"构建全球供应链，提升全球资源配置效率。

（2）**加强精益学院建设和模式创新**。九阳集团积极与名企、高校、研究机构等开展合作，建设精益学院、精益实验室，开展"双四星"精益供应商的供应技术创新，推广应用供应链新技术、新模式，以产销协同项目为支撑，充分发挥供应链平台的资源整合优势，集中订单，实现内外部供需平衡，促进整个产业供应链数字化、智能化和国际化。

（3）**投资支持供应商规范开展供应链金融业务**。九阳集团每年对供应网络进行评估，在供应前后端、内部建立数字化信息平台，搭建指标体系，纵向支持，横向输出，在供方软实力提升及跨界融合学习中起到了纽带作用。引导有条件的供应商加强与商业银行、平台企业等的合作，创新精益供应链金融业务模式，优化供应链资金流，积极稳妥、依法依规开展供应链金融业务。

（4）**积极倡导全过程、全链条、全环节的绿色发展供应链**。建设和完善上下游供应商系统和数据对接，充分发挥供应链平台的资源集聚、供需对接和信息服务等功能，构建跨界融合的产业供应链生态。九阳集团作为立足于生态链顶端的品牌商，提出"坚持价值营销，提升品牌势能"的生态系统，需要的是"为品牌加分"的伙伴。九阳集团优先帮扶使用节能、节水、节材等环保产品、设备和设施的供应商，促进形成科技含量高、资源消耗低、环境污染少的产业供应链。

赵玉新

九阳股份有限公司招标部助理总监

[点评7]

降本是采购的职责，随着企业面临的竞争加剧或企业管理成熟度提升，许多企业已经把成本领先作为公司战略之一。如何实现成本领先？每个企业的做法不尽相同，但又大体一致。因为大部分企业更多的是采用引入竞争、招标等传统手段，将供应商作为压榨的对象。

在本案例中，我们很高兴看到九阳集团利用自身管理经验和优势，将供应商视为合作伙伴，实施精益项目，帮助供应商实现成本领先。表面上看，案例呈现的是九阳集团如何通过精益实现成本领先，但实际上体现的是九阳集团采购管理理念的转变，值得大家学习借鉴。

本案例系统阐述精益项目实施的过程、达到的效果及经验总结。从项目实施过程来看，让我印象深刻的是通过在流水线上增加气密检测工装，解决破壁料理机渗水工序玻璃杯静置12小时"硬周期"的问题。

在采购实际工作中，如果遇到客户需求紧急、需求量大之类的"硬周期"，影响的将不仅是案例中提到的场地、周转、成本等问题，更重要的是会出现产能瓶颈，无法满足客户需求。

从案例呈现的效果来看，不仅供应商的制造周期缩短、库存周转大幅提升，而且九阳集团的缺货成本、库存成本等也得到降低，从而提升了自身市场地位，达到共赢局面。所以九阳集团的做法体现了采购思维从"小采购"到"大采购"的转变，也很好地诠释了"帮助供应商就是帮助自己"。

从案例总结来看，高层关注、全员参与、持续改善等是项目成功的关键，但如果案例中有项目实施过程中的不足之处或者相关经验教训将更好，以便给相关采购人提供更多的参考。

总之，九阳集团呈现的不仅是一个优秀的案例，还让我们看到了中国企业在面临各种挑战时的积极探索。在此，我希望能看到更多企业的实践案例。

张敬鑫
中兴通讯股份有限公司采购部主任

讨论与思考

○你的公司是否尝试过对供应商提供一些帮扶或者管理上的支持？

○你的公司实施精益管理过程中会遇到哪些障碍？

TOP PURCHASER
IN CHINA

第二篇
国产化采购项目

通过跨部门协同实现核心零部件国产化

(2017年三等奖　徐尉哲　中车株所)

推荐语

这是一个采购项目国产化案例,更是一个项目管理案例,即在规定的时间内,利用有限的资源,完成一些规定的任务,确保质量、成本、交付。

"30天内首件产品交付,实验通过后15天内批量交付,总成本还要节约",我的理解是,这个项目的难度是非常大的。

在日常工作中,我们经常遇到"急"的状况,有的时候还是"急、急、急"的状况。作为一个采购人,如何完成这样一个"急"的项目,常常让我们苦恼。案例作者采用的方法是"协同",成立项目组,明确分工和时间进度要求,注意文中还提到一个细节,"物料专家在项目中起到非常重要的作用……与材料专家建立了良好的个人感情"。不是两个人放在一起就是团队,团队需要情感的沟通才能有"默契"。文中还提到利用FMEA(失效模式与影响分析)工具识别风险、管控风险。最后,该企业不但在规定时间内完成了任务,还实现降本1400万元,不得不赞叹中国"高铁速度"。

案例中的这些,都值得我们做项目管理时参考。

宫迅伟

随着近年来中国高速铁路的迅猛发展，中国高铁不断受到国外的关注，中车集团①也成为世界瞩目的企业，并开始逐渐向国外输出技术，承接国外的项目。

2010年，南非总统祖马访华，开展多方面业务合作会谈，考察了中国的高铁项目。南非受中国邀请，加入金砖国家。随后，在2011年，南非向全球招标，采购95台电力机车。

2012年，中国南车株机公司在竞争中打败欧美等国的竞争对手，斩获了项目的第一单。随后，在2013年，中国南车株机公司创造了机车首台车交货期16个月的世界纪录。2014年，中国南车株机公司和中国北车大连公司顺利拿下了南非政府全球招标591台机车订单（359台电力机车和232台内燃机车）。

2014年3月，中国南车株机公司与南非国家交通运输集团正式签订近21亿美元的电力机车大单。南非机车项目是南车集团在非洲最大、最复杂的项目，南车集团在南非中标此项目有着深远的意义，首先是打破了欧美企业对南非铁路内燃机市场60年的垄断，也是中车集团迄今在国外中标的最大项目，在国际上提升了中车的品牌形象。

另外，此项目也是迄今我国高端轨道交通整车出口的最大项目，对未来国际市场的开发与推广起到了很关键的作用。中国南车自2005年开始进驻南非，先后与南非国家交通运输集团签下总价值35亿美元的大单，这也是国家层面的关键战略项目。

隔离开关面临交货风险

作为中车株机公司的子公司，我们株洲中车时代电气股份有限公司是该项目的关键零部件——牵引变流零部件的供应商，结合主机厂的生产进度与客户需求时间，我们深感此项目的难度大。

其中，隔离开关是我负责此项目的最关键的原材料，项目团队在技术方案选型时第一时间组织各个部门进行方案分析与策略规划，从交货期来看，早早地就发现了这个风险点，而结合项目原材料整体分析，隔离开关

---

① 中车集团是2015年由中国南车集团公司和中国北车集团公司重组合并而成的。

是瓶颈物料，其到货周期远不能满足项目的要求。这也给我们项目组与供应链团队增加了一定的工作难度。

为了解决交货期问题，公司各部门第一时间组织开会讨论解决方案并结合讨论的方案开展相关工作。在技术响应、交货期响应方面，各部门协同以求快速响应客户需求，尽最大的努力积极开展工作，技术人员开展系统研发设计与应用设计，物料专家提供物料级的方案指导与支持。

识别难点

在轨道交通行业中，用于车体的隔离开关（大电流）绝大部分是由国外厂家进行供货，结合目前公司已有的项目，国外厂家该类别产品的价格高、生产/供货周期长、技术支持及商务响应能力都较差，而针对南非机车项目，国外厂家给予的价格、生产/供货周期、技术支持与服务等同样不能满足目前我们公司的要求。

南非机车项目首列车交付时间十分紧急，且客户对首列车试运行实验要求较高，综合客户的交付需求及技术条件，传递给我们的信息就是既要保证顺利交付，也要保证产品质量合格。能否顺利完成该项目在很大程度上影响着中车集团的品牌形象。

这是中车集团最大的海外项目，有很强的品牌效应，也具有一定的政治意义。项目的成功与否将在很大程度上决定公司的国际影响力及市场份额。这个项目存在以下几个难点。

1. 首列车交付时间紧急

客户需求时间很紧，首列车交付时间进度紧张，根据客户需求条件，我公司提供的机车牵引与变流器需要重新设计，与公司标准产品有一定差异。公司各部门需要协同，寻求最快的解决办法。

2. 客户需求不定时变化

在项目设计初期，方案没有完全确定，客户提出的需求有变化，我们需要根据客户需求及时更改我们的设计方案，这对首批产品顺利交付造成了很大的困难。

3. 隔离开关技术因素

项目所需的多极隔离开关进口品牌市场占有率较高，关键原材料隔离开关技术主要在国外，而国外厂家不愿意对标准产品按照我公司要求进行改造，他们更希望我们按照他们的产品进行设计。

我们的项目要求进口产品更改标准产品安装尺寸进行定制，国外厂家不接受定制方案，给我们的项目设计方案造成很大难度。

如果选用国外品牌，成本较高，交货期也很长，不能响应客户需求，这迫使我们与国内技术水平较高的厂家进行合作，按照我们的要求进行产品开发，保证进度满足客户需求。

鉴于此，从价格和成本上综合考虑，唯有国产化才能满足客户需求。

4. 客户地域文化差异

客户现场首列车安装进度不受控制，主要是客户地域文化差异所致，比如，在工作习惯上，南非当地人和中国人习惯加班加点赶进度相比，还是有很大差异的，这样会对后续批量的连续供应造成困难。这些都需要充分考虑并做好相应的准备。

项目实施

在对项目的难点进行了分析之后，为了确保项目顺利实施，我们公司成立了项目团队，并明确了分工。

1. 项目主要参与者

物料专家：对隔离开关进行物料实验与验证，并给供应商提供技术原理理论及实验效果数据支持。

技术人员：对公司集成的产品进行技术原理分析与认证，同时提出隔离开关技术要求。

项目经理：对接客户传递客户需求到公司内部，同时将公司的进展情况及时反馈给客户。

质量工程师：对隔离开关进行质量首件评审及装车考核实验，定期与物料专家探讨产品技术质量问题。

供应开发师：与国外厂家进行谈判，同时在国内进行寻源，开展价格谈判。

采购经理：对国内寻源的厂家进行价格谈判，并与项目团队一起确定未来合作的对象，定期现场监造、查看进度，组织开展战略合作并签订合作协议。

其中，物料专家在项目中起了非常重要的作用，在与供应商进行共同的产品开发过程中，他们的工作进展尤为重要。采购经理作为项目的牵头人，必要的时候也要进行协调。

2. 项目进行过程中的关注点

在项目进行的过程中，我们密切关注了以下几个方面。

进度控制

- 根据客户需求，按照合同首列车交付计划控制。首列车交付是一个里程碑，为此，大家要全力以赴，确保能够按时交付，得到客户的认可。
- 在项目执行中，客户需求的变化导致产品选型开发中的进度管控。确保进度，对公司未来进军海外市场起着关键的作用。

进口产品国产化

对于隔离开关，参考公司之前的产品（与该项目类似的产品），我们选用的是国外一家知名品牌，但是南非项目与公司其他类似项目平台一致，在和对方进行技术交流时，国外标准化产品与我们所需的安装接口及一部分技术参数不兼容，为了保证项目进度不耽误，我们公司的技术与供应链团队人员紧急找到供应商寻求支持，但是得到国外供应商的回复是很失望的，对方既不愿意加急生产赶工，也不愿意为我们更改标准产品的接口，对我们来说，时间就是宝贵的资源，在产品交付之前整个团队都是与时间赛跑。

对于隔离开关，国外厂家不接受我公司的定制要求，而国内技术欠缺，怎么办？

唯一可行的办法就是，我们要寻找合适的国内厂家，短时间内开发出符合要求的技术，而在这个过程中，我们需要全程参与，在国内产品选型开发中，我公司派出专家，全程进行技术指导，并参与其中的设计与实验。

最终，我们选择国内一家知名的企业进行定制开发，且要求对方30天内首件产品交付，实验通过后 15 天内批量交付，同时我们公司安排物料专家、质量工程师等人员去现场进行实验与生产监督。在这个过程中，采购经理无时无刻不在关注实验的进度，和物料专家建立了良好的私人关系，充分把握住了开发的进度，最终保证了产品顺利交付，质量也完全符合项目组的需求。

风险识别

在整个项目实施过程中，我们时时刻刻都关注着风险，包括供应风险、需求风险、过程风险、控制风险、环境风险等，因为任何风险一旦发生，如果没有及时采取有效措施，就有可能造成项目的延误。项目风险识别，是从"终端到终端"，对包括国外技术限制及国内临时定制的各种风险源，进行综合全面分析。

总成本节约

在大家的共同努力下，我们实现了首批采购结合产品替代开发过程中的成本花费比国外产品成本节约，而且最后也实现了连续供应累计采购总成本节约目标，总降价成本达到 1400 万元人民币。

此外，在项目实施过程中，我们还对项目的目标进行了定性和定量的分解（见图 1）：

定性目标，就是要让项目能够顺利交付，让客户满意，实现端到端的对接。

定量目标，一方面是要能够在规定的时间内完成；另一方面，是要实现采购成本最低。此外，还有关键的一点，确保替代的技术方案可行。

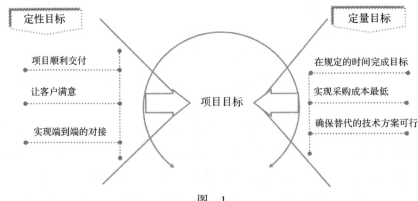

图 1

最终，我们在这个项目上取得了成功，保证了项目的交付进度。

案例成果

根据技术要求及相似项目的选型产品，国外一家知名品牌为优选，但国外产品与我们所需的安装接口及一部分技术参数不兼容，对方不愿意为我们更改标准产品的接口，而是希望我们根据他们的产品再设计其他产品。

而对于我们来说，时间就是宝贵的资源，在产品交付之前整个团队都在与时间赛跑，我们评估之后最终选择国内一家知名的企业进行定制开发，且要求对方在 30 天内开展首件产品的交付，实验通过后 15 天内批量交付，同时我们公司安排物料专家、质量工程师等人员去现场进行实验及提供技术支持，最终保证了产品质量完全符合客户的需求并及时顺利交付，节约了很大一笔采购成本，经过测算，参考国外品牌采购价格，项目开展的三年半时间内总降价成本达到 1400 万元（见图 2）。

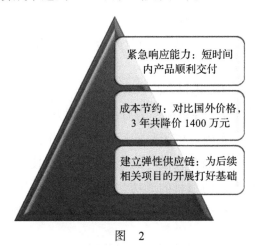

图 2

影响

通过本案例可以看出，供应链柔性对公司的重要性，而供应链风险的识别与解决对整个供应链柔性起到了至关重要的作用。回到这个项目本身，如果没有第二家供应资源的进入，那我们会很大程度上受国外厂家的产品与技术的制约，这将会对该项目造成很大的消极影响，甚至会影响到公司的口碑。通过全面的分析与识别，制订并实施详细的方案，我们保证了各项工作按照计划顺利完成，遵循 PDCA 原则。

在本项目隔离开关供应风险识别过程中，我们对其关键路径进行分析采用了一个工具：失效模式与影响分析（FMEA），其目的就是使我们找出整个系统应该关注的地方来降低失败的风险。其方法主要是观察每个节点和环节并提出如下几个问题：

（1）哪部分可能出现故障？

（2）由于承受的电流较大，要求单级 1200 A，如何满足系统的技术要求？

（3）出现故障后会有什么风险与影响？

（4）出现故障的关键原因是什么？

我们对供应链风险的来源（供应风险、需求风险、过程风险、控制风险、环境风险）进行探讨与分析，结合上面的问题进行综合评估，并得出最终的解决方案，建立该系统弹性供应链，加大柔性供应。

在商业影响方面，主要有三点：

（1）让客户满意，品牌效应得到提升，为后续中车集团走向世界打好基础。

（2）成本下降幅度较进口产品只有 50%。

（3）实现关键产品柔性供应，为后续国产化方案提供经验支持。

这个项目的成功实施，也为我们后续开展工作提供了宝贵的经验。最令人惊叹的一点是，我们在关键产品上打破了进口技术的垄断，这是可喜可贺的。这个里程碑式的项目的成功，提升了我们的国际竞争力，因此我们后续也获得了多个海外项目订单（来自阿根廷、澳大利亚、印度等）。

经验总结

项目从准备到执行，再到最终结果落地，都需要制订详细周密的计划及解决方案，总结一下主要有三个阶段：准备阶段、谈判分析阶段、事后处理阶段，这三个阶段总共花费的精力大概可以用图 3 表示。

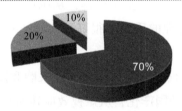

图 3

准备阶段是至关重要的,这个阶段的工作包括数据分析、风险识别、方案确定、实验过程等,所以需要花费最多的精力与时间,主要体现在如下几点:

(1)要满足客户需求、分析供应市场的环境、确定采购战略及所期望的与供应商的关系,要考虑将要评估的项目属性和重要性;

(2)进行价格/成本分析并为供应商建立成本模型,作为谈判的基础。

(3)依据供应商对公司业务的期望值来评价达成所希望的供应商关系类型的可能性。

(4)确定双方组织和个人实力的均衡,并对谈判的双方进行SWOT分析。

多用科学的分析方法进行整体项目的管控,以保证项目在任何环节都不出现差错,通过此成功案例可以对后续更多的工作提供正确思路以及解决办法。

通过此案例,我深刻地体会到供应链管理对公司发展的重要性,在与供应商谈判时,结合公司体制与项目情况,开发更多的资源,选择合作意愿强的厂家开展战略合作,与战略供应商共同发展进步;而对于跨部门协同,团队只有目标一致、形成共鸣,才能保证项目的顺利开展,公司也才会走得更远。

[点评1]

这是一个典型的大型项目型需求零部件国产化的案例。作者描述了跨职能协作，实现快速国产化的整个过程，从国产化的驱动力到过程风险评估等，采用项目管理的手段，很好地实现了控风险、降本、增效。

但是，本案例也带来了很多思考，如怎样让采购和团队从被迫的国产化转向更有前瞻性的主动国产化，从短视效应转向长期战略规划，我想和大家进行一些探讨。

思考一：供应商关系管理的长期规划

未来势必无法完全依赖国产化来实现中车集团整个供应链条的可持续性稳定供应，大型车辆项目很可能从技术和质量的稳定性，还有客户可能大量定制某些元器件等维度，使得强势的国际品牌供应商并不可能被完全剔除，所以如果能将供应商发展蓝图规划出来，针对不同部件的供应商群做出合理部署，针对不同细分市场的需求有部署不同的供应商群，并制定相应的关系维护战略就更好了。随着中车集团的国际化，它势必和欧美及日本的竞争对手的供应商群出现融合竞争，那么供应商关系管理势必带来整体供应链的竞争优势。未雨绸缪方为上策。

思考二：TCO 必须深入人心

往往我们在项目中忙于国产化，在供应商切换中计算了大量前期成本，但也需要顾及未来维护保养各地零部件所造成的 TCO 是否最优化。如果我们计算的整体节约成本，能纳入后期运营维护和质量成本在内就更好了。TCO 尤其适合此类项目型需求。

思考三：企业战略和采购战略纬度的思考

高铁制造和提供是典型的大型项目型需求（从制造、组装、现场调试到未来的维修运营维护等），项目周期长，技术要求高，变化多，客户定制化，地域性需求差异化，从采购到组装可能异地跨国涉及整个供应链等。如果公司跨职能团队在 2005 年，抑或在 2014 年就启动大量部件供应商的搜寻、调研、储备等工作，也许就可以更万无一失地启动核心部件国产化。

比如，由国外供应商转向国产供应商，从质量部门到技术部门都需要培养大量的内部人员,评估切换供应商带来的质量和技术,培养国内供应商等。如果要既真正实现在保证长期品质稳定的前提下有效国产化,又能减少未来切换回国外供应商的尴尬境遇,就需要学习的时间。

国产化最好做一个时间和供应商培养的阶梯发展路线图,那么无论是采用 FEMA,还是采用 DFEMA(设计阶段的失效模式与影响分析)都能积累大量的资料,不仅为质量爬坡提供了清晰的方向和方法,而且供应商也能更自如地应付未来国际化带来的个性需求调整,包括未来国际市场供应能力和供应稳定性及售后服务响应都有了方向。当然这也代表着适合匹配国际市场的供应商将有更早期的评估选择和培养的动作。

思考四:供应链的强者主导——中车驱动整个链条的供应链管理战略

在中车集团国际化的道路上,如果中车整车厂做了整个链条的供应链管理战略规划就更好了。比如,如果中车对整个供应链进行物料风险分析,供应市场对各需求国市场展开摸底调查,对供应商群的匹配度进行部署等,那么这样的国产化就能更快速有效地推进,中车在国外的推进战略也就有了更好的风险管控和供应稳定性。

如果未来从整体战略部署的前瞻性,以及供应链的完全风险分析和供应商群匹配度的部署等维度进行规划,那么国产化将更万无一失。

王梁燕

飞利浦前全球采购总监

采购与供应链独立讲师

[点评2]

这个案例无疑是多部门协同作战取得胜利的典型,其中物料专家、技术人员及质量工程师等专业技术人员挥了巨大的作用。重点帮扶目标供应商,攻坚克难,突破技术壁垒,在有限的时间内,保质保量地完成了项目任务。

跨部门协同的难点在于不同的部门坐在不同的位置上，讲不同的话。技术人员只想满足设计需要，物料专家只考虑哪个物料最合适，质量工程师最关心质量是否合格，项目经理最上心的是客户是否满意，采购人员对成本最敏感。跨部门协同难就难在设计、质量、性能、客户需求、成本、交期等因素交织在一起的时候，谁向谁低头，谁为谁让步。通过本案例可知，共同的愿景是最好的调和剂！

任务完成得很漂亮，但作为一个有"职业病"的采购人员总觉得略有些遗憾。

如果是我来讲述这个案例，我会重点讲解以下几点：

（1）在时间紧迫，且与国外供应商合作遇到困难时，如何积极地进行供应商寻源，发现国内可能合作的供应商？

（2）通过对比与筛选，通过从哪些角度的判断，最终选择与这家供应商合作？

（3）在极短的时间内，运用什么样的谈判策略与国内供应商达成合作意向？

（4）关于柔性供应，主要体现在哪些方面？

假如我是该项目的采购人员，我会重点持续关注以下几点：

（1）该技术的知识产权归属问题，应该提前与乙方界定清楚。

（2）筛选供应商的时候考虑后续订单量，全方位地考虑供应商的产能是否匹配。

（3）乙方在定制开发完成后，必然面临着小批量到量产的过程，要考虑经验成本，以此制定持续降本策略。

（4）项目完成后，该供应商就会变成独家供应商，会充分考虑独家供应风险。

扈彩云
西藏卫信康医药股份有限公司采购总监

[点评3]

从这个成功的案例可以看到，随着时代的发展，采购及供应链管理工作面临着更大的挑战。这些挑战来源于：

（1）市场全球化竞争日趋激烈对交货期提出越来越苛刻的要求。强大的交付能力成为赢得订单的核心竞争力。

（2）更短的研发周期对供应链的弹性提出了更高的要求，尤其是项目型订单，很多情况下是客户需求变化，设计一边在改，项目一边在进行中。这对外部的客户、供应商，以及内部的设计、工程、生产、质量和采购等相关职能部门的协同提出了非常苛刻的要求。沟通一旦出问题，就可能导致项目延误及成本的损失，甚至导致项目的失败。

（3）快速响应机制的要求。案例中提到的原先进口的关键零部件隔离开关的国外供应商无法满足项目节点和定制化要求，需要及时采取应对措施——开发国产替代供应商，以保障交期。

案例中，株洲中车时代电气面对挑战，团结一致，保证了南非项目车辆的成功交付。作为采购和供应链从业人员，我们能学到什么呢？

虽然俗话说计划跟不上变化，但本案例让我们学会了为确定的不确定性提前做好计划。

（1）需要针对公司采购的物料品类及供应商提前进行分类梳理，识别可能制约交付的供应瓶颈物料和对供应商进行识别，并采取适当的策略，如国产化、提前储备安全库存（部件成品或半成品）、开发备用供应商等，以降低风险。

（2）采购和供应链人员的专业职能并不仅限于面对供应商，优秀的内部协同能力已同出色的供应商管理能力一样，成为我们的核心能力。

（3）针对突发的问题，建立快速响应机制，协同相关资源，密切跟进应对措施，确保项目按时完成。

（4）支持和做好零部件标准化的推动工作，太多的零件定制化对供应链的压力会非常大。

对于采购和供应链从业人员来说，这些变化，既是挑战，也是机遇。让我们在企业面对激烈的市场竞争时扮演更为重要的角色，让我们优秀的供应链管理能力成为公司的核心竞争力。

柏永梁
海智在线 OSS 供应链交付负责人

[点评 4]

见微知著，一个小小的隔离开关却是中国企业决战海外、无往不胜的最好注解。开关虽不起眼，却因其独特性和时效要求而让整个过程跌宕起伏、扣人心弦。

案例中的项目在中车"出海"的大背景下展开，把中车"走出去"过程中遇到的问题具象化，通过聚焦隔离开关这一典型案例，向我们阐释了"走出去"过程中遇到的风险和挑战，也充分体现了中车人在项目管理中的协作和智慧。

作为轨道交通行业的一名从业人员，我有幸见证了中国高铁快速发展的十年。

十年时间，中国高铁走出了一条技术引进、消化吸收、再创新的发展道路。

十年时间，中国高铁成功构建了自己完备的供应链，形成具有自身特点的技术、质量、标准体系。

十年时间，中国高铁实现了从整车进口到设计、制造、服务出口的华丽转身。

这种巨变的背后，便是千千万万个如隔离开关一般的经典成功战役，以及整个供应链自上而下的努力和蝶变。

我还记得 2008 年，作为国内民营企业，今创集团首次与海外整车巨头合作的时候，胆战心惊、亦步亦趋的场景。

我们从一次一次的跌倒中总结经验，特别是在供应链管理上，从一张张 NCR（不符合报告）上分析原因并制定纠正预防措施，把采购管控从入厂检验逐渐向前端延伸，最终延伸到概念设计阶段。我们的初衷就是避免在设计阶段指定某具体牌号或具体厂家的产品，给后面的项目管理带来不可逆转的挑战。

即便这样，我们那时在设计上的话语权也很小，导致很多产品都需要从国外供应商处进口，而且因为供应商是指定的，所以价格和交期几乎没有谈判空间，导致很多项目在进行过程中边交付边提交变更申请，而最终能否切换完全取决于外方设计团队的开放程度，可以说在高铁引进初期的很长一段时间内，这种被指定供应商"卡脖子"（外方称"knife under throat"）的行为几乎成为业内采购的常态。好在案例中提到隔离开关是由公司自主选型的，虽然也面临着国外供应商不配合的窘境，但是在设计上具备相当的话语权，这才为后面切换国内供应商提供了便捷通道，而且因为是自主设计，在设计和质量的把控上公司才有底气选择供应商的切换。

同样道理，在铁路行业不管是供应商切换还是新产品试用，都有一套严苛完备的标准流程，哪怕是一个简单的隔离开关，也需要一个强有力的团队去支撑整个切换的过程。

案例作者也不例外，配备了强大而专业的项目团队，从物料专家到采购经理六个人的攻关小组，确保了后面谈判和切换过程的顺利进行，特别是1400万元的降本成果，完全得益于团队之间的强有力协作，用事实告诉我们团队的力量。

当然，最后不得不提一下，实现隔离开关供应商的成功切换，最不容忽视的一个重要因素便是我们国家工业基础的日益完备和制造水平的日益提高，如果没有潜在的可以支撑国产化方案的供应商做储备，那么本案例的成功便无从谈起，这一点在印度市场上可以得到佐证。

齐保良
今创集团法国公司原副总经理

讨论与思考

○ 高铁项目国产化会有哪些风险？
○ 如果你主导这样一个国产化项目，你会怎么做？

乘用车离合器关键零件国产化项目

(2018年一等奖 谭力 采埃孚)

推荐语

国产化，就是把国外的零件拿到中国生产，这项工作是有难度的。其难点在于，技术团队的支持、客户的认可、断点的把握，这三点是我做汽车零部件国产化工作时最大的体会。

技术团队是保守的，与供应商也是有千丝万缕的联系的，做国产化，他们不一定有那么高的积极性；客户担心国产化后质量下降，这个担心并不是多余的；断点把握不好，新的跟不上，老的不跟上，搞不好，供应链掉链子，结果就是惨败。实践中这种例子也有很多。

对于国产化工作的这三个关键点，本案例主人动了很多脑筋，用到了很多小妙招，获得了团队的支持，解决了客户关切的问题，制订了详细的切换计划，获得了国产化的成功，读者可以细细品味。

宫迅伟

2018年是改革开放40周年，在过去的40年里，中国经济建设取得了巨大的进步，汽车工业更是实现了迅猛的发展，并逐渐成为国民经济的重要产业。随着国产化速度的加快，一些更深入的关键零部件的国产化是当今亟须攻克的难题，唯有实现关键零部件的国产化，才可实现真正的中国汽车强国之梦。这篇案例讲述的便是众多关键零部件中的一个典型国产化项目（见图1）。

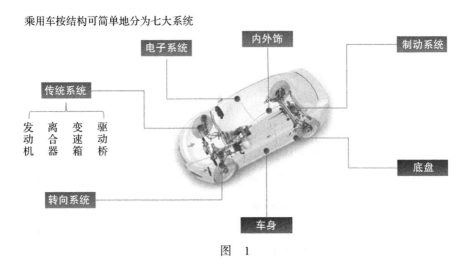

图　　1

对于离合器，大家可能不陌生，它是由**离合器压盘**、**离合器从动盘**和**双质量飞轮**组成的（见图2）。

离合器通过压盘与从动盘之间的接合实现发动机扭矩的传递。而对于双质量飞轮可能大家了解得不多，它是由初级质量侧飞轮和次级质量侧飞轮组成的扭转减振器，因此称为双质量分轮，简称DMF。

图　　2

由于发动机在高速运转下会产生剧烈的抖动，DMF 的作用就是改善因发动机做功引起的抖动，从而提升整车 NVH（噪声、振动与声振粗糙度）及乘员舒适性（见图 3）。

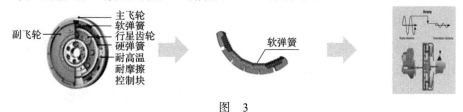

双质量飞轮（DMF）由初级质量侧和次级质量侧两片飞轮组成，由软弹簧组进行连接，利用弹簧阻尼减振的原理对发动机减振，从而提高整车 NVH 及乘员舒适性。

图　3

DMF 中 80% 的零件在我国已经国产化，但其中的高强度、耐高温、耐摩擦控制块因为严格的技术要求一直没有国产化。

该控制块属于 DMF 中的核心工作件，在高温工况下起运动连接及停止限位的作用，采用高等级 PA46 材料由针阀式热流道系统注塑生产而成，需要在 120 h 里完成 150 万次高速冲击测试，在测试温度为 160℃时依然保持良好的机械性能，同时要求承受 400 r/min 摩擦测试的考验，因此该控制块对高冲击强度、高温、高摩擦具有苛刻的要求（见图 4）。

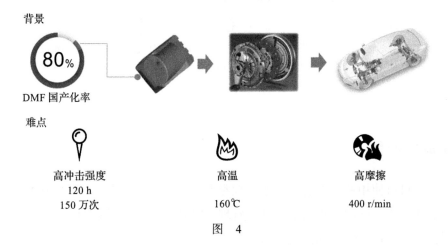

图　4

此外，由于该控制块是整个离合器模块的核心工作件，一旦失效，将严重影响离合器功能并会带来潜在的乘用车安全事故，因此一直由欧洲供应商供货。

DMF 控制块需要国产化

目前我们遇到了来自市场以及供货的一些问题，主要有以下三个方面：

（1）随着政府对汽车排放和安全的要求提高，各大主机厂对零件的成本提出了新的要求。

（2）由于市场需求旺盛，欧洲供应商遇到了潜在的产能问题。

（3）欧洲供应商项目开发柔性化程度不够，无法满足国内市场快速变化的要求。因此我们要启动这一关键零件的国产化项目。

在项目国产化中，我们面临很多问题和挑战，主要有：如何获得管理层的支持；如何协调跨部门合作；如何组织供应商定点工作；如何推动高技术要求零件生产落地；如何在客户要求的时间内获得批准。在接下来的案例中，我将一一分享这些问题的解决方法（见图5）。

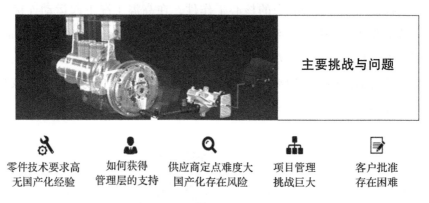

图 5

实施国产化

项目所使用的模型有卡拉杰克模型和 TCO 分析模型；分析方法和工具有责任矩阵、问题检查清单、项目管理、SWOT 分析、甘特图、ROI（投资回报率）、问题升级、定期会议等。

在论述本案例的实施之前，我将项目实施一共分为六个阶段，分别是项目启动、GCS/技术交流、供应商定点、零件及总成测试、客户批准、爬坡及断点切换。

1. 项目启动

项目的启动所需要的人力、物力、资金的投入，都离不开老板的批准。而如何获取管理层的批准是本案例的第一大挑战，我们用了SWOT分析法对该项目做了分析，并从成本、产能、供应链稳定性、供应商战略等方面做了汇报。

其中，项目实施的优势在于该项目存在潜在的降本空间，成功后可以优化运营绩效，同时可以化解产能不足的风险，此外还可以缩短交期并降低库存，优化供应链结构。项目实施的劣势在于目前还是存在技术瓶颈，并且整个团队及供应商国产化经验不足。对应的机会在于主机厂有了成本控制的需求，同时国产供应商的技术能力又在不断提高，国产供应商还具有成本优势。项目失败的威胁是公司会承受经济及声誉损失。最终管理层经过考虑，同意了该项目的实施。

2. GCS/技术交流

这个项目涉及采购、质量、技术、物流、销售等多个部门之间的协调工作，如何确保各部门明晰自己在该项目中的职责，以及如何有效地推动国产化中各事项的进展，是本案例的第二大挑战。我们做了四件事情解决该问题：

（1）成立项目小组，总经理及副总经理担任监督委员，采购担任项目负责人，各职能部门担任小组成员。我在该项目中的角色是领导了整个项目的发展，组织了任务分工/技术交流活动，主导了供应商定点，协调了测试及客户批准工作。

（2）建立人员责任矩阵，其中横坐标是各职能部门，纵坐标是相关事项，我们建立了一种表格叫RASIC表，也称为"责任矩阵"，用RASIC的方法定义各部门在每个事项中的责任，分别是：

- R，责任（responsible）。
- A，批准（approve）。
- S，支持（support）。
- I，通报（inform）。
- C，咨询（consult）。

(3)组织定期会议并跟踪问题清单,比如在供应商交样后控制块的合模线存在毛刺,问题清单中会写明,供应商整改负责人为SQE(供应商质量工程师),整改完成时间为某月某日,并且每两周开会检查一下这个问题。

(4)按照汽车行业IATF16949标准制订了项目开发计划,其中横坐标是时间,纵坐标是事项,一共七大事项,每一大事项下又有若干子事项。该开发计划可以显示计划的时间、实际完成的时间,以及延期的时间,目的是确保整个项目在时间计划之内完成。

该离合器控制块难度高,技术复杂,应该采用怎样的采购战略呢?

我们用卡拉杰克模型进行分析(见图6),基于零件特殊的结构,需要采用顶级的热流道针阀式浇注系统进行注塑,并且必须经受40 s的长时间保压,以最大化地控制厚壁注塑工艺的收缩性。

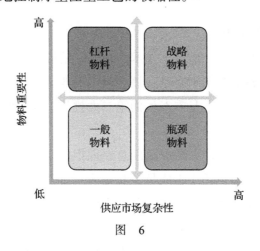

图 6

供应商资源非常有限,因此属于卡拉杰克模型的战略物料,需要与供应商培养战略合作的关系,并请供应商早期介入该项目。同时为了弄清楚该物料的成本体系,我们进行了GCS项目,进行包含关税运费的TCO分析。

在供应商名录上,目前有5家供应商,其中A和B是德国供应商,C是法国供应商,D和E是国内的供应商。

欧洲供应商有8%的运输成本和5%的关税成本,而中国供应商只有2%的运输成本,针对与中欧供应商的实际情况,由于关税及运费不同,最后的总成本也不同。最终的结果分析如图 7 所示，可见国内的 D 和 E 供应商相比现有供应商具有总成本优势。

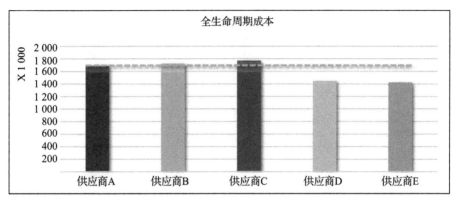

图 7

为了让供应商早期介入项目，我们邀请供应商到公司举办了技术交流会，既是与供应商沟通未来发展战略，也是帮供应商加深对该零件的使用工况、关键控制点的认知，并与供应商完成了技术规范确认文件。

3. 供应商定点

供应商定点是汽车行业项目取得实质性进展的重要时间节点，如何在这个时间节点与内外部充分匹配，并获得各部门的批准，是成功定点面临的巨大挑战。

国外的技术团队认为国内供应商经验不足，同时有部分偏见，不信任我公司国内团队，想尽可能多地保留业务在德国，因此在该项目的供应商定点中产生了很大的阻力。我们采用了先礼后兵的策略。

首先，分析成本优势，批产首年便有 476 000 元的成本节约，而整个生命周期里有 2 400 000 元的成本节约。

其次，对比历史质量数据，现有供应商 A 好于 D 好于 E，再次对比交付数据，供应商 D 好于现有供应商 A 好于 E（见图 8 和图 9），据理力争，希望可以争取到国外供应商的支持。

据理力争无效后，以国外供应商导致项目延期为由升级至更高管理层处理，最终达成了妥协方案。同意先带条件定点至供应商 D，待基础测试通过后可以完全释放，才在供应商定点这一局的较量上有比较好的结局。

图 8

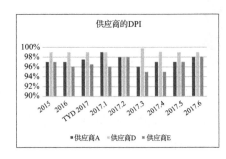 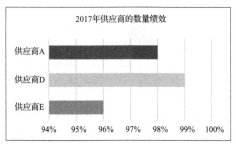

图 9

4. 零件及总成测试

零件技术要求苛刻，如何帮助供应商顺利按时通过测试呢？

这又是摆在我们面前的一道难题。为了解决这一问题，我们采用了"三步走"战略。

第一步，在项目技术交流会进行时便清晰地告知供应商该零件的技术规范及相关测试要求，一共要进行原材料、成品零件、总成、装车四类测试，但供应商实际生产的产品依然出现了收缩、脆裂等问题。

第二步，要求我公司 SQE 进驻供应商现场指导生产，同时要求与国外供应商采用相同的设备、工艺、工装等，争取先与国外零件性能相近，后期再逐步提高。

第三步，为了确保按期完成项目，我们提前协调了相关测试资源，以确保供应商生产出的零件可以及时测试并反馈改进，最终略有延期地通过了相关测试。

5. 客户批准

项目做得再出色，要是得不到客户的批准，就等同于一个失败的项目。

离合器零部件供应商变更为国内供应商,从客户角度来看,属于供应商端提出的变更,通常客户不会轻易批准供应商的变更,更何况是关键零件,这是整个项目的又一大挑战。

我们采用以下三个方法:

首先,实事求是地阐述供应链风险,客户如果不同意,我们就会面临无法交货的风险。

其次,提供完整、合格的测试报告。

最后,给客户贡献 450 000 元的成本节约,计算项目投资回报率。

6. 爬坡与断点切换

为了识别新供应商由于突然增量而存在的质量和交付风险,我们进行了 12 周的**爬坡计划**(见图 10),同时又制订了新老物料的**断点切换计划**(见图 11),以确保物料可以顺利切换并成功批产。

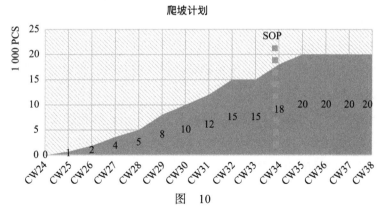

图 10

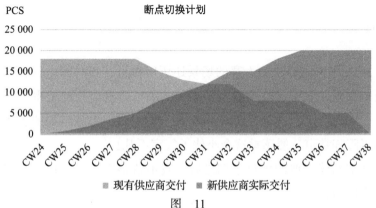

图 11

这个过程中要注意做好物料标识，避免混料。同时，注意对老供应商进行维护，以避免影响其他项目的交付。

> **经验总结**
>
> 1. 对于该项目的评价：该项目是一次成功的国产化项目，成功实施后，每年会有 100 万元的降本，既排除了供应链风险，又积累了国产化经验。
>
> 2. 经验教训：PA46 材料的国产化可行性需要进一步研究，因为生产国产化并不是彻底的国产化，只有材料的国产化才是真正的国产化；良好的项目策划是成功的关键，如果没有科学合理的项目策划，那么项目势必会成为小概率事件。
>
> 3. 项目的反思：国内的研发设计能力比较薄弱，无论是 T1 供应商还是主机厂，研发依赖的是国外同事，国内偏重于在国外研发的成果上做改进及应用开发。另外，国内供应商的产品按图加工，竞争力不足，虽然我在外资公司工作，但是希望国内的供应商可以有更专业的研发团队和更有竞争力的产品。
>
> 当我们站在改革开放 40 年的重要时间节点，唯有建立更专业的供应商队伍和更深入地实现零部件国产化，才是未来发展之路，才是实现中国汽车强国梦的必由之路。

[点评 1]

2018 年中国好采购大赛的场景还历历在目，当时因为自己是工作人员的关系，没有详细听取冠军案例的细节，只清晰地记得谭力——这名 "90 后" 小伙子在舞台上沉稳大气的演讲，挥洒自如的表述，不时赢得阵阵掌声，便感觉这个小伙子气宇不凡！

详细阅读了他的项目案例之后，我不禁感慨谭力不仅有外在，还相当有内功！

汽车产业是我们国家的重要支柱产业，自从 1978 年后国家高瞻远瞩，采用"以市场换技术"与国外合资建厂以来，很多时候我们的市场被外资企业占领了，但并没有真的学到很多技术，很大程度是由于汽车核心零部件的生产技术还掌控在外资企业手中。

随着我国相关产业全面开放，目前已经取消了汽车行业外资最高持股限制。而汽车行业的萧条现状势必会加剧汽车行业的整顿和洗牌！谭力的这个案例，势必能给我们处在困境中的民营汽车企业打一针强心剂。

通过案例，我了解到目前双质量飞轮（DMF）国产化率已经达到 80%，但恰恰是剩下的那 20%，容易成为国外卡我们脖子的一些项目（华为和中兴的案例，以及最近正在进行中的日本对韩国断供事件所体现出来的供应链中断风险，在这里不多做阐述）。如何将这 20% 的难点攻克，并顺利国产化，是未来不受制于人的关键，同时，对于企业内部来讲，还能实现效率提升，成本下降，一举两得！

道理很多人都懂，但是如何成功实施这个项目，很考验采购人的沟通、协调和执行能力。在前期沟通协调阶段，作者运用了传统的一些采购管理工具，如卡拉杰克采购模型、TCO 分析。同时，他还用到了项目管理的一些工具，比如在获得老板的支持方面，他采用了 SWOT 分析工具；在协调各个部门的职能人员时，他运用 RASIC 的方法定义了各部门在每个事项中的责任；特别是当国外技术团队对国内的供应商经验不信任时，他先以数据做客观分析，无效后，再以项目延期为由，将问题扩散到高层，最终迫使国外团队妥协。在这一点上，我非常认同他的先礼后兵策略。当我们采取正规的渠道上行不通时，采购必须要学会一两招，借力打力。

项目实施后，在新老供应商切换阶段，为了避免新供应商突然增量而存在的质量和交付风险，作者制订了 12 周的爬坡计划，现有供应商和新供应商同时交付，既保证了物料的稳定供应，又在一定时间内监测了新供应商的质量稳定性，这个方法值得我们所有采购人借鉴。

最后，项目虽然成功实施，不仅使公司每年有 100 万元的降本，同时还排除了供应链风险，但在整个项目推行过程中，作者对中国本土供应商设计能力不足、项目推进严重偏重于采购推行等发出的感慨，应引起汽车行业供应商的注意，更是提醒我们采购人，在强国之路上对核心部件国产供应商给予支持与帮扶，更能突显我们采购人的价值！

案例越精彩、落地越有效，越能够给我们这些在职的采购人以借鉴和启发，同时也从侧面说明了中国好采购大赛的选手实力一届更比一届强，追逐效应逐渐显现。中国采购商学院的同学们越努力，就越能够触动我的那根神经，不断提醒自己——需要持续学习，不断自我改进！

唐正来

膳魔师（中国）家庭制品有限公司采购课长

[点评 2]

粗看这个标题，我首先想到的是，这会不会是一个流于俗套的、狭隘意义上的为了国产化而国产化的项目呢？

先看项目的背景，该零部件是所在企业某个业务的关键、核心零部件，当前产品成本有压力，供应商交期有风险，供应商研发、技术配合度差，响应速度慢，对最终客户项目影响大、客户关系风险大，等等，因此，作者提出国产化这一方案和解决问题的途径。

作者引导企业相关职能部门、团队，运用 TCO 分析、卡拉杰克矩阵、SWOT 分析，有效定位了相关品类为战略型物料，需要建立战略供应商关系，需要导入 ESI，借助战略供应商的技术介入、参与、深度合作，降低技术风险，之后用 TCO 分析法和 RASIC 法确定了相关工艺、制程、物料等各方面的影响，制订了具体的实施方案和人员职责分工等。

其中，全面的供应商寻源、技术难点上的支持、SQE 驻厂指导等都是成功导入国产化新供应商极其重要的步骤和控制点，项目管理和问题处理也为此提供了有效的保障。

另外，作者特别强调了国内外技术团队的协作，这也经常是国产化卡壳的地方。从狭隘意义上讲，国外的供应商片面地认为在中国国产化了，将来必定更多地受中国团队的管辖、控制，国外的团队慢慢就会丧失话语权。对于这样的人为干扰、可能的内部阻力问题，国内的团队一定要做相应的规划和安排，包括研发、技术、测试认证人员等的工作安排、时间分配等。

再者，这类关键零部件的国产化，难免会遇到各种各样的障碍、阻力、问题等，需要和相关领导、管理人员做好全面的沟通，寻求、获得管理层积极有效的支持和保障，并管理好客户的激励方案，以有效推动客户端的测试、导入等。

该项目通过积极有效、全面的项目管理沟通，团队协作，运营绩效管理和激励，借助关键零部件的国产化，解除了供应链上的一个关键瓶颈，优化了供应链结构，也更好地锻炼了团队，提升了核心能力，转化为竞争性优势，积累了丰富的经验。

同时，作者也清楚地认识到底层关键原材料仍是一个风险点，需要进一步展开 PA46 相关原材料的国产化可行性研究，以推动更高层次的国产化。当然，作者也提醒了国内相关技术团队在核心技术能力上的差异，建议所在行业、企业、供应商等加大研发和技术投入，能力强了，才会被授权做更多的本地化、国产化项目，才能更好地在全球供应链上有话语权，而不是被动地、狭隘地本地化、国产化。

林岚
上海蒂森克虏伯采购负责人

[点评3]

核心零部件的国产化应该说是采购业务中比较令人头疼的业务，因为涉及部门多、专业性强、质量风险大，因此，在对专业的理解、各部门之间的协调、整个项目的风险管控等方面都对采购人员提出了较高的要求。从案例中可以看出该作者有着较强的实践经验，对相应的管理工具运用手法比较娴熟，对整个项目管理构架比较明晰，特别是对项目管理方法要点有着清晰的认知。

由于本案例对项目运行的描述大都是从逻辑和框架上给出的，因此对于具体运行的情景没有把握，不能给出更好的建议。

但是，在通读这个案例的时候，我对其中的一点很有感想，就是作者在整个过程中都在关注"痛点"。其实我之前做采购的时候也和我的采购人员讲过：采购人员的价值并不是简单地低价采购，因为简单的低价，你能做到，竞争对手肯定也能做到，采购人员的价值更在于"整合"能力的高低，就是能看到各个环节的痛点，并付出很小的代价或不花成本解决痛点，降低成本。

之前在新车型生产时，经常会遇到这样的情况，比如在仪表板定价过程中，供应商抱怨废品率高，质量成本居高不下，与设计人员协商，设计人员也不愿意改动，于是我们经常会找到其他车型的方案，组织供应商与设计人员一同开会，并就改动设计后出现的其他问题帮助设计人员推进解决，仅一个双色涂装的方案变成单色涂装后组装，良品率就能提升 10%，节约的质量成本非常可观，而付出的代价只是管理成本中的工时而已。

所以"整合"能力是采购人员的必练秘籍。

孙飞

一汽丰田（天津）有限公司新一工厂厂长

[点评 4]

作者的关键零件国产化项目推动起来可谓是困难重重，其中经历的"苦难"想必令他刻骨铭心。关键零部件的国产化，本身就是一个高难度项目，作为知名跨国公司，采埃孚公司通过在中国的分支机构推动关键零部件的本地化本身就存在理念、技术、流程等诸多瓶颈。

我个人认为，推动物料本地化工作的核心是先就我们的产品主打特点是什么统一思想。我们的产品无外乎是围绕着满足客户的四个主要需求进行的：**多、快、好、省**。

首先，定位客户的核心需求。这一点非常关键，四字诀中你要舍弃什么，留下什么？如果这四个字你都想做到，就可能一个都做不到。

多、快、好、省当中，如果能做好一个字，你不输；做好两个字，你能赢；想做三个字，你快输了；想四个字都做，你肯定输了。

基于这个前提，我们再来评估我们的产品对于客户而言，客户最需要的是哪两个点？基于本案例，客户可能对快和省比较关注。

所以，物料的本地化工作就需要提上日程。而物料本地化工作开始阶段需要确定：采购金额大小、图纸、详细技术参数、关键特性、以往的缺陷经验列表、物料重要度等级等。基于这些问题分析后，优先做技术难度低、采购金额大的物料，积累成功经验后再逐步推进到采购金额大、技术难度高的物料上。

物料本地化替代的真正成功，最终离不开高层良好的人缘、超强的协调引导能力、激励奖励机制有效落地、强大的技术验证和保障能力，以及客户的强烈需求驱动。

程显峰

华立集团管理学院培训师，原华立仪表采购经理

[点评5]

（1）案例中实施项目的动因应该还有一点没有说明：其他厂商是否已经有人在用国产化的方案，如果有，那我们是在别人的基础上进行改进，做得更好，这种方案风险较低。如果没有，那我们需要从零开始，现有的资源能否满足我们的需求是未知数，这样的方案风险较高。不同的风险，决策层会有不同的态度，因此案例分析中，对这个背景应该有详细的介绍。

（2）如此重大的项目，项目成员中应该有供应商的关键人物参与，才能确保实施顺利，因为可能会存在需要我方做出调整适应供应商的条件才能进行下去，所以成员的构成上有些局限。

（3）项目是否成功的关键是能否得到客户的认可。本案例中，作者在说服客户方面着力不够，比如引进第三方有公信力的检测机构对新方案产品进行检测等佐证方式并没有体现，仅靠SQE在供应商处进行指导，说服力不足。

总体来讲，由采购来主导这样一个重大改善项目，能成功落地，就是一件了不起的事情。在项目实施过程中，个人协调能力、相关知识、不同层次的人脉都会得到提升，所以这是一个让员工、公司、客户、供应商都能受益的好项目。

姚何

东莞市超日自动化设备科技有限公司采购总监

[点评6]

汽车行业在中国近几十年来保持了高速的增长，合资品牌、国产品牌，你方唱罢我登场，汽车的国产化率也不断攀升。随着国产化速度的加快，一些关键零部件的国产化是亟须解决的问题。这篇案例讲述的便是众多关键零部件中的一个典型国产化项目，即乘用车离合器的一个关键零件双质量飞轮的国产化。

1. 国产化的意义

- 降低成本：很多技术难度比较大的核心部件，国外卖给我们的价格是非常高的，在很多领域，我们仍然在花大价钱买关键部件。
- 缩短交期：国外供应商的交货周期很长，大多是海运，报关也需要一定的时间。
- 管控供应链风险：海外供应链受地缘政治、关税及贸易壁垒的影响较大，具有很强的不确定性。

2. 管理层的支持

跨国公司的国产化都存在一个相同的问题，从本质上说，跨国公司在海外的公司是不情愿推动国产化的，道理很简单，产品的生产和采购搬到中国去了，海外公司的员工和供应商势必要面临订单减少甚至失业的风险。这就需要公司高层尤其是集团高层的支持，因为从集团层面讲，是有益的，需要从全局和战略的高度来推动。

3. 技术瓶颈的突破

很多关键部件，在技术上是具有一定的瓶颈和门槛的，跨国公司的研发人员和供应链人员需要一起帮助国内供应商提高技术水平和加工工艺，以推进国产化的进程。

4. 国内供应商的选择

国产化供应商的选择，尤其是关键零部件供应商的选择，是负责供应商开发团队（sourcing team）的核心工作，这也是决定产品国产化是否能成功的关键。找到具有相应技术水平、质量保证能力的优质供应商，早期参与到国产化项目中来，与公司研发技术人员一道攻克关键技术难题，完成从样品、小批到量产的验证过程，这是国产化的最主要工作。

5. 跨部门的协作

国产化项目涉及采购、质量、技术、物流、财务、销售等多个部门之间的协调工作，如何确保各部门明晰自己在该项目中的职责，以及如何有效地推进国产化过程中各事项的进展，是决定国产化效率的关键。建立跨部门的国产化团队，有强有力的团队负责人带领团队推动项目的进展，并且在项目管理中做好立项、项目启动、项目资源分配、项目过程跟进（周会/月会/季度会）、项目主要问题的上升和取得更高级别管理层的支持，等等。

本案例围绕乘用车离合器的一个关键零件双质量飞轮的国产化，从上述五个方面详细介绍了国产化过程中遇到的问题，并提出解决方案。本案例对很多在企业里做国产化项目的采购人具有很强的指导和参考意义。

刘成

资深采购高管

[点评 7]

本案例作者对控制块国产化，是想解决以下问题：

- 成本的问题。
- 产能的问题。
- 开发柔性化的问题。

国产化工作结束后，除了对成本有所贡献（每年会有 100 万元的降本）之外，其他两项目标似乎还在继续努力。仅就降本而言，国内供应商采用的是与国外供应商一样的设备，沿用原来的原材料，那么，降本的来源应该只是国内廉价劳动力和国外供应商原来的利润。

产品国产化，在合资公司经常会遇到，这是一个貌似简单实则复杂的问题。多方面的因素导致，目前很多国产化的产品只是一个制造地点的国产化。对此，我想分享几点思考：

1. 合资企业不想为

由于国内的原材料、制造水平等参差不齐，国产的产品质量水平波动很大。我曾经工作过的一家合资公司生产所用的标准件（螺栓、螺母等）一直从国外进口，究其原因就是当时国内供应商的标准件质量不稳定，而标准件又是事关产品使用安全的大事，谁也不敢掉以轻心，都不愿冒这个险。

2. 供应商不能为

同样是由于自身技术局限性，国内供应商对国产化产品这块有丰厚利润回报的"肥肉"，没有能力吃到口。

3. 供应商不敢为

由于合资品牌的产品设计权属于外方股东，所以涉及产品的认可、设计变更、生命周期等因素，如果无法确定就投入大量资金而进行国产化，可能根本无法收回投资。

几年前，一家生产汽车空调压缩机的企业试图对某合资品牌的空调压缩机进行国产化。整车公司表示，如果生产出合格的产品，就可以考虑进行压缩机国产化，但无法承诺使用量；供应商希望有了使用量的承诺才投资进行国产化的相关工作，担心如果无法收回投资，就成了"赔本赚吆喝"。双方陷入僵持，最后国产化项目不了了之。

4. 外方股东不让为

通过提供不真实进口零部件分解价格表，无法进行国产化的有之；通过设计变更终止国产化的也有之；设置严苛的实验验证条件的更有之。深层次原因无疑都是利益，无奈的是，对国产化的问题，我们的话语权很少。一次，我在国外和某著名汽车品牌的采购部长交谈时说到国产化比例的事情，对方直言不讳地说：我们不会放开国产化比例，维持较高比例的CKD零部件也是我们公司的一个收益增长点。

所以，我认为，要想很好地推进零部件国产化的工作，必须做到以下三点：

首先，一定要在合资谈判时就明确这一点，这密切关系到中方的利益。比如，一汽大众的合资合同中就有双方要共同推进零部件国产化的内容，使得当年在一汽集团内部为一汽大众的JETTA轿车提供28%国产化支撑项目推进得比较顺利。

其次，国内的行业、企业技术水平一定要有大幅度的提升，支撑起真正可以替代进口的零部件生产。这可能需要一个过程，本案例中的做法也可以作为起步，但切忌安于现状。

最后，一切工作都要围绕效益这个核心，对生产制造企业、供应商都是如此。中方团队要形成高效的供应链合作团队，从大局出发，对短期和中长期投资的收益有科学的研判，积极推进零部件的国产化工作。

杨成延

中国第一汽车股份有限公司工程部高级物流专家

[点评8]

首先，为提供这个案例的分享者点赞！

在外人看来，采购工作极其简单，无外乎选择供应商、谈价格、谈交货，简称采购三部曲。改革开放 40 多年来，大多数人对于采购工作者的定位还真的只停留在"三部曲"方面。

殊不知，如今的采购工作早已经脱离了"钱"与"货"的概念，作为采购岗位的领导或一线从业人员，眼睛里除了有成本控制的概念外，还必须学会规划如何创造利润，学会从大供应链的角度来分析如何做好采购工作。

经常有人对采购部门的工作不理解或是甩包袱，当这种现象发生时，你不必去抱怨，不必去指责。我们可以想一想，平时与相关部门的沟通是否存在障碍。当然，采购员会说我们是在为控制公司材料成本拼命努力工作，但是，大局观你把握好了吗？

如何为公司创造利润空间？如何把采购工作做得如行云流水般顺畅？本案例作者给出了很好的回答：

第一，个人要有担当，特别是采购部门的最高领导要有担当。

第二，积极沟通，尽可能与需求部门取得一致意见。

第三，关注细节，确保项目实施过程中的风险防范和控制。

第四，善于总结。

中国好采购大会给了采购专业工作者一个很好的学习和交流平台，希望采购工作者能够通过本身的工作实践拓宽着眼点，跨向更高的事业平台。

张丽芳

上海新时达电气股份有限公司采购总监

讨论与思考

○ 在国产化项目中，一般会遇到什么样的困难？

○ 这个国产化采购的项目对采购人的能力有哪些要求？

TOP PURCHASER
IN CHINA

第三篇
采购谈判

电视广告采购实战案例解析

(2018年三等奖 孟春 中国银联)

推荐语

"单一来源",往往成为强势供应商,让采购有些难应对。

本案例面对的这个广告供应商就是"单一来源",其上海代表也很强势,但中国银联团队没有被吓倒,而是对供应市场进行了深入细致的调查和分析,了解到这种市场往往存在三种销售模式:直接销售、通过代理销售、既直接销售又通过代理销售。该供应商采用最后一种模式,既直接销售又通过代理销售。再进一步调查发现,由于分配模式不同,可能会存在相互"争夺业绩"的情况,然后利用这一点,放出"风"来,形成了竞争。通过这些做法,把本来"单一来源"变成"多个来源",我想这是本案例的最大亮点。

可见,作为专业采购,必须对供应市场做调查,调查越充分,谈判越主动。遗憾的是,很多人不重视调查,甚至可能都没有意识到供应市场还需要调查,他们认为供应商那么多,坐在家里"守株待兔"就行了。在个别企业中,采购要出差、买资料、做培训都有点儿难,完全没有看到"专业采购"的价值,更没有看到"供应市场调查"的价值。

宫迅伟

中国银联（见图1）是中国银行卡联合组织，通过银联跨行交易清算系统（CUPS），实现商业银行系统间的互联互通和资源共享，保证银行卡跨行、跨地区和跨境的使用。中国银联与境内外两千多家机构展开广泛合作，银联网络遍布中国城乡，并已延伸至亚洲、欧洲、美洲、大洋洲、非洲等大洲的170个国家和地区。

图 1

依托银联跨行交易清算系统，中国银联制定和推广银联跨行交易清算系统入网标准，统一银行卡跨行技术标准和业务规范，形成银行卡产业的资源共享和自律机制，从而对银行卡产业的发展起到引导、协调、推动和促进作用。

目标已锁定

中国银联为提升品牌国际影响力，拟在境外某国媒体上进行广告投放采购，项目预算近1亿元。经过了解，该国的某电视台是当地唯一满足中国银联需求的可选电视台，在这种情况下，采购过程复杂曲折，价格谈判举步维艰。经过采购团队不懈的努力，广告价格大幅让利，在单一来源的情况下，最终成功实现采购降本。

调研情况

由于是在海外投放的广告，本次采购广告需求主要包括两个方面：
一是选择一家受众多、广告转化率高的媒体。
二是广告受众为境外当地华语群体和赴当地旅游的华人。

在此基础上，我们要做一些前期调研，利用外部调研公司和自身调研力量对当地供应市场进行了排摸，了解到三个重要情况：

第一，经过调研，我们发现，在所有的华语媒体中，电视媒体应该是最优的，因为经过比较，当地华语电视媒体推广效果明显优于其他华语媒体。

第二，当地华语电视台中 F 电视台一家独大，在当地国际频道中收视率接近 20%，广告的转化率排名第 1；其他华语电视台相对观众较少，与 F 电视台差距较大。

第三，F 电视台在中国设有多家直属机构，在上海的业务由其华东区机构负责。

实施步骤

通过上述调研得到的信息对我们非常重要，我们可以据此制订下一步的计划。

采购部门预测本次采购满足广告投放需求不难，最大的困难在于仅 F 一家电视台能提供合适的资源，属于单一来源采购，没有备选方案。

也就是说，如果对方了解到他们是我们的唯一选项，对我们来说，谈判会比较困难，因为我们没有 BATNA（最佳替代方案），所以，我们预计，不太容易能够获取一个优惠的价格，为此采购部门开展了以下工作。

1. 精细梳理利害关系，借力打力

完成需求分析和市场调研后，采购部门对 F 电视台在中国的情况进行了梳理。我们了解到该媒体在上海的业务主要由当地直属机构负责，不过，市场上也存在部分代理商可代理该媒体广告投放业务，但也均需要从该分支机构下单等情况。

鉴于上述情况，采购部门的方案设计向直接从资源方采购这一方式倾斜，希望减少中间商，从资源方直接获取最优惠的价格。

为确保这一目标，方案还特意增加了对最终报价通过第三方进行合理性评估的安排。

完成上述准备后,我们就开始组织采购谈判。

采购谈判开始后,该媒体在上海的直属机构作为唯一参与者在几轮谈判中稳坐钓鱼台,坚称该媒体有严格的定价体系,无法再给予任何的价格优惠和让步。

就采购而言,如果该价格已接近最优惠的价格,那么即便对方不再降价,可能也不必苛求。

但对方给出的真的是底线价格吗?

采购部门按照既定方案,向包括广告代理商、金融同业等发起了价格合理性评估,得到的结论是报价合理,但参照历史成交价格来看,仍有下降空间。那么接下来该怎么办?

在第一次采购的基础上,采购部门利用项目中止间隙,展开更有针对性的调研,通过查阅历史资料,到代理公司、金融同业调研,最终梳理了广告代理行业中更为精细的利害关系。

(1)从对外销售模式角度来看,资源方对外销售一般有三种模式:

- 一是资源方自己销售而不对外授权别家代理销售。
- 二是资源方仅通过授权一家或多家代理商对外销售。
- 三是资源方既自己对外销售,同时也授权广告代理商进行销售。

本案例采用的是第三种模式,在这种模式下,代理商的地位并不必然弱于资源方,因为从贴近市场的角度,代理公司无论是从销售渠道、拓展市场能力方面,还是从服务经验、服务水平方面都比资源方更专业。

(2)从利润产生模式角度来看,代理公司的获利一方面来自买家支付的代理服务费用,另一方面来自为资源方代理销售而获得的业务返点。而代理公司的返点一般按照为资源方代理业务的总量来计算。

在这种利润产生模式下,代理公司因为拥有较多的渠道和客户数量,其在与资源方合作中的地位也不必然处于弱势。如果其代理业务量多少对资源方影响较大,是可能获得比资源方自己去销售更为优惠的条件和价格的。

(3)从业务竞争角度来看,一个几千万元的广告投放项目对于代理商的诱惑是巨大的,无须推介,向代理商放开必然会引起群雄逐鹿。与此同时，更不能忽视这样一个背景：除了上海，该媒体还在多个城市设置了分支机构，对于承担业绩上考核任务的各分支机构来说，面对大的项目也会因眼红而蠢蠢欲动，一旦有机会让资源方内部产生竞争，是足以动摇资源方的报价政策或体系的。

梳理出了上述多重利害关系，采购部门做了三件事：

- 一是放风，让各方主体了解蛋糕的存在。
- 二是放开，降低门槛，让老鼠和大象都有资格参与项目。
- 三是放手，让各方充分厮杀，己方坐收渔人之利。

最终，尽管上海的资源方依旧不肯让步，但一家新供应商报出了低于资源方近400万元的价格且赠送价值千万元的其他广告资源，局势变得豁然开朗，但如何控制风险，确保项目万无一失，成了新的问题。

2. 全生命周期防控风险，保障实施

面对一家注册资金远低于项目金额，从未有过合作，最终报价比第二名低几百万元且承诺了大量附赠广告资源的供应商，蛋糕是诱人的，但风险也是巨大的，这家供应商到底是什么来路呢？

选择这样一家供应商需要采购部门谨慎再谨慎，对这样的重大项目开展全生命周期的风险管理势在必行。

采购部门根据相关流程和制度，结合项目特点采取了如下三项风险管理措施。

采购实施环节的风险防控：在采购评审结束后，采购部门一方面通过从工商信息系统查询企业基本情况，或到其合作方处了解合作情况等方式对该供应商进行了背景调查，另一方面组织了由采购评审专家及相关人员组成的考察组，到供应商住所进行了实地考察，详细地了解该供应商的办公场地、人员、财务和业务状况等情况，最终评审专家组一致同意推荐该供应商承担本次广告投放任务。

合同磋商环节的风险防控：双方在合同磋商时就付款方式的确定而言各有诉求，因为需要提前向资源方付款，供应商将承受较大的垫资压力，而银联则希望尽可能通过付款保证广告顺利投放且控制相关风险。

经过多次磋商，采购部门最终提出了"在供应商提供向资源方下单

证明、付款证明且经银联核实无误后的次日即支付该对应款项"的条款。实践证明，这一条款一方面有效防范了银联预先支付大额资金的风险，同时也尽可能缩短了供应商的回款周期，缓解了供应商的垫资压力。

合同履行环节的动态跟踪管理： 鉴于银联集中采购信息管理系统已实现了采购部门、需求部门、供应商三方有信息的动态交互，案例中合同履约也就是通过该平台进行了平顺的流转和有效的动态跟踪管理。供应商在完成合同约定关键服务节点后，第一时间通过网站供应商门户按照履约计划申请付款，需求部门以审核供应商付款申请为抓手开展了阶段性的总结和验收，同时对供应商进行阶段性服务评价，对于履约情况也及时通过平台向采购部门进行了反馈。

上述完整的合同履行动态跟踪管理，保障了此项目的顺利实施。合同目前已全部履行完毕。

产生的效果

在上面的案例中，采购部门经历了选择新供应商的战战兢兢、如履薄冰，而在首次合作取得成功后，这家新供应商接下来的表现堪称惊艳，此后其多次参与银联广告投放采购项目，作为搅动池水的鲶鱼，冲击了现有供应商的报价。

几家为银联服务多年的供应商明显产生危机感，为防止丢单，在多个项目中纷纷下调了价格。

案例中的这家新供应商尽管最初拿到的合同份额较小，但坚持价格优势且保证服务质量，截至目前，累计中标金额已近 8000 万元。作为供应商库新锐，该供应商目前已成功跻身银联 A 级供应商行列。

经验总结

总结整个案例，我们看到通过梳理利害关系、全生命周期防控风险、积极开发新供应商让项目能够峰回路转，取得较好的效果。

但透过现象看本质，案例中对于具体问题能应对自如，绝不是头脑中的灵光一现。

梳理利害关系，来自我们重大项目需要事先调研、事中评估、事后总结的工作制度要求；开展全生命周期风险防控，是充分利用采购系统合同全流程跟踪模块的功能；找到新供应商搅动池水，恰恰是凭借强大的供应商库和完善的供应商管理评价体系而展开的。

因此，我总结为三个化：

- 采购业务制度化
- 采购管理信息化
- 采购队伍专业化

这些是做好这个项目的关键，也是我们做好采购工作的终极保障。

[点评 1]

很高兴能够对这么优秀的且具有代表性的采购案例进行专业点评。这个案例其实也从一个侧面反映了采购管理工作在现实中是普遍存在的，在某些采购项目或品类管理中会存在供强采弱的局面，这也是普遍让采购头痛的难点。作者通过专业的采购管理，最终不但解决了这个采购难题，而且也撬动了同类采购的价值杠杆。所以这个案例对于采购同仁有着非常棒的借鉴意义。

首先，该采购项目有以下两个特点：

（1）采购金额较大。

（2）市场存在一定的垄断度（资源方按区域指定了代理商，存在一定的区域垄断性）。

通常，采购在某些品类采购过程中，如进口设备或配件，以及化学品或一些进口物料，因为卖方渠道垄断，会存在同样的寻源困难。

其次，作者并没有困于当下的市场场景中，而是认真做好了市场研究。市场研究是采购在寻源管理过程中非常重要的工作步骤，在这个阶段，采购需要收集三个领域的关键数据：

（1）需求信息：采购方内部需求及如何应用？
（2）供应商信息：供应商和潜在供应商。
（3）市场信息：现有市场和潜在的市场或新市场。

分析以上信息后，采购使用一系列工具和技术获得一定的市场认知。

供应商渠道保护通常会造成如图2所示的专卖象限，导致供强采弱的局面。

在这个象限，采购博弈力明显偏弱，供应商乐于营造并保持在此象限所获得的优势。作者并没有拘囿于这个局限，而是通过市场研究，了解到了市场信息，于是主动放大了市场边界：

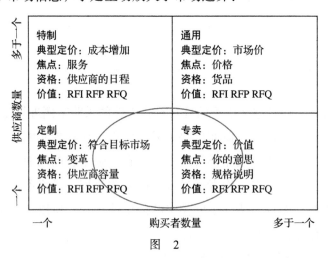

图 2

- 寻源范围不局限于仅是上海的代理商，扩大到其他区域有资质的代理商。
- 主动降低门槛要求，让部分有兴趣但规模偏小的代理商也能获得参标的机会。

以上两点做法有效地放大了采购寻源的市场边界，让更多的供应商能够参与竞争，解决了市场垄断的问题，有效发展了采购品的供应竞争。

再次，作者在此采购项目中成功突围的同时，也关注到了因为放大市场边界，降低门槛而带来的潜在供应风险，在合同履约中针对中标方现状制定了相应的风控措施，比如在获得供应商的订购凭证后即进行采购付款，以为供应商顺利履约创造更好的条件。很多企业在采购管理工作中，很容易忽视对供应商的合同履约进行充分且必要的进度与绩效监控，导致在出现问题后陷入事后补救的被动局面。作者在这方面的事前预判、事中监控的做法有效地保障了合同顺利履行，最终达成优秀的绩效，非常值得采购同仁在采购项目管理或采购品类管理中借鉴。

最后，作者在此采购项目获得成功后，将经验复制到了同类采购项目中，由点到面，最终使得此采购品类管理实现了突破。

本案例的借鉴意义在于采购需要用心做好市场研究，这是采购能够成功完成寻源管理的基础，同时能够运用采购的价值杠杆工具，改变在博弈过程中自己所处的地位。在合同管理中也需要分析并控制因为变革所带来的潜在风险，并且能够有效管理风险。

此外，案例中应用到了多种采购工具与技术，也告诉我们，要想做好采购管理，战胜困难，就要充分掌握并运用好采购技术与工具，这意味着需要不断地学习，以及借鉴别人的成功之处。

沙炜
制造业采购与供应链管理专家

[点评2]

谈判对人的要求很高，谈判是博弈，谈判是心理战，参与谈判的人要有一定的权力，掌握全方位的信息，还需要对时间有很好的把控。

优秀的谈判者一定要懂得心理学，并能够根据对方的语气和表情变化做出判断，能够随机应变。谈判也需要气场、力量。

谈判一般都要准备BATNA，也就是最佳替代方案，但是，实际上，并不是所有的谈判都有 BATNA，即便有 BATNA，那也不是最佳选择，有时候退而求其次只是无奈之举。没有 BATNA 的谈判，就是高难度谈判。

本案例就是一个典型的没有 BATNA 的谈判，遇到这样的情况，一般人都会很苦恼，没有对策。

对于这种谈判，我总结了三种应对策略。

第一，空城计

空城计，从表面上看，虽然诸葛亮与司马懿没有语言交流，其实他们也是在谈判，因为大家打的是心理战，诸葛亮没有任何 BATNA，但司马懿并不知道，诸葛亮想：反正都这样了，那就博一把，输赢看运气，效果看演技。

在整个谈判过程中，大家通过观察对方的表情和动作，猜测对方的心理，以做出进一步的判断，戏演得到位，谈判就有可能赢。

所谓的空城计在实际中的应用就是，明明你很需要供应商的产品，但不能表现出来过分的兴趣，免得对方坐地起价，你需要通过适当的方式进行诱导，但这种做法需要把控好尺度。

第二，坚决、强硬

1997年香港回归前夕，由于一些具体的交接事宜需要充分沟通，中方坚持要在7月1日零点零分零秒准时让中华人民共和国的国旗飘扬在香港上空，因为《义勇军进行曲》时长为46秒，这就需要中方提前46秒开始升旗。但英方觉得不行，他们认为只要在6月30日23点59分59秒把英国国旗降下来就可以了，而如果这样，那中国国旗就不能准时飘扬起来，对全中国人民来说，这显然是不能接受的，所以双方在这件事上僵持不下。

中方保持强硬的态度，在谈判中坚持不让步，多次与英方交涉，最终让英方妥协。

第三，借力

本案例用的就是借力的方法。其实我们在采购中也常会遇到这样的问题，比如我们要采购某品牌产品，老板或者公司领导总认为绕过经销商直接找厂家比较好,然后我们直接联系了厂家,发现厂家的价格不仅很高,而且常常需要预付款。而当我们转而找到经销商或者代理商的时候,发现经销商的价格居然比厂家的要低,付款条件也相对更好。于是大家觉得这很难理解。

其实这一点儿都不奇怪,可能有两方面的原因:一方面,厂家有自己的规定,给经销商的价格折扣比给最终用户的低很多。经销商是厂家的大客户,而最终用户的需求属于零售,最终用户并不是厂家的目标客户,面对厂家,客户的议价能力不强,而且厂家新建一个客户资料要走一套审批流程,比较烦琐。另一方面,经销商一般在地理位置上与客户更加近,他们期待未来与客户可以有更多的合作,愿意给予更优惠的条件。

所以,我们通过借经销商的力,达到了我们所需要的目标。

汪 浩
中国采购商学院

[点评 3]

这个采购案例再次证明了一个道理,办法总比困难多,采购团队用心负责,总能为企业找到节约成本的途径。这里,我要先为采购团队点个赞,为他们的主人翁精神,为他们的职业操守,为他们的专业素养。

在这个案例中,采购预算其实是足够的,只有一家资源供应方,如果采购团队不去努力,而是顺水推舟,钱也就花出去了,采购团队也会很轻松(这样的人其实没有好的未来)。而引入小的广告代理商这个中间供应商,虽然巧妙利用了商业规则,节约了大量成本,但是给采购团队带来了许多额外的工作及一定的风险(出问题的概率上升了)。采购团队勇于承担风险并通过自己的额外努力控制了风险,让结果非常好,证明他们有主人翁精神、有职业操守、有专业能力。这样的员工，领导是会看在眼里的，所谓有作为才会有地位，我相信他们会有一个成功的职业生涯，这也是我推崇的成熟的利己主义者的写照。

最让我欣赏的是，作者并没有把功劳归结于自己的努力，而是总结做好这个项目的关键为三个化：**采购业务制度化，采购管理信息化，采购队伍专业化**。

确实，没有这三化做保障，这种规模的大企业是很难临时增加看似缺乏实力的供应商（容易产生猫腻）的；没有这三化做保障，无论是在效率上还是风控上，企业都将心有余而力不足。企业越大越官僚，大型企业的员工经常会抱怨制度死板，反应慢，影响人的主观能动性。没有好的制度、专业能力强的队伍、信息化的支撑，执行力是上不去的。

制度是一个系统，好的系统能让企业运作流畅且有效，培养的员工也更有战斗力和职业道德。如果这个系统僵化而冗余，好的员工也会变得不思进取，得过且过。请企业好好打磨制度流程，建立适配的信息系统，培训专业、敬业的员工。

周国来
北大纵横管理咨询集团副总裁
北大纵横管理咨询集团第八事业部总裁

[点评 4]

作者所在的企业是中国银联，行业地位很特殊，电视广告采购会有什么特殊情况或有哪些难度呢？

带着问题，我翻开了这个案例。中国银联电视广告采购面临的是一个单一供应商、价格不透明的现状。

为什么会是这个状态？还有其他出路吗？作者用类似这样的问题，带着我们一起探索。

首先是单一供应商，经过分析，销售渠道有资源方，以及他们的代理渠道，答案就应该不止一个，但怎么安排才会更有利、怎样才是最好的条件呢？

其次是收益，也就是供应商盈利模式，作者提及了代理费、佣金制和返点模式，这对企业的议价、供应商的选择有影响或帮助吗？

在这些问题的基础上，笔者更提到了谈判，涉及了很多谈判规划、策略、实施方案等，主题是非"零和"的"expanding the pie"，也就是通常所说的双赢。

其实这些都是作者的铺垫，案例的真正核心是围绕战略型新供应商的导入、风险控制等展开的。

为了更好地配合品牌推广，相关的电视广告采购当然不能产生负效应，任何不当的行为、处置都可能伤及集团品牌，因此需要在供应商选择、导入、绩效等方面做好全方位的布置和安排。当然，采购管理更希望有机会为企业节约开支。

归纳起来，本案例重点提及并推荐的是风险控制，包括但不局限于以下几点：

- 供应商寻源，选择过程的公平、透明。
- 供应商认证过程的严谨性，这里主要是指参与人员的广泛性、参与制度。
- 相关条款，比如背靠背的商务条款、支付条件，以及制约和关联。
- 合同覆盖，合同协商、谈判、签署等过程的严格监督和审批，实施过程中全方位的动态、及时监控等。

作者所在的企业通过一整套的方案、措施，把本该是一场零和游戏的博弈，变成了高度竞争的双赢谈判；通过自身的采购管理、供应商选择和认证、导入和实施，打破了单一供应商的垄断地位；成功引入了价格杀手，大幅度优化了采购价格；获得了更多单价以外的业务资源和价值贡献，探索出一条与众不同的采购管理业务模式，助力品牌活动，获得了管理层、内部用户单位、风控部门，以及供应商的认同、支持。

所以，我愿意向大家推荐这个案例，作为如何处理单一、关键供应商的参考。

林岚
上海蒂森克虏伯采购负责人

讨论与思考
○你在谈判中是否遇到过没有 BATNA 的情况？你是如何解决的？
○代理商的报价比原厂价格还低，你是否在工作中遇到过这样的情况？

年度降本谈判，挖掘双赢空间

（2018年优秀奖　王仁波　博西华）

推荐语
TOP PURCHASER IN CHINA

年年难降,年年降,降本、降本、再降本,"年降"是采购人的痛,也是供应商的痛。即使是痛,也必须做,可怎么做?

公司要裁员,裁谁?工资高、职务高、年龄高,"三高"人才可能首先被裁,为什么?因为"投资少、见效快,还有利于新陈代谢"。降本怎么降?首先根据20/80原则,找一个"大块头",大块头就有机会吗?不一定。要评估,要定策略,要稳步推进。之所以是"大块头",肯定有它不一样的地方。这是一个生态链,不能"随意"破坏,要研究这个生态链,最好能用好这个生态链。

本案例通过对历史数据的整理,找到5家"大块头"供应商。在5家供应商中,博西华找了一个块头最大的供应商A,寻找降本空间,制定谈判策略,把握"时、势、人、和",最后取得了"年降"的成功。

为"年降"苦恼的朋友们,可以仔细揣摩一下本案例的点点滴滴。

宫迅伟

博西华公司是一家外资跨国白色家电公司，成立近50年，目前是这个领域世界第三、欧洲第一的公司，年销售额达100多亿欧元，而且每年都保持至少10%的增长，销售区域遍及全球各大洲。博西华公司通过不断的收购兼并动作，目前也持有不下十个世界品牌或地方知名品牌。

公司的生产工厂一共十多家，分布在欧洲、中国、美国等地，员工总数接近5万人。我所在的工厂投产6年以来，产品总量刚刚冲上40万套，从行业数据来看，并不算很大，因为行业内最知名品牌的产品总量大概是我们的4倍。

另外，在广东区域，不少知名企业的产品总量超过100万套。不过这些企业的产品定位低端、价格低，对质量的把控也不是那么严格。

物料及供应商情况的梳理

先对供应商进行ABC分类，我对负责的供应商的整体情况分析如表1所示：

表　1

供应商类别	采购金额占比（%）	供应商（家）
A	80	5
B	15	8
C	5	11

通过以上简单的分析，可以看出：供应商总计24家，其中5家供应商的采购金额累计占比达到80%。所以，我的主攻方向应该从这5家入手，因为采购金额大，意味着降本的绝对值也大。那么问题来了：我是要对这5家均衡发力，还是选择一家作为今年的突破口？

我的分析是分三步走：

第一步，简单地对我负责的所有供应商根据采购金额做一个排名并作图（图1）。

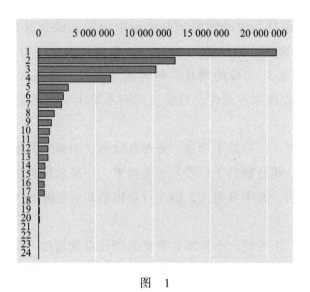

图 1

第二步，使用卡拉杰克模型对物料进行分析。看看这些物料属于哪个类别，然后再采取图 2 所示的不同的采购战略应对。

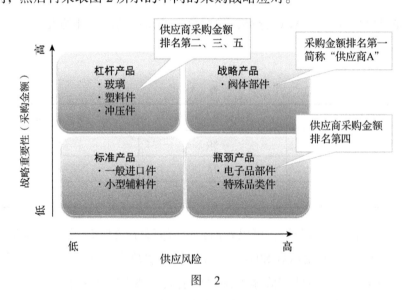

图 2

第三步，初步分析这四家降价的可能性、降价的空间及实施的难易度。我把 SAP 系统中的历史交易数据和以前签订的年度合同作为参考，对比印证之后得出了这四家供应商近三年的降价数据，具体如下：

（1）瓶颈产品的电子件供应商过往年平均降幅约 1%，手握产品专利而且该专利只针对我们供货，所以降价真的是象征性的，谈判策略无法施展。

（2）杠杆产品的供应商过往年平均降幅约 3%，其中一家最近一年降幅达到 5%，这类部件的供应商资源较为丰富，所以供应商为了下一年多拿订单，也会采取比较拼的策略，但他们上一年拼得比较厉害，今年再下力气猛拼的话估计动力不太足。

（3）战略产品供应商（以下简称供应商 A）过往年平均降幅约 1.2%，感觉真的也没有大幅降价空间。要知道他们被选定为我们目前唯一的战略合作伙伴可是精挑细选出来的，这种部件涉及安全性能，一旦发生质量问题可不是小事，所以保证产品质量是第一要素，其次要匹配我们相对该行业更高要求的质量管理体系。

所以，分析之后，好像哪家供应商都没多少降本空间。我把我分析的情况向采购经理做了汇报，他提到，可以看看供应商 A 所在行业的潜在供应商的情况，虽然以往他们因为质量体系管控等问题没有被选为我们的供应商，但是或许这些年来他们有所改善呢，可以找一家询价试试。

选定供应商 A 作为主攻突破口

我调研了行业供应商的情况后了解到，周边地区有一些能生产这种产品的供应商，其中有一家已经是供应商 A 的一个大客户的第二供应商了。

我设法和他们的老板取得了联系，他们看是我主动联系的，所以很积极，告诉我，他们只做了那个大客户不到 10% 的份额，但后面还想努力争取，同时邀请我去他们工厂考察。

我就顺势让他们先报价。按照公司的程序，我发过去一个 RFQ，并和他们就一些细节做了沟通。三天后，他们发过来的报价，比我们现在的价格约低了 10%！

拿到这个报价，我感觉供应商 A 还是有降价空间的，是否适合选定供应商 A 作为主攻突破口，主要从以下三个方面来看。

1. 供应商 A 的情况

供应商 A 是典型的民营企业，董事长为人低调，主要负责对外公共关系，CEO性格直爽且事无巨细地负责管理工厂，两人搭档多年，互相信任。

经过十几年的摸爬滚打，A公司成为行业翘楚，特别是最近10年发展迅速，6年前开始和我们公司合作，彼时A公司相比竞争对手并没有太大的优势，而现在，优势已经十分明显。

A公司年总销售额将近2亿元人民币，规模是业内第二名的3~4倍，是行业内最知名的两家企业的近乎独家供应商，产能几乎达到饱和状态，供不应求。

近6年来，A公司也一直是我们公司的独家供应商，除了价格不让步以外，与我们配合得还算比较默契。

2. 我方的情况

（1）采购总监、采购经理和我都新到任不满一年，与供应商A没有打过什么交道，不太熟。

（2）今年，我们公司总采购量已经达到40万套，业内公认达到这个采购量说明在该行业内站入第一梯队，明年预计还会有15%~20%的增长。

（3）我们公司一直对产品质量特别关注，关键指标比行业内其他企业要高不少，所以我们日常的品控管理就做得很细，同时还和供应商A一起做了供应商质量发展项目，规定所有供给我们公司的产品必须对应专门的装配线组装，不得与其他客户的装配线混用。

（4）由于我们对这种安全件的质量要求较高，而业内供应商管理水平一般，在这种情况下，我们在两年内很难再开发出第二家供应商。

3. 综合情况

一方面，我们的采购量是关键因素之一，经过6年的增长，供应商已经完全熟悉我们的产品，不合格率逐年降低，此时的降价谈判不会让供应商去想如何偷工减料和以降低品质为代价。

另一方面，那家潜在供应商的报价，从侧面映射了供应商A给他们的大客户的价格或许比给予我们的低不少，我方也都是新人，这时候去主张更优惠的价格或许可行。

至此，选定供应商A作为我们公司今年价格谈判的主攻突破口已经是板上钉钉的事。

谈判前的准备

在谈判前,我们要做好充分的准备,我简单归结为**"打基础"**和**"定策略"**。

"打基础"是指需要做好成本分析,这样才能做到心中有数,总不至于像菜市场买菜随便叫价。

我手中已经有潜在供应商的报价了,但他们并不愿意提供报价明细,于是我还是想找供应商 A 试试。

供应商 A 的销售经理并不愿意提供详细的报价,在我几次三番的要求下,他让我找他们的 CEO。

联系上之后,不管我怎么说,CEO 还是不同意给我报价明细,我只好说是新任采购总监要求的,之前开会时他总跟大家说到他那里的价格都要有报价明细,除非特殊情况。

在我的坚持下,对方妥协了,说没有报价明细,但是可以按照我们的报价模板填。

他这招真厉害,既给了我们老板面子,又给我出了一道难题,因为他知道我才来不久,还不太熟悉产品,这次采购的还是一个关于安全的由十几个大小部件组成的装配件。

开弓没有回头箭,多亏自己有研发的背景,我领料回来钻研,有困难的地方找研发部同事和生产部同事帮忙,最后产品被我拆出来了。我一一称量,然后对照图纸写出所用原材料。

我又找到公司其他品类的报价模板,把所有基础数据填上去,包括名称、原材料信息,其他的如单价、重量、制造成本、管理成本等都进行了标注,并空出来留给供应商 A 填写,最后整理核对,和采购经理确认后就发出去了。

此类产品一共涉及 60 多个物料号,对应 60 多款产品,于是我采用表 2 所示的物料 ABC 分类法,发现只有两款产品用量最大,这两款产品结构不同,但其他的产品都可以根据这两款归类,因为只涉及个别装配件或装配工艺不同,所以以后就以这两款为基础,谈价格,其他产品同比增减即可。

表 2

物料类别	物料号数（个）	物料号占比（%）	采购金额占比（%）
A	5	9	80
B	10	16	15
C	46	75	5

大概花了一周时间，报价明细发来了。明细拿到后就好办多了，就如同你推开门看到了一个崭新的世界！我推进的步骤如下：

（1）分析成本明细，很快发现有很多"漏洞"，如原材料基础价格比市价要高、产品净重有出入、直接生产机台费用较高、直接人工费有待商议等都是可谈判的。

（2）和负责这类产品的全球品类经理（GCM）一起讨论并研究出了一份我们认为合理的报价。GCM 对此类产品非常了解，已经负责 3 年了，虽然国外的产品和国内的形状结构不同，但功能是一样的，部件也有类似的。当他听说我们今年准备和供应商 A 展开谈判时，他异常兴奋，按照约定时间从国外飞过来了。尽管他每年例行都要来，但他深知这次和往常会不一样。我和他一项一项地排查，关于原材料基础价格，我们在 LME 和上海有色金属网上找，其他数据也参考了他所掌握的信息，最终我们设定这次谈判的目标降幅为 8%～12%。

（3）我们向采购总监做了汇报，目标设定得到了他的认可和支持，我们设想这一定是一场异常激烈的拉锯战，要做好打硬仗的思想准备，同时我们分配了不同的谈判角色，两位外籍采购总监和 GCM 是拿大棒的（黑脸/坏人），采购经理和我是拿胡萝卜的（白脸/好人）。

谈判开始

第一回合　敲山震虎

我发了一份正式邮件信函给供应商 A 的销售经理和 CEO，并电话通知，确认初次拜访时间。今年的年度谈判开始了。

我们先是回顾了双方过往的合作情况，并展望了未来的合作计划，然后我们就这一年来在质量和交货过程中出现的问题提出改善要求，一方面帮助他们加强与我们合作的信心，同时告诉他们，还有很多改进的空间。

进入正题，告诉他们，我们面对的终端市场竞争非常激烈，需要与供应商共同进退争夺市场，否则我们失去了市场，他们也就失去了生意。

CEO 表示理解并一定给予最大的支持。

于是我们提及今年的年度降价目标，经过仔细核实及多方面分析，目前产品价格实在太高，至少应该下降 16%（开价要高，是一种策略，要让对方有"震惊"的感觉）。

CEO 脸上立马表现出不悦，并连续说了三个"不可能"。

我们很清楚，虽然降价目标没有 16%，实际核算也没有出现这么大的降价空间，但国外的个别产品和这款产品的差价确实有这么大，只不过功能一样但形状及装配部件略有差异。

后面的过程就是我们的 GCM 和他们的 CEO 直接展开唇枪舌剑的讨论，我们的 GCM 有几次都慷慨激昂地说红了脸，看着气氛有点儿紧张，就暂停了会议。

他们的 CEO 谈判或做事都是比较强势的。很快，4 个多小时过去了，并没有谈出任何结果，看来今天肯定谈不出结果了，第一回合就结束了。

第二回合　精心备战

第二天，他们的 CEO 打来电话，商议年度降价的事情，说是和董事长沟通过了，对我们提的要求非常重视，最后经仔细核算，愿意产品单价降低 0.5 元，这已经是最大诚意了，请我们考虑。

其实这 0.5 元，就是降 1 个百分点，离我们的目标相差太远，所以我们并没有接受，约他们下次来我们公司谈。

这时对方才意识到，我们这次和他们谈年度降价，是非常认真的。

回到公司后，我立即整理了会议纪要发给他们，里面涉及了双方的分歧点，需要对方给予回复，于是在后来的四个多星期里，通过邮件来回讨论，我已经明显感觉到对方内部开始认真核对数据了，调动了会计、研发、生产等部门相关人员去核对基础数据，已经弥合了不少分歧点，但距离我们的目标还很远，于是我们决定再次邀请他们的 CEO 来我们公司谈。

这时我们的 GCM 已经回国了，所以这次我们的采购总监来扮黑脸，但方式略有不同，因为他没有全程参加会议。

第三回合　终极 PK

上半场

回到我们的主场，希望能敲定下来，甚至开玩笑说如果真谈不成就把他们留下来。

下午 3 点，谈判开始，由我们的采购总监主持，他态度坚决地说，今年的目标一定是降 16%，我们不允许供应商有如此高的利润空间等。他说完后，借口参加别的会议，礼貌地暂时离开了……

经过第一回合的铺垫，这次我们已经明显感觉到他们的 CEO 很认真地对待这件事，所以这次来他和销售经理做了充足的准备，一开始就表示这次能下降 3%，这是经过他们认真核算的。

我们心平气和地与他们就细节问题逐项核对，反复讨论，因为这其实相当于制定规则，一旦规则定好了，以后的报价都会按照这次定的规则执行。

当有数据不一致时，我和他们据理力争，在双方有些剑拔弩张的时候，采购经理总是能适时地劝阻，适当做一些让步。

最后，双方好不容易把原材料基础价格、产品重量（净重、毛重）、废料回收、直接制造费、直接人工费等都定义清楚了，这样总共能降本 6%，至此再怎么谈也降不下去了。

休会。

重新开会后，先是按照我们的思路继续算管理费、税费、折旧及包装运费，请供应商考虑，但无论怎么说，对方的 CEO 总能找出理由，说他们公司成本核算下来，没办法再降了，谈判陷入僵局。

下半场

再次休会。

我们内部开了个小会，鉴于供应商 A 的行业老大地位，也是我们的战略供应商，而且该安全部件对质量要求很高，所以我们很难在两年内找到合适的潜在供应商。我们认为要调整策略，不妨就给对方独家供应商的份额，然后合同期延长，这样对方也放心。

调整后的目标是明年最低降 8%，后面两年连续降 2%。待讨论完，我们看到对方的 CEO 正在走廊里打电话，好像是在汇报。

回到谈判桌上，我们的采购总监仍然态度强硬地说今年的目标必须达成，不过可以换一种方式，新的方案是明年最低降 10%，后面两年连续降 3%，这样加起来仍然是降 16%。

如果对方接受，我们承诺会在这三年内保证他们 100% 的份额，但是如果他们不同意，我们明年就会启动第二供应商开发项目，目标是后年能引进新的供应商。

CEO 有点儿意外，并表示这个方案他必须向董事长汇报，他不能做主！

看来董事长在遥控指挥。一通电话打了半个小时，他们确实在认真地考虑这个条件。

一个多月前，我们向他们的竞争对手询价的事，他们应该已经知道了，还是有些忌惮的。

CEO 回来了，先是说了很多客观的困难：一方面，为了提高质量，工厂正在做很多技术和设备改造；另一方面，招工难，人工费一直上涨，所以资金比较紧张，但为了和我们能更好地合作并展示最大的诚意，同意明年降 8%，但后面第二年降 1%，第三年降 2%。

我们的采购总监马上又表现出很不高兴的样子，说这个方案还差得远呢，你们根本没有诚意！

CEO 面色有些尴尬，先是解释，说到后来竟然也很生气，责怪我们不能理解他们的难处。这时候，采购经理和总监耳语，估计是说可以见好就收了。

接着采购经理就说，既然都已经谈到这份儿上了，大家都不希望不欢而散，请贵公司后面两年再分别多降 0.5%，也不是很多，如果同意，马上就可以签一份简单的备忘录。

CEO 神情舒缓了一下，去打电话请示董事长，这通只打了 10 分钟的电话显示他们的决定并不困难，等他回来后最终表示同意。

采购总监说这个不是对方的 CEO 想要的最佳结果，但事已至此，也只能勉强接受，毕竟未来双方紧密合作才是第一位的。

而这场艰难的年度价格谈判，历时近两个月终于落下了帷幕。

效果与影响

我们与供应商 A 此次年度价格谈判的结果是：

- 第一年降价 8%。
- 第二年基于第一年的价格降价 1.5%。
- 第三年基于第二年的价格降价 2.5%。

以上降价包括该品类涉及的所有产品料号。

这个谈判结果达到了我们设定的目标，只不过，第二年少 0.5%，第三年多 0.5%。

- 基于第一年采购金额 2000 万元的预计，以以后每年采购金额平均增长率 20% 来算，总计节约成本 268 万元。
- 我们与银行开展了一个合作项目，以公司的信用为背书，凡是参加了该项目的供应商都可以在交货验收后即刻提款，还可以得到一定额度的贷款，以上两者的利率都低于市场贷款利率。我们邀请供应商 A 参加了该项目，一定程度上缓解了他们资金紧张的问题。
- 供应商 A 在这三年里确实不断投入新设备、新工艺于各个生产环节，同时配合我公司实施的质量改善项目，使一次性合格率由原来的 89% 提升到 95%。
- 供应商 A 在研发、交货、服务等方面与我们配合密切，从几百名供应商中脱颖而出，拿到过一次优秀供应商大奖。

经验总结

我们通过本公司背景分析、需求分析及供应商分析找到了谈判对象，然后又通过耐心细致的准备一步步发现可以谈判的降价空间，进而制定并实施了合理的谈判策略，从而取得了双方都能接受的谈判结果。本次案例的借鉴意义在于：

（1）采购人员的核心价值是为企业节约成本，而对于生产性物料采购人员来说，年度价格谈判是价值最大化最好的机会，而围绕这个谈判做的很多工作又是对采购人员能力的一种考验，这种能力是通过不断的学习、借鉴和应用而得来的。

（2）必须以供应商战略为根本展开采购人员的工作，年度价格谈判也是其中之一。即使对于战略独家供应商，也不是没有谈判的余地，互惠互利才能造就双赢的谈判。

（3）与供应商打交道从不熟悉到熟悉、从不理解到理解，以及从不信任到信任，是要有一个过程的，在这个过程中是以相互尊重为前提的，任何单方面的意志强加只会让关系更糟。

（4）人们常说，要想做成事，"时机"非常重要，本案例正好把握住了它，从"时"（采购批量达到一个台阶）、"人"（我方人员新到任不久）、"势"（我方人员团结一致，势在必行）、"和"（和为贵，双赢为谈判目的）出发，最终取得了良好的结果。这就很好地回答了有些同事听完这个例子经常问的令人无语的问题：为什么今年降了这么多？要是早降几年，供应商是不是就不会赚那么多了呢？

[点评1]

从谈判降价的角度看，这是一个很成功的案例。

我特别喜欢的是这位采购在承担领导者角色，整合跨职能、跨管理层次的力量，制定和执行谈判战略，达成想要达成的目标。

就供应链的全局而言，谈判降价更多的是转移问题，而非解决问题，除非：

（1）整合需求，整合供应，给供应商带来更多的规模效益。

（2）推动设计的标准化、通用化和设计优化，降低设计决定的成本。

（3）通过精益生产和工艺优化等降低供应商的生产成本，通过电子商务等降低供应商的交易成本（供应商跟我们做生意的成本）。

对于该案例，我会鼓励这位采购进一步思考：

我们究竟解决了什么问题，同时又制造了什么问题？要知道，凡是存在的，不管看上去多不合理，总有一定的原因，处于某种平衡；一旦大幅度地打破这个平衡，比如获得十几个点的谈判降价，往往会制造一些问题。

是的，我们通过谈判降价取得了十几个点。那作为采购方，我们可能损失什么？为什么该供应商给我们的服务那么好、提供的产品质量那么高，比如为我们设专门的生产线，不断投入新工艺、新设备，配合实施质量改进项目？

为什么该供应商做得到，而其竞争对手就做不到？这跟该供应商有不错的利润息息相关。现在这些利润没了，价格低于"市场价"，也就是那个更差的竞争对手的报价，供应商还能不能做到以前所做的？

作为采购，拿不到行业"最低价"是个问题，其实拿到了也有问题，那就是我们把自己做成了供应商的低盈利甚至不盈利的劣质客户。

有一个家电企业的采购说，他们拿到了很好的价格，但发现自己成了供应商的"备份"：平常淡季的时候，供应商拿他们的业务养着工人，维持生计；一旦到了旺季，供应商就把产能给别的公司，交付就成了大问题。这也很正常。想想看，如果你是供应商，你把最后一点产能给一个高盈利的客户，每件赚5分钱，还是给低盈利的客户，每件赚2分钱或者不赚钱？

案例中提到，该供应商"是行业内最知名的两家企业的近乎独家供应商，产能几乎达到饱和状态，供不应求"。作为采购方，我们看到的往往只是供应商之间的竞争，但不要忘了，客户之间也在竞争，竞争供应商的优质和关键资源，主要体现在：

（1）产能短缺时的保供，这对季节性比较强的产品（比如空调）尤为重要。

（2）供应商的最新技术——我们的产品好，很多时候是因为供应商提供的零部件好，是因为他们把最优秀的工程师投放到我们的产品上。在汽车行业，供应商有了最新技术，是更加愿意给丰田、本田，而不是给时时挥舞谈判降价大棒的通用汽车，这有多年的调查为证，这也是通用汽车一直在走下坡路的原因之一。

从谈判降价上来说，这是一个很经典的案例。作为一个基层采购，能做到这样有战略、有执行、条理清楚、有礼有节，难能可贵。不过对于案例中说到的"采购人员的核心价值是为企业节约成本"，我有不同的看法：**采购的核心价值是帮助内部客户更成功**，比如帮助研发人员开发更具差异化的产品。谈判降价只是解决问题的方法之一，一味聚焦谈判降价，最终会走上低价低质、低质低价的恶性循环。家电行业就是典型：价格越来越低，但质量、性能没有实质性的改进。不进则退，这些企业做到最后，就变得跟硅谷的中餐馆一样：便宜是足够便宜，难吃也是足够难吃。

能真正拯救采购的不是谈判降价，因为价格没有最低，只有更低；采购的最终拯救者是设计人员，也只能是设计人员。只有设计开发出有差异化优势的产品，能卖个好价钱，才能最终减小采购的成本压力，解救采购于水火之中。

举个例子，有个百亿级的家电供应商，该供应商有两类产品：一类产品有差异化优势，能够卖个好价钱，销售从来不找采购的麻烦；另一类产品没有差异化优势，毛利很低，销售三天两头找采购，说供应商的价格不够低。不要忘了，这两类产品是同一帮人做采购，用的很多供应商都一样。

如何才能设计出有差异化优势的产品？我们离不开供应商的支持，特别是关键部件的那些战略供应商。而供应商要做到这些，需要有相应的利润来支撑。对于那些成熟行业，比如家电，这些年来为什么创新有限？根本原因是一轮又一轮的谈判降价，使得这一行无利可图，供应商没能力也没意愿投入研发资源——即便有资源，供应商也会投入到别的回报更高的领域。

再回到这个谈判降价案例。这家外资企业为什么能做到全球第三、欧洲第一？我敢肯定的是因为差异化的产品，而不是它的价格。也就是说，他们把功夫下在产品的差异化上，而不是跟国内的有些竞争对手一样，在谈判降价上死磕——你去问那些国内家电企业，哪家不是每年 10 个点、8 个点的谈判降价指标？在谈判策略上，那些劣质的竞争对手可能没有这么完美，但软硬兼施，他们最后总是得到了想要的。

现在，我们向这些劣质的竞争对手看齐，做他们经常做的事，我们的风险就是最终变成了他们。我理解，行业不景气，谈判降价的压力就很大。如果你这么做，3 年后就死了；不这么做，今年就死了的话，那你只能每年向供应商砍 10 个点、8 个点。但问题是，你的情况是否真的糟到了那一步？

我说这些，不是想抹杀这位采购的工作业绩——作为一个基层采购，能做到这步已经非常难能可贵。

我讲这些，主要目的是阐述两个基本观点：

（1）谈判降价是一把双刃剑，你得到的时候，特别是得到很多的时候，一定要考虑可能失去的——理解了这些风险，你还是做你要做的，那是个好决策，否则即便得到好的结果，也不是好的决策。

（2）采购的终极价值不是谈判降价；采购更好的增值点是选好、管好关键供应商，帮助企业开发有差异化优势的产品。相信这位采购随着职业生涯的进一步发展，会对这些有更深的理解。

刘宝红

"供应链管理专栏"创始人

西斯国际执行总监

[点评 2]

本案例降低供应链的成本和采购成本的方式有点儿简单粗暴。

虽然直接与供应商谈判，压低采购价格，降本的效果是立竿见影的，但是若从长远的眼光和发展战略来看，不是最佳的方案，该方法缺乏延续性。

案例中详细描述了谈判前的准备——分析供应商的数据，继而确定谈判的对象、确定谈判的策略、进行谈判的执行与总结。整个过程对于采购员与供应商的沟通及谈判很有借鉴意义。但从供应链管理的角度看，直接压低采购价格的解决办法，只能解决短期的问题，因为价格是不可能无底线地降低的，当达到了供应商的极限时，这种办法就失效了，如果继续压价反而会适得其反逼走长期合作的供应商。

建议：

采购成本不单单是从供应商处订购零部件的成本。应从供应链的角度出发，分析采购成本的构成，识别出影响采购成本的关键因素有哪些，才能知道造成高采购成本的原因。如何降低这些因素对采购成本的影响是降低采购成本的关键。

比如，采购的价格高，可能是因为供应商的报价高，报价高背后的原因有可能是供应商的物流运输费用高、库存成本高或产能不足使得物料稀缺进而导致的价格高，等等。那么作为供应商上游的制造商，应该对供应商进行帮扶，帮助其降低成本，实现双赢。从长远来看，这样做达到降低采购成本的目标的同时还巩固了与供应商之间的合作伙伴关系。

对供应商进行分析和分类管理也是必要的，针对不同的供应商实施差异化的管理策略，并且应当构建供应商评审体系，引入 MMOG/LE[一]定期对供应商进行评价，淘汰不合格的供应商，发展新的供应商。

李俚
广西大学教授
广西大学机械工程学院副院长

[点评 3]

俗话说"谋定而后动"，"谋"就是做分析，定策略。细致地做好了"谋"划，谈判就成功了一半。面对战略供应商，双方互相合作、依赖，如何做到"谈价钱不伤感情"，实现共赢？"谋"在本例中体现得淋漓尽致。这主要分为三个阶段：

[一] MMOG/LE，即 materials management operations guideline/logistics evaluation。

1. 精准定位的"谋"

千里之行，始于足下，支出分析是采购管理的第一步。案例熟练地应用 ABC 分类法网出"大鱼"（筛选出 5 家大供应商，采购金额累计占比达到 80%）作为主攻方向。再应用卡拉杰克模型对 5 家供应商提供的零件进行品类定位。

战略类零件，属于高价值、高风险物料，需要保证长期可用并考虑供应的总成本。在本例中，可以看到其采购金额远超其他物料。鉴于双方是长期合作关系，己方需要敲打一下供应商，不能束手就擒。

对于其他两类，需要根据情况仔细甄别：瓶颈类零件，在本案例中，虽然供应商更强势，时间紧迫的情况下，本次不谈，但从长远来说，为了确保供应的连续性、安全性，需要有长期的解决方案，比如，成立项目组进行需求分析，重新设计，开发可替代物料及开发新供应源。而杠杆类零件，因为往年的谈判"透支了"部分降价空间，需要审视公司的采购价格是否有竞争优势，或者是否比竞争对手的低，否则就利用己方在市场中的势力来保证最好的价格和条款。

对标报价，从供应商的竞争对手中找价格参考，是一种不错的方法，既能摸摸市场行情，又起到敲山震虎的作用。

2. 谈判前成本分析的"谋"

本案例采用软硬兼施做成本分析的方法打开价格合理性检验的大门。软是指从供应商填写报价明细开始，硬指的是内部收集数据，做出成本模型。从我多年的工作经验来看，很多与价格相关的棘手问题是成本不透明所导致的。成本分析是采购人员的立身之本，有了分析数据，其他工作的开展就水到渠成了。

3. 谈判过程中的"谋"

有勇有谋，大战三回合定结果。"勇"体现为团队配合，以及在成本细节上的谈判与拒理力争。"谋"是指根据战略供应商的合作关系——三年采购量的承诺，压下最后一块石头保结果。当然，整个谈判的实施前后历时两个月，确实是对能力与意志力的考验。

综合来看，本案例读起来畅快有趣，同时再次验证了"磨刀不误砍柴工"，谈判前的数据收集与分析、策略的制定是成功的基石，团队配合是谈判实施的关键。

李斌
飞利浦（中国）投资有限公司高级采购经理

[点评4]

让对方得到什么，才是双赢？

王仁波的这个案例，内容完整，谈判过程跌宕起伏，其中也表现出了高超的谈判能力，非常精彩。

但从作者文中述及整个降本谈判的过程来看，我觉得，作者仍是持传统的"我是买方我老大"的强势心态，并未将卖方当作合作伙伴进行平等对待。这些，从文中的几个标题就可见一斑（敲山震虎、精心备战、终极PK等）。

作者的文章题目是《年度降本谈判，挖掘双赢空间》，但整体读下来可以发现，对于供应商A来说，除了得到一个不太靠谱的"独家份额"外（这更像是一种给供应商A谈判人员往下走的台阶），没得到其他东西。赢的仅仅是作者的公司，远不是文章题目中所说的"双赢"。

作者以供应商的成本构成为切入点进行降本谈判，这当然是一个很好的方法，也能收到一定的效果，但是，**这是一个零和游戏**。这样的降价，压缩的是供应商的利润空间，谈双赢，似乎有点儿自欺欺人。（当然，如果出于各方面情况的考虑，前期供应商的利润空间足够大或者利润不合理，以成本切入降本是必然的选择。）

那么，怎样才能双赢呢？我想起大家经常说的，跟老板谈涨工资时常说的一句话：你先给老板带来什么，老板才给予你什么。

供应商降本谈判，追求双赢，从道理上讲，也是这样，即先让供应商得到什么，在其得到的基础上谈降本，这才是双赢。

具体怎么做，有很多方面可以着手去做，我提出以下两个方面的建议。

1. 给供应商月度滚动预测，并洽谈按一定比例承担预测失败的责任

（1）对作者的公司（买方）来说，按他们公司的实际情况（总采购量已经达到 40 万套，并且预计还会有 15%～20% 的增长，8% 的料号占了 80% 的采购金额），对绝大部分物料提供月度滚动预测完全没有问题（我们不需要也没必要对全部物料提供预测），有问题的是承担预测失败的责任。

但这些是可以谈的，预测失败的话买方和卖方分别承担多少比例可以谈，对供应商成品库存负责还是对物料库存（甚至专供的物料库存）负责也可以谈。依作者的公司现状来看，我觉得它对提供预测承担一定比例的预测责任，可以做到没有损失或很小的损失。

（2）对供应商 A 来说，就有红利了，也就是说，能让供应商得到一些东西。

一是可以降低库存。在需求方提供预测的情况下，供应商库存下降 20% 不只是有可能，而是完全可以做到（指需求方涉及的库存）。电子行业年平均库存持有成本约占库存总成本的 30%，不用去仔细计算，我们都知道这是在给供应商实实在在地降成本。

二是便于安排计划，生产灵活性加大，可以接一些平常不敢接的其他订单。并且，供应商 A 可以组织更大批量的生产，提升生产效率，从而降低整体生产成本。

2. 给予供应商品质支持

给予供应商品质支持的方法很多，我这里说不耗成本的一种，对供应商进行品质培训。

当然不是品控培训负责人员去进行品质理论和品质重要性的培训，我这里所说的培训是由需方的专业人员对供方品控人员和研发人员进行"需方验收标准"的培训。

别小看这个"需方验收标准"的培训，很多来料不良及质量争议，就是源于双方品控人员对验收标准的理解不同。这样不仅会带来退货损失，还会增加若干沟通成本。

那么，为什么要对供方研发人员进行"需方验收标准"的培训呢？

道理很简单，给供应商降本。怎么降？让供方研发人员切实理解需方的标准，那些超标的零件、那些需方用不上的功能可以降标或取消，从而降低供应商成本。

这里需要特别说明一下，质量没有最好，符合质量标准的产品，就是质量合格的产品。所谓最好的质量，除了白白增加成本以外，没有任何作用。比如，对一款物料耐高温的要求，明明需方的最好要求是 100 ℃，做出耐 150 ℃甚至 200 ℃温度的产品交付，没有任何意义。

让供应商得到利益的方法很多，我以上说的两个只是抛砖引玉，只要我们有共赢的思路，有先让对方得到利益的心态，我们就能找到更多、更有效的方法。

许栩
南雄科大科技有限公司供应链总监

[点评 5]

采购人员的成本降价谈判是一场艰苦卓绝的硬战。

古人云"知己知彼，百战不殆"，在这个案例中，对采购人员而言，不仅考验谈判技巧，更是一场苦战。施展"巧劲"的同时其实是下了"苦劲"的。

此外，这个案例也反映了该采购人员心智完善、情商水平高、乐观、勤奋和聪明。

首先，进行详尽的供应商背景和物料产品及价格的资料分析，找到关键问题，同时虚心请教自己的上级领导，得到明确方向后再次做深入分析，找到突破口。

其次，对整个谈判过程制订了预案，同时进行资源的整合，展开团队协作，并进行分工，在谈判中发挥不同的作用，相互补充。

最后，在实际的谈判中，体现了采购人员谈判的心理气势和耐心坚持，同时考虑到对手的反应，及时调整策略，找到双赢的空间。

所以，整个谈判从事前准备到谈判过程和谈判的结果，都反映了采购人员敏捷的反应能力、察言观色的技巧、果断的决策和言语说服能力。采购人员的专业能力也都在这个案例中体现得淋漓尽致，可以作为采购人员学习的样本。

张云华
北大纵横管理咨询集团人才测评研究院院长
中国采购商学院采购经理人能力素质标准化测验开发者

[点评6]

本案例的操作感和画面感特别强，作者细致地陈述了重点产品年度降本谈判的前因后果和全过程，整体上卓有成效。作者从"时""人""势""和"四个维度分析得较为透彻，具备很强的可操作性和借鉴性。

本文侧重于压制供应商的价格区间，通过细化各种物料、管理等成本结构来分析价格区间让对方让步，从这点来看，作者及整个团队所做的工作是专业、细致的，因而有了诸多有理有据的素材、配套合理的谈判策略，最终取得了较大的降本突破。

从案例中可见，独家供应商A的行业地位稳固、技术和质量领先、生产研发投入较大，而营运资金较为紧张，且"总能找出理由"不认同采购团队的成本费用明细。从多次休会且每次会议中供应商A多次长时间临场电话沟通可以感觉到，A的价格空间下降如此大也是反复甚至痛苦权衡过的。

实际上，很多企业为了保持领先，也遵守"20/80"原则，就在于舍得投入更多去提升那"20%"的领先空间，因此其成本结构比其他质量不稳定的同行有更高的可能性，我建议增加关于A是"成本领先"还是"技术领先"的科学分析，如果能设身处地换位思考A为实现领先而付出的成本，可能更容易获得认同感。

另外，此次降本谈判考虑了其他供应商暂时无法符合公司对产品品质的要求，因此以锁定未来三年继续独家供应的条款为条件换取更大的降价，但从供应链风险的角度来说，独家供应的风险就会持续存在，需要其他配套的风险防范举措，比如这个三年是否有可能作为开展新供应商扶持的培养期，是否可能通过自身的技术升级以兼容更多供应商或切实支持核心供应商更好地降本增效，等等。只有公司和供应商都能实实在在地进行降本增效，实现增量的成本结构下降，而不是在存量的成本结构里你少我多，才能最终实现安全可靠、成本合理的供应链结构。

最核心、最难突破的独家供应商都能取得价格大降的成绩，相信采购团队一定能在全品类上实现合理的价格突破，在供应链共赢的基础上更好地实现降本增效。

周定

北大纵横管理咨询集团高级合伙人

讨论与思考

○谈判的最终目的，是不是一定要取得双赢？

○谈判之前，要做哪些准备？

TOP PURCHASER
IN CHINA

第四篇
采购价值提升

铸件供应链优化,预防环保断货

(2017年二等奖 章栩 卧龙电气)

推荐语

风险管理水平是行业"领导者"和"跟随者"的差别,这是麦肯锡的观点。如何进行风险管理?首先做"风险识别",然后做"风险评估",评估风险发生的概率(频度)和影响(强度),最后再做"风险管理",共三步。这是 ISO31000《风险管理指南》总结出来的做法。

国家制定"2018—2020 三年环保攻坚战",本案例中的公司识别出的风险是"铸件供应链风险",继而又评估了风险发生的概率,"54 家铸件供应商,集中在环保重点整治地区"(这是一个高概率),然后又评估了风险发生的强度是"环保断货",继而对风险进行了管理。

如何管理风险?行业有"4T 战略",终止(terminate),不干了;转移(transfer),转给别人;接受(tolerate),忽略它;处理(treat),处理它。怎么处理呢?降低发生的概率和造成的影响。本案例对"铸件供应链"有组织地进行"优化",有效降低了风险发生的"概率",是风险管理的一个优秀案例。

宫迅伟

2017年3月15日，山西平遥政府组织平遥县铸造行业企业召开环保专项整治会议，会议要求如下：改进生产工艺、技术与设备，减少污染源；逐步禁止粘土砂手工造型，停止使用冲天炉，必须使用电炉定点浇铸；提升污染防治技术、优化升级设施，确保污染物稳定达标，涉及砂回收系统粉尘防治改造，电炉除尘，抛丸除尘，混砂除尘，浇铸除尘，废砂选铁除尘；规范物料存储，固废清运；浸漆、喷漆工序废气处理。随后中央环保督察组进驻山西，随之而来的是全国各地铸造行业的大洗牌。

我所在的卧龙集团（见图1）创建于1984年，经过30多年的高速发展，现拥有卧龙电驱（600580）、卧龙地产（600173）、卧龙-LJ公司（LIJO.SI）3家上市公司，年销售380亿元，而卧龙电驱的主营业务是电机及控制单元的制造，目前在亚洲、欧洲共有37个制造基地与4个研究中心。电机制造尤其是低压、中高压工业电机就离不开铸件，铸造行业的环保风波对于国内电机行业是一个重大的冲击。

图　1

集采整合，任务艰巨

我自2012年毕业进入卧龙以来在集团IT岗位，以及子公司生产管理、供应链管理岗位上工作过，自2016年7月起在集团供应链管理部担任高级采购经理，从IT到生产再到采购的经历使我更加懂得如何更好、更高效地为生产制造服务。

如之前所说，电机是卧龙制造业板块的主营业务。我们所制造的电机中按功率划分从工业电机、振动电机、防爆电机到压缩机电机大多采用铁壳的结构。组成电机铁铸件的物料又可以细分为机座、端盖、轴承盖、接线盒等，其中机座占整体铸件的采购比例约为 59%，端盖占 25%，轴承盖与接线盒分别占 3% 左右。

适逢 2016 年集团供应链接手铁铸件物料作为集团集中采购物料，我进入集团供应链以后就负责铁铸件物料工作。随着国家供给侧改革与环保管控的持续进行，自 2016 年 7 月起，我们就了解到很多供应商陆续收到环保整改通知。

为此我们公司内部召开了专门的会议，公司领导高度重视，我们分析了铁铸件物料的内外部环境：在政府不断释放环保高压信号的同时，我们的客户也对我们公司电机产品的外观提出了更高的要求，而传统铁铸件铸造工艺以手工造型为主，工艺落后，外观比较粗糙，生产厂家环保设施缺少，抗风险能力弱（见图 2）。

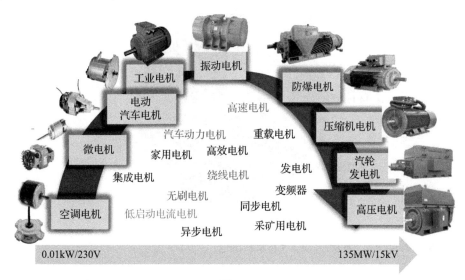

图　2

为此我们将铁铸件的供应链优化作为一个课题，成立专门的项目团队，由集团供应链牵头进行解决，我们希望通过工艺优化，获得更高质量的产品，争取稳定的铸件资源，同时预防与规避环保断货风险。

第一步，数据分析，厘清思路

在选定本次的课题之后，我们根据价值工程与价值分析的方法开展项目，首先通过公司的 SAP 系统与 SRM 采购协同系统收集公司的铁铸件物料的数据并分析其技术特性。

从 2016 年 7 月底统计的数据看,我们公司当时铁铸件总共有 7620 个规格,按铸造工艺主要分为**消失模、粘土砂、树脂砂、覆膜砂**(铁型覆膜砂、壳型覆膜砂)(见图 3)。各个工艺有各自的特性,适用于不同特点的零部件,根据 2016 年上半年的数据,我们统计了当时各个工艺在整体铸件采购中的占比,其中粘土砂工艺为当时的主要工艺,采购占比达到了 67.2%。而给我们供货的铁铸件供应商共有 54 家,主要集中在山西、浙江、江苏、山东、河南等地(从事后分析的角度来看,这些省份正是 2017 年环保重点整治的地区)。

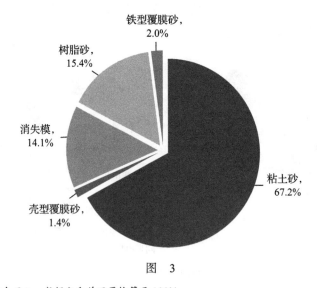

图 3

注:因四舍五入,数据之和并不严格等于 100%。

接下来我们结合收集的数据与信息,对当时的供应商进行了综合能力分析,对主要的四个铸造工艺进行了 SWOT 分析,对其中新兴的两种工艺与传统工艺进行了综合采购成本的对比分析。

通过 TCO 分析,我们发现端盖铁铸件由粘土砂改覆膜砂产品单件毛重降低,粗加工取消,综合降本效果明显;而机座铸铁件由粘土砂改消失模产品毛重下降明显,但由于消失模内径加工余量还是过大,粗加工工序未取消,导致综合降本效果不明显,需推进消失模机座加工余量控制以及工艺改善降本事宜(粘土砂改消失模带来的更重要的意义是生产效率的提升)(见图 4)。

粘土砂		消失模	
STRENGTH（优势）	WEAKNESS（劣势）	STRENGTH（优势）	WEAKNESS（劣势）
1.成本低、砂子可重复利用 2.生产周期短 3.产品改动灵活	1.铸件刚度不高 2.表面粗糙 3.易产生质量缺陷	1.设计灵活 2.铸件精度高 3.加工余量小 4.外观光洁度好	1.模具费用投入大 2.模具定型后很难调整 3.薄壁件易变形 4.铸件尺寸受设备制约较大
OPPORTUNITY（机会）	THREAT（威胁）	OPPORTUNITY（机会）	THREAT（威胁）
1.适合批量小的、加工不严格的铸件 2.使用粘土砂工艺的垂直、水平自动线的兴起	随着我国铸造行业的发展，此铸造工艺应用越来越少了（效率、劳动强度、技术工人）	铸件结构越复杂就越能体现消失模铸造工艺的优越性和经济效益	因消失模浇筑产生的泡沫燃烧废气排放环保问题，在欧洲难以全面推广

树脂砂		覆膜砂	
STRENGTH（优势）	WEAKNESS（劣势）	STRENGTH（优势）	WEAKNESS（劣势）
1.外观好 2.尺寸精度高	1.加工成本比粘土砂要高出不少 2.对原砂要求高，要求管控更加严格 3.生产效率相对不高，需要一定的硬化时间	1.铸件尺寸精高度 2.铸件废品率低 3.外观光洁度好	1.用铁模，模具费用高 2.树脂加入量多、成本较高 3.混砂工艺较复杂，不适于铸造大件
OPPORTUNITY（机会）	THREAT（威胁）	OPPORTUNITY（机会）	THREAT（威胁）
1.可以制作复杂件、大型件 2.高牌号特殊产品市场	随着消失模的发展，其整体市场占比越来越小	1.生产效率极高，适合大批量生产 2.可以生产高牌号灰铁铸件	1.模具调整难度大，换模时间长 2.无法应对多规格、小批量产品

图 4

其次，我们在原来通用的供应商现场审核文件的基础上，为铁铸件物料修订了专门的现场审核表。我们的项目团队分3个小组，对当时的所有铁铸件供应商重新进行现场审核。

最后，我们引入了供应商金字塔与交通灯管理。

供应商金字塔被划分为3个层级，共7个区域（见图5），用于描述不同供应商的状态：

- 第一层是优选供应商P。
- 第二层是技术专家级供应商T，主要供应商E，新供应商N。
- 第三层是需直接淘汰的供应商X，客户指定的供应商D，以及不开展新业务的供应商W。

供应商金字塔本质上是一种长期的、战略性的评估，而供应商交通灯管理则是一种短期评定，主要是根据供应商的日常业绩评价，精确控制供应商的业务发展状态，绿色代表对业务发展没有限制，黄色则代表需要在咨询使用单位质量部门及物料负责人的意见后，允许一定程度上的业务发展，如果交通灯是红色，则供应商必须暂时停止一切新业务开展。

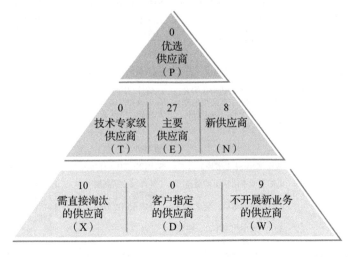

图 5

基于新的审核结果、供应商日常业绩评价，我们应用了供应商金字塔模型与交通灯管理，对所有供应商的综合能力进行了分析，并输出了首次的供应商金字塔评价结果及铁铸件物料的供应商综合能力分析表，涵盖了供应商的基本情况，如目前与我们的合作情况、供应商使用的铸造工艺类型、供应商机加工能力、供应商产能交付能力，以及价格、质量、技术能力评价。

在明确铁铸件整体供应商金字塔评价的同时，我们也按铸造工艺对供应商金字塔进行了细化，并按照不同的工艺特性，分别建立了成本分析模型、最小的起订量模型与标准交期模型。

在进行供应商综合能力分析的同时，我们基于收集的数据，以及走访、调研的结果，对四个主要铸造工艺进行了 SWOT 分析。各个铸造工艺有各自的特性，适用于不同特点的零部件，如粘土砂适合生产中小型灰铁、球铁铸件，传统粘土砂工艺相对制造成本低，生产周期短，但表面相对粗糙。随着铸造行业的发展，手工造型工艺应用因为生产效率低、劳动强度高、技术工人缺失等问题已经越来越少，而使用粘土砂工艺原理的垂直、水平自动生产线已经逐步兴起。

传统的树脂砂工艺适合生产中大型的灰铁、球铁铸件，树脂砂工艺的外观比较好，尺寸精度高，但加工成本相对较高，生产效率较低。新兴的消失模非常适合电机类机座的生产，这种工艺的产品表面光洁度高，设计可以比较灵活，但存在薄壁件易变形的特点，铸件尺寸受设备限制较大。而覆膜砂工艺适合生产中小型端盖类灰铁铸件，它与消失模一样，具备外观光洁度高的特点，同时覆膜砂的尺寸精度控制较好，但其模具费用与生产辅料成本也比较高，无法应对多规格小批量的产品。

结合各工艺的 SWOT 分析，我们对传统粘土砂工艺与新兴的消失模、覆膜砂工艺进行了综合采购成本分析。我们通过与模具厂、铸造厂三方测算与分析，选取了多个工厂的不同产品进行对比，根据测算结果来看，覆膜砂端盖因加工余量控制好，粗加工工序取消，产品单重能够大幅降低，虽然铸造加工成本相对较高，但综合采购成本仍有 10%～20% 的降幅。

消失模工艺虽然具有薄壁件易变形的特点，导致机座粗加工工序暂时不能取消，但由于消失模工艺整体加工余量控制仍优于传统粘土砂工艺，综合模具费用，仍将有 2.5%～7.4% 不等的降幅。

第二步，明确目标，实施落地

基于供应商综合能力分析结果，各铸造工艺综合采购成本测算，以及内外部环境的分析，公司内部组织全集团使用铁铸件物料的工厂总经理、技术负责人、产品集团分管领导，召开了全集团铁铸件物料集中采购会议。

通过会议的形式，我们通报了集团铁铸件物料的现状，阐述了我们可能会遇到的环保风险，以及现有铸造工艺难以满足后续发展的实际情况。

通过会议的讨论结果，我们明确了下一步通过增加模具投入进行工艺优化，鼓励现有供应商从传统工艺向新工艺发展并积极引入有优势的新工艺供应商，同时加速全集团的标准化推行工作，并通过全新标准系列产品的推广与替代整合现有的产品线及物料规格的铁铸件物料采购战略（见图 6）。

工艺布局的策略方面：我们将粘土砂传统的手工造型工艺定位为多品种、小批量产品采购；将树脂砂造型工艺定位为中大型复杂产品，或高牌号产品采购；将消失模工艺与覆膜砂工艺分别定位为常规批量性机座与端盖产品的采购。

OS——乘胜追击	OW——草船借箭
1. 粘土砂传统造型工艺定位为多品种、小批量产品 2. 树脂砂造型工艺定位为中大型复杂铸件产品 3. 消失模工艺定位为常规批量性机座铸件 4. 覆膜砂工艺定位为常规批量性端盖铸件	1. 利用好传统树脂砂工艺，借鉴行业内领先的3D打印技术，解决超小批量、复杂程度高的项目化的特殊铸件采购问题 2. 利用好传统粘土砂工艺环保、综合成本低的优势，借鉴行业内领先的垂直/水平分型无箱射压造型线生产效率高、换模速度快的优势，推进新方法的应用，解决中大批量产品采购及中小批量产品一模多用与快速换模问题
ST——他山之石	WT——披荆斩棘
1. 调研全国各地政府关于消失模工艺环保问题的相关文件与态度 2. 继续开发与保留一定数量的粘土砂传统手工造型工艺供应商，解决小部分零星产品问题 3. 充分评估产品的市场需求，再确定符合实际情况的铸造工艺	1. 加强产品质量管理体系、供应商评价体系建设与优化，为新工艺推广保驾护航 2. 引入供应商金字塔管理与交通灯管理理念，构建供应商金字塔体系，结合现有的"供方资质认证"和"日常业绩评价"，实施供应商的动态管理，制定供应商发展的短、中、长期的发展策略 3. 成立专门的项目团队，集合总部、产品集团、制造工厂采购人员、专业技术人员及SQE组建专门团队，进行铸件整合

图 6

同时，根据当前的铸件行业发展信号，我们认为必须利用好两种新兴铸件解决方案：

（1）利用好传统树脂砂工艺，借鉴行业内领先的 3D 打印技术，解决批量小、复杂程度高的项目化的特殊铸件采购。

（2）利用好粘土砂工艺生产过程环保、综合成本低的优势，借鉴行业内领先的垂直/水平分型（无箱射压造型）自动生产线效率高、换模速度快的优势，解决中大批量产品采购及中小批量产品一模多用与快速换模问题。

综合 SWOT 分析结果与工艺布局策略，我们提出在 2016 年到 2018 年间，粘土砂手工造型每年采购量减少 50%、消失模工艺每年采购量增加 100%、覆膜砂工艺每年采购量增加 200% 的计划与目标。

上述目标的达成，肯定离不开供应商的发展。供应商的发展分为两个方面：

首先，我们怎么样去引导现有供应商从传统工艺向新工艺发展。我们明确了新增新工艺模具投入的计划，通过供应商投入设备、我们投入模具的方式进行长期合作。

其次，我们邀请了合格的供应商中我们认为比较有发展潜力的供应商的高层与我们公司的高层领导进行定期的交流，以确保供应商未来的发展与卧龙的发展是一致的。

同时，我们制定了2016—2018年的供应商发展计划，通过供应商帮扶、供应商的引入与淘汰加以实现。

经过多方走访、考察与调研，我们创新性地引入了3D打印技术，并应用到铸件中。考虑到公司南阳工厂拥有树脂砂造型铸造能力，我们选取了3D打印树脂砂砂型、自行铸造的方案。

3D打印对一些项目化产品非常有优势，可以将铸件的交付时间从传统模具开发与产品交付的约46天缩短至5天。同时对于3D打印造型，一般一个工人可以看管两台打印设备，按照评价产量数据测算，所以可以实现1个普通工人替代10个技术工人。这在当前铸造行业造型技术工人日益稀缺的环境下，是个非常有利的突破（见图7）。

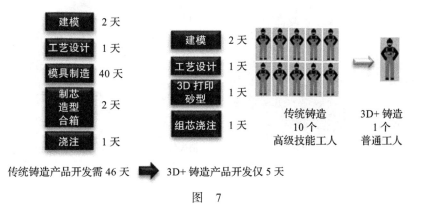

图　7

在梳理与调整铸造工艺布局、优化供应商结构的同时，我们结合公司的技术团队还积极进行了标准化统一设计，将铸造的新工艺应用于全新的WE标准化产品系列。

我们今年在汉诺威展上发布的WE系列全新产品，借助卧龙的优秀品牌资源进行推广，替代现有标准高效电机系列，在我们的主要合作客户中也取得了不错的口碑。WE系列及后续产品的标准化设计，也将加速铸件物料标准化工作，有利于铸件工艺布局的调整，通过1年多的努力，截至2017年11月底我们累计通过标准化整合减少铁铸件物料规格1439种。

案例成果

通过工艺布局调整、供应商结构优化、新产品统一设计,我们整个铁铸件优化项目也取得了一定的成果。通过项目团队整体的努力,截至2017年11月底,我们已经实现(见图8):

- 粘土砂采购占比从67.2%到33%的大幅缩减。
- 新工艺消失模从此前的14.1%增加至40.6%。
- 覆膜砂工艺从此前的3.4%增加至11.6%。

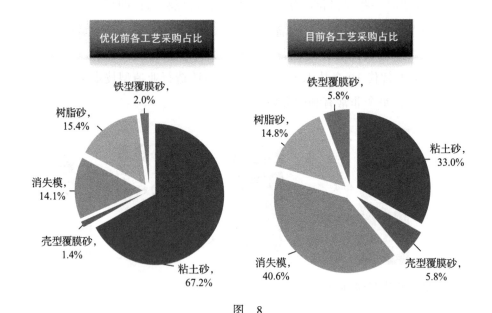

图 8

除了消失模与覆膜砂的大力推广,我们已经实现了新型垂直、水平分型线批量使用;同时创新引入的3D打印技术,目前已经进入小批量评价阶段;从内部数据统计来看,采用新工艺优化的铸件在综合采购成本平均降低了13.3%(剔除生铁价格因素)的同时也顺利保障了公司今年年前三季度销售超30%的增长。

通过本次铸件供应链优化项目的实践,公司也已将**供应商金字塔模型**与**交通灯管理**推广到集团其他共性物料中。

经验总结

我自身通过本次项目的实践，感受颇多。

一是做采购工作要有创新思维能力，处理问题不能只停留在表面，要有发散性思维，避免坐井观天。

二是专业的采购才是好采购，我们必须对所管辖的物料有非常全面的了解与细致的分析，才能做好采购这个岗位。

三是要利用好信息化工具，供应链管理的信息化，不是简单的上一套 ERP 系统、SRM 系统，而是需要整套的行业解决方案，整合各种与企业经营、商务活动及内外部运作流程相关的系统，实现日常重复性工作的智能化（见图9）。

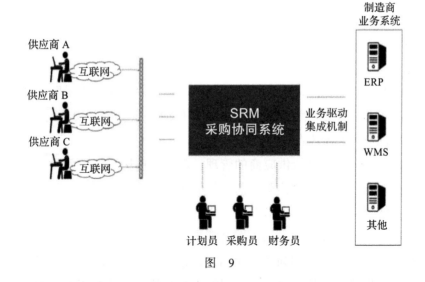

图 9

四是采购要做好工作角色的转换，目前很多采购人员把大部分时间用在下单、跟单、发票对账等日常重复性工作与品质问题对接处理等临时性工作上，更多地充当生产系统的保姆的角色。真正的好采购则要更多地充当医生的角色，多去诊断根源性问题，优化供应链，从根本上解决问题。

最后送给所有好采购以下几句话共勉：

做一名好采购，我们必须具备自信、责任、激情、创新四个基本素养。

我们应该学习水的精神,每一条河流都有自己不同的生命曲线,但是每一条河流都有自己的梦想,那就是奔向大海。

我们的生命有的时候会是泥沙,你可能慢慢地就会像泥沙一样沉淀下去了,一旦你沉淀下去了,也许你不用再为了前进而努力了,但是,你就永远见不到阳光了。

所以,不管你现在的生命是怎么样的,一定要有水的精神,像水一样不断积蓄自己的力量,不断地冲破障碍。当你发现时机不到的时候,把自己的厚度积累起来,当有一天时机来临的时候,你就能够奔腾入海,成就自己的生命!

[点评1]

作者提到的供应商管理的很多问题,是我们会在日常采购和供应链管理工作中真实发生的情况。我就"供应商金字塔与交通灯管理"的运用,来和广大读者做个交流。

我曾经负责过物流供应商的管理。由于一些历史遗留问题,我所在的公司有数家小型运输服务商,他们的老板都和公司以前的管理层有着千丝万缕的关系。凭借多年合作的关系,这些小车队占据着全公司30%左右的运输业务份额,每年采购金额也有上千万元。但是这些小车队存在诸多的管理问题,比如,发票不合规、运输晚点、时效性没有办法保障,等等。每年在公司的内审和体系审核过程中,经常会因为小车队管理问题而不能通过审核。

面对运输供应商管理上的老大难问题,我也引入了供应商金字塔和交通灯管理的方法。对于运输服务商进行一步步的筛选行动。首先,我使用金字塔原理对供应商进行分类。首选供应商一般是优质的大型、专业的第三方运输公司,比如安吉物流,一般有新的线路报价的时候,都会考虑优选供应商,其次才会考虑第二层的服务商。

第二个层级的服务商是有专业特色能力的供应商，比如擅长危险品运输和仓储的公司，或具备强劲实力的综合性运输商，作为优选供应商的后备选项。我们在每年物流运输招标的时候，基本只会考虑第一和第二层级的服务商，它们都是处于"绿灯"的状态，可以随时和我们拓展新的业务，不存在任何障碍。当然，如果它们的绩效考核没有达标，也会进行"冷处理"，被临时标记为"黄灯"状态，等到改善行动完成后，再恢复为"绿灯"状态。

原先与我们公司合作多年的小车队，都慢慢地被归在了第三层级，也就是直接淘汰，或在将来不再续签合同。我们也不会完全斩断与它们的合作，但是会逐渐把第三层级服务商的采购份额控制在不到5%的水平。这些小车队都被亮了"红灯"，除非它们能够达到我们公司的质量要求且合规，否则是不能参与任何新项目的报价的。

通过对运输服务商的"金字塔与交通灯管理"，在一年多的时间内，我们实现了运输服务商的规范化，不仅提高了运输的可靠性，还略微降低了运输成本，实现了公司的经营目标。

卓弘毅
某美资企业物流经理

[点评2]

本案例是一个比较成功且有特点的采购改善案例。

1. 本案例的优秀之处

（1）采购的战略思维可见，能够用"鹰眼"俯瞰整个采购的价值链环节，通过SWOT分析，找到采购改善的着眼点，充分体现了采购人员最主要的价值之一，即整合产生价值。

（2）能够运用"虫眼"现地现物考察行业发展趋势，能够通过数据的整理，发现行业的运行规律和特点，并根据发现的特点，找到问题解决的途径，把遇到的问题落地，充分体现了采购人员的主要价值之二，即"专业"的价值。

2. 建议

目标导向应进一步明晰，还要学会用数据说话，通过数据把采购面临的问题从纷繁复杂的经营场景、业务场景中提炼出来，并形成聚焦。

本案例中，最初提出铸造部件的采购改善，就是为了解决生产经营中的问题，但贯穿全文，并没有很清晰地锁定本次改善的目标，同时，对于改善目标也没有进行量化的设定和评价（其实也就是没对遇到的问题进行很好的归纳和量化）。

这样做有两点不好的结果：

一是对改善的结果评价苍白。本案例中对结果的评价是铸造件工艺比例的变化，但这肯定不是经营中遇到的最本质的问题，是否达到当初预期的效果并未揭示。

二是不能很好地进行过程的反省，不便于自己的能力提升。因为当初没有设定明确的目标，复盘也相对困难，所以自身能力的提升和总结更加不容易。

这里我讲述一个自身的案例：2017年，公司要引进一款发动机，由于市场发生变化，发动机的售价要大幅低于旧款发动机。结果这个项目在做调研时，明显可以预测收益情况将会恶化，面临调研不通过的可能，但由于设计是在日本进行，很多设计还没有锁定，我们只知道已经完成设计的零部件和新增加的功能的情况。调研为了保证收益，倒推了采购成本，于是采购面临的问题就是，新产品零部件增加，但采购成本还要低于老产品。采购的风险来了，对于这个倒推的采购成本，我们既无法说明它不合理，更没有信心达成。

于是，我们尝试对问题可视化：

一是根据经验及发动机功能的变化，向技术部门请教，列出了模拟清单。

二是通过自己估算和与供应商商讨，对每个产品进行估价，得出了预估采购成本。由于估算的采购成本明显高于调研成本，我们又及时向领导进行了汇报，对风险予以明确。

三是我们根据总的目标成本，对每个零部件进行预算目标成本的确定,并根据目标成本提前与供应商开展沟通(由于发动机的特点,很多供应商在试制阶段已经参与,对产品有比较全面的了解),提示供应商必须达成。

当然在这个过程中,针对每个零件的具体情况还会有许多不同的策略和方法,但正是由于目标导向清晰,每个采购员责任也清晰,大家齐心协力,最终不仅达成了采购目标成本,而且还下降了10%。

通过这个过程,大家对影响产品的成本因素,以及合资供应商与国产供应商的成本能力都进行了总结,参与的采购员个人能力也明显提升。

孙飞
一汽丰田(天津)有限公司新一工厂厂长

[点评3]

对于卧龙电气的铸件供应链优化预防环保断货的案例,我感觉项目组很好地遵循了采购管理中的以下三点:

1. 战略采购整体观的全局思维

和其他跨国公司一样,我们公司专门设置战略采购的品类管理(category management or commodity management),例如机械品类、注塑品类、化学品类等。正如卧龙电气的案例中针对铸件品类提及的一样,品类管理开始于采购维度数据的分析,如成本分析、政策展望、风险工艺归类等,根据采购部门的目标,如质量提高、成本降低、供应安全、技术革新,基于数据分析的结果,制定出采购品类战略,如本案例中的供应基地理智化(supplier base rationalization)和工艺整合(process harmonization)。

当然,不同的品类特点和现状会有不同的采购策略去达成目标,例如大供应商谈判、材料替换、低成本国家采购、供应商大会、过程改进工作坊、合并供应商、多头寻源、上下游整合、实施精益、数字化供应链、扁平化采购,等等,但所有策略的成功都基于战略采购的全局思维。

2. 采购管理和技术结合能够释放出巨大的效率

当年，我们把血路管的材料从 P80 改成 P70，成本节省了 35%，供应商废液袋的工艺改变给我们带来 30% 的降本，还有透析机显示屏的重新设计给监护仪的成本带来了 10% 的降低。正如本案例中铸件有粘土砂改覆膜砂产品一样，采购和技术的结合总能激发出巨大的功效。

3. 采购改善项目不只是采购部门的项目，它更是公司的项目

采购协同在各个公司必须加强，否则即使采购识别出再多的改进机会也无法实施和执行。在每个公司的渠道中躺着好多的好点子、好项目，但是由于得不到相关部门的支持和参与而不能落地。只有公司从上至下支持和参与才能使一个好的采购策略得以实施。卧龙电气管理层的大力推进是这个案例成功的重要条件。

闫宝宏

费森尤斯医药研发（上海）有限公司亚太区采购副总裁

[点评 4]

本案例是在国家大力推进环保建设背景下，把铁铸件物料供应链优化作为课题，建立项目团队，经过数据分析，理清思路，然后明确目标，实施落地，取得了预期的结果。其中对供应商、原材料和加工工艺采用了不同而有效的分析方法，很值得大家学习和借鉴。但作为一个国际化企业，为什么没有同时利用国际资源来进行操作，值得商榷。

十几年前，我也曾经有幸经历类似的、出于环保考虑而更换材料的事情。

当年，集团下达了一个文件，列出了出于环保考虑而禁止使用的材料清单，要求在一年里完成切换。涉及本企业零件的有 10 多种。同样，公司也组建了一个由采购牵头、相关部门参与的项目团队。

团队首先是向集团咨询：是否有国外企业已经找到替代材料和方

案，或者完成了新材料试验等相关情况。经了解，大部分零件已经找了替代材料，一部分已经开始做试验，个别已经通过试验和获得顾客批准，并提供给我们替代材料、供应商清单及零件试验结果。

于是，我们就召集相关国内供应商，与他们分享国外企业的替代材料与做法，与他们共同在国内外寻购同类材料。与此同时，我们通知顾客，请他们参与我们的新零件的试验，以便及早得到批准认可。就这样，利用国际集团的优势，采用国外较先进的环保理念和做法，与供应商合作，结合利用本地资源，我们顺利地按期完成了这个项目，得到了集团和顾客的好评。

案例中提到对供应商进行金字塔式评估和交通灯式管理，这在业界得到了较多的应用，发挥了重要的作用。在本案例更换原材料的项目中，结合运用这些工具，优化供应链，取得了良好的效果，是一个典型的范例。

由于我在企业里是负责供应链的，在物流供应商的选择上，我偏向引导、培养、管理和稳定供应商。让不同层次的供应商发挥其不同的作用，大供应商偏重于顾客服务，专业供应商负责特殊物料，小型供应商一般负责贴身服务。所谓贴身服务，就是围绕我们的企业，做一些近距离运输与仓储服务。他们服务比较灵活，一旦供应链遇到紧急情况，能及时解决问题的往往不是大供应商，而恰恰是那些叫得应的小供应商。

我认为，只要与供应商以诚相待，提倡合作共赢，注重加强管理，保持他们的业务稳定性，供应商都会以各自的特点做好服务工作。

颜家平
中国物流学会理事
中国物流与采购联合会采购委专家

[点评5]

为了分析采购成本，确定降低成本的切入点和采购策略，作者首先从数据的分析入手，对铸件的工艺、材质和供应商的数据进行了详细的分析。

其次，基于数据分析的结果，对生产工艺和工艺布局进行调整，制订解决方案，并且与供应商共同进行方案的实施，并在帮助供应商完成工艺升级的同时发展新的供应商，以实现企业和供应商的双赢为目的，达成项目目标，其中用到了SWOT分析法、供应商金字塔模型。上述解决问题的思路清晰，与供应商协同合作符合供应链管理的宗旨。

此外，该解决方案的思路没有局限于采购和供应商的管理上，不仅分析了物料的特点，还延伸至生产工艺的梳理和工艺布局，方案的制订基本贯穿整个供应链，这样的思路制订出来的方案才便于实施与落地。

从风险物料铸件的供应链优化可以看出，在国家对铁铸件提出环保要求时，卧龙集团随即成立专门的项目团队进行优化改善。

对于本案例，我有以下几点建议：

1. 事前预防

（1）在组织架构上，企业供应链部门应该提前成立风险处置项目组，并设立相应的应急处理机制，以便能及时处理各类影响生产的风险问题。

（2）就采购部而言，根据原材料重要程度进行原材料供应市场调查，关注原材料的情况，对原材料的价格走势、相关政策等做到早知道、早防范、早处理。

（3）在供应商管理上，分析原材料的供应情况，对独家或者有供应风险的物料，做出供应商开发计划。

2. 在风险发生时，逻辑清晰，高效处理

（1）首先应了解国家环保的政策，厘清铸造行业的发展态势，对铸件进行SWOT分析，了解该产品处于哪个发展阶段，是否已经濒临淘汰，是买方市场还是卖方市场。

（2）接下来兵分两路，一方面了解同行业（或也有铸件采购需求的企业）的处理方式，另一方面召集相关的供应商讨论是否有工艺改造方案。与企业内部技术与生产部门就工艺改造情况进行投资回报率分析。供应链部门就调查情况形成处理方案。

（3）采购部对目前的供应商结构进行分析，进行供应能力调查，划分哪些供应商是可以配合企业进行改造升级的，对于此类供应商讨论共同发展愿景，成为战略合作伙伴，在必要的情况下可以对其采取控股或者技术投资的方式，保障供应。对于表现差、抗风险能力低且不符合环保改造要求的供应商列入淘汰计划，在潜在供应商名单中寻求其他符合要求的供应商进行合作。

（4）与优化后的供应商结构中的供应商联合研讨新的工艺流程和技术，讨论是否有提高产能和降低成本的方案。

此类供应风险问题，是整个行业的问题，如果能在竞争对手前面率先找出处理方案，反而是企业的发展机遇。采购的问题不仅是一个部门的问题，更应该是内部供应链相关部门共同处理的结果，仅采购成本降低而供应出现风险，并非最优结果。

作为一个优秀的采购，不应该是只专注采购相关业务的专才，而是应该掌握企业的生产工艺情况、技术研发情况，还要了解销售市场信息的全才。此外，做好采购工作也必须充分利用信息化工具，做好内外供应链协同。

李俚

广西大学教授

广西大学机械工程学院副院长

[点评6]

本案例以环保压力为切入点，通过对自身采购物料的特征及其匹配的生产技术的详细分析，实现了采购原材料的技术含量提升和成本下降，较好地实现了供应链优化的目的。

从外部来看，卧龙电气的采购团队在如下几个方面做得都非常有借鉴意义：

（1）主动面对问题，打提前量，为公司未来的物料供应提前布局。环保压力不是一天形成的，涉及相关政策不断收紧，慢慢对企业的可选择供应商形成的挤压。面对环保政策的压力，卧龙电气的采购团队能够提前布局，供应链的优化走在了政策的前面，非常有远见卓识。

（2）在解决主要矛盾的同时，一并解决次要矛盾。公司供应链面临的环保压力是刚性约束，在解决环保压力的同时，卧龙电气的采购团队也实现了采购成本的降低，解决主要矛盾的同时顺带解决了次要矛盾，兼顾了两个方面的管理要求，较好地支撑了公司的发展。

（3）将采购纳入全公司的业务发展进行考量，组织了全公司相关力量，包括工艺、生产、物料供应等多方人员参与，既实现了环保压力向全公司相关部门和人员的传递，又较好地集中了相关部门的诉求和解决思路，从而能够比较好地解决问题。

（4）考量了供应商的利益，真正站在双赢的角度解决问题，通过对接核心供应商、由自身进行模具生产并提供给供应商使用等方式，实现了与供应商尤其是核心供应商的合作共赢。

除此之外，抛开具体的供应链管理事项，从产业布局的角度，个人以为，对于卧龙电气本身，应该考量的不仅仅是供应链的优化，以及合作供应商的管理与扶持，在有能力的前提下，是否可以考量在产业链上游，尤其是对自身产品和业务发展影响巨大的上游核心零部件生产企业进行投资，进行产业链条的纵向整合？

卧龙电气作为上市公司，资本市场对其施予很大的业绩增长压力。在进行横向规模扩张的同时，进行纵向的产业链整合，不仅可以实现自身核心零部件生产能力的供应备份，更可以共享核心零部件供应环节的收益，从而实现企业利润的更大增值。

当然，对上游产业链的投资，不是对供应商的完全替代，为了不对核心供应商造成太大的收益冲击，投资可以以合资或者战略投资入股的形式进行，结成利益共同体，更好地应对市场波动，以及政策变化带来的技术和营收压力。

丁磊
北大纵横管理咨询集团高级合伙人
北大纵横管理咨询集团第八事业部副总裁

[点评7]

我的红皮书《采购与供应链管理：一个实践者的角度》（第3版）中谈到，供应链降本有三个台阶：第一个台阶是谈判降价，即通过整合需求、整合供应来取得更好的采购价；第二个台阶是流程优化，即通过改善生产工艺和交易流程，降低流程决定的成本；第三个台阶是设计优化，即通过标准化、通用化、模块化来降低设计决定的成本。

在成熟行业中，年复一年的谈判降价后，谈判降价走到了穷途末路，更多的降本需要来自设计优化、流程优化。

这道理谁都懂，那为什么大家还是一味地在谈判降价上死磕？

这是因为设计优化、流程优化是大的变革，涉及面广，需要更多的跨职能资源，必须得具备三个条件才能"革命"成功：**一套主义（方法论），一帮革命者（合适的参与者），以及合适的外部推动力。**

在卧龙电气的工艺优化案例中，上述三个条件都完美具备，这也是本案例能够成功的根本原因。

（1）这里涉及的是"革命"的第一个因素：一套主义，即方法论。本案例从数据分析开始，对所有铸铁的铸造工艺分门别类，用SWOT分析识别投资回报最高的门类。然后梳理该门类的供应商，建立供应商的分类体系，确定合适的工艺优化合作对象。最后驱动跨职能团队（比如技术力量）进行工艺改进和实施。不难看出，这后面有成套的品类管理、供应商整合的方法论。

（2）从案例中的英文就可以看出，案例中的企业很可能引入国外的咨询团队来协助。这就涉及"革命"的第二个因素：合适的"革命者"，即找到合适的人来制订和落实变革方案。"外脑"带来成套的方法论，采购团队熟悉供应商群，技术团队标准化统一设计，商务和技术力量齐备，加上高层的支持，则工艺优化、集中采购的项目就做成功了。

（3）在卧龙电气的案例中，这"新工艺"在业界其实早就存在了，为什么直到现在才得以实施？这就涉及"革命"的第三个因素：外部推动力——国家重视环保，企业面临的压力更大，不得不在铸造工艺上求变。这也是采购能得到高层支持，才有资源请咨询机构，推动技术人员进行标准化设计，驱动技术力量来落实新工艺的根本原因。

合适的方法论、合适的参与者、合适的外部推动力量，在工艺优化、设计优化这样的大举措中缺一不可。否则，就不可避免地回到谈判降价的老路上来：没有资源来解决问题，那就转移问题给供应商，在谈判降价上一条路走到黑。

刘宝红

"供应链管理专栏"创始人

西斯国际执行总监

[点评 8]

本案例是公司借宏观环境变化之机，调整采购策略，适应环境变化并取得更好发展的成功案例。但从另外一个方面考虑，公司如果能在环境变化之前，主动调整生产工艺，优化采购策略，建立动态供应链反馈响应机制是否更佳？

本案例通过 SWOT 分析，建立了供应商金字塔与交通灯管理机制，这一点值得肯定和借鉴；在实施阶段，能够引导供应商进行工艺优化，推进标准化体系构建，并建立了供应商的引入和淘汰机制，可以说很好地落实了采购优化的规划工作。

从实际的工作方面来考量，本案例的采购者对于供应链的优化工作主要集中在数据分析、工艺优化和供应商管理方面，解决问题的导向很明确，效果也颇佳。但真正的工作量，从案例中可以看出主要集中在统筹、组织和协调方面,重点在于协同研发生产部门随着大环境的变化对生产工艺进行优化,以及制订后续的延伸性解决方案。

从采购者的感悟来说,采购者能够脱离采购而采购,在解决问题的时候能够从供应链整体优化的高度看待问题,难能可贵。

从管理手段和信息化手段的应用方面来说,采购者也具备一定的能力,不过需要继续强化。

建议采购者从三点着手:

一是在以后的工作中,继续坚持从整条供应链优化的角度思考问题和解决问题,避免头痛医头、脚痛医脚,这就需要采购者有一定的思想高度和职业高度。

二是采购者的行业受国家宏观政策影响较大,可紧密跟踪行业动态,建立相应的机制和体制,事先布局,防未病。

三是对于供应链的关键环节、关键工艺、关键供应商的产品和能力要做到心里有数,并建立预案,好的采购一定要保障产销衔接顺畅,从经营的角度看待并解决问题。

纪雪洪　北方工业大学 MBA 中心主任、教授
马亚东　北方工业大学 MBA 中心讲师、博士

[点评 9]

这个案例充分证明了复合型采购人才在企业采购项目推进和业务发展过程中起到了至关重要的作用。

作者所经历的项目因供应商的环保整改而起,针对铁铸件物料的采购工作,结合公司的实际情况,提出了清晰的目标,并执行了明确有效的采购策略。

1. 项目初期分析

在项目初期,作者从四个方面入手,进行了详细且专业的分析:

(1)数据分析,作者运用自己的 IT 背景和能力,通过公司的信息化系统进行数据采集,拿数据说话。

（2）工艺分析，对四大类铁铸件工艺进行了详细的 SWOT 分析，拿出了细致的分析结论。

（3）TCO 总成本分析，充分地论证了产品质量、交期与成本之间的关系和可改善空间。

（4）供应商分类分级分析，运用供应商金字塔与交通灯管理模型，把 54 家供应商放入 7 个不同的区域。这四个方面的分析，既包括了对采购专业知识的运用，也包括了对生产工艺知识的运用，还包括了对信息化知识的运用。

2. 项目实施阶段的工作

在项目实施阶段，作者从五个方面展开工作，也充分展现了组织和落地的能力：

（1）取得领导和各方支持，组织全集团铁铸件物料集中采购会议。

（2）制订明确的工艺解决方案，通过增加模具投入进行工艺优化。

（3）帮助供应商改进，鼓励现有供应商从传统工艺向新工艺发展，以及组织潜力供应商定期交流。

（4）执行采购策略，采购比例该增加的增加、该减少的减少。

（5）运用创新技术，将 3D 打印技术应用到铸件中。

3. 项目取得的结果

从项目结果来看，卧龙公司取得了五个非常好的结果：

（1）整合减少铁铸件物料规格 1439 种。

（2）粘土砂采购占比从 67.2% 大幅缩减到 33%。

（3）新工艺消失模从此前的 14.1% 增加至 40.6%。

（4）覆膜砂工艺从此前的 3.4% 增加至 11.6%。

（5）采用新工艺优化的铸件使综合采购成本平均降低了 13.3%。

在这个成功的案例中，我们看到了作者的创新思维、采购专业能力、工艺专业能力、IT 专业能力、组织实施的能力，在整个采购项目中起到了带头和标杆的作用，取得了令人钦佩的结果，为公司创造了巨大的价值。

同时，通过这个成功的案例，我们也看到了复合型采购人才在企业采购优化过程中发挥着巨大的作用。作者既懂生产工艺又懂采购业务，还能运用信息化工具，这样的复合型采购人才很难得，可能这也与作者在IT岗位、生产管理岗位、供应链管理岗位都有经历有很大的关系。

苗峰

北京商越网络科技有限公司 CEO

[点评10]

变革的动力通常来自外部形势的变化，或者说是外部变化倒逼内部变革。而环保的要求日趋严格就是直接的体现，就像学生参加考试一样，监考越来越严，倒逼学生摒弃偷懒、作弊的幻想，努力学习才是成功晋级的正途。在环保背景下，卧龙电气适时启动了规避环保断货风险、降本增质的铁铸件供应链优化项目，成功地为公司保持竞争优势做出了卓越的贡献。

俗话说"变则通"，变就是做分析，定策略，重实施。细致地做好分析谋划，"变"就成功了一半。"变"在本例中体现得淋漓尽致，主要分为三个阶段：

1. 现状摸底之"变"

千里之行，始于足下，现状分析是采购管理的第一步。采购摸底，摸的就是"采购品类"与"供应商"状况。

案例首先应用采购支出分析网出"大鱼"，筛选出消失模、粘土砂、树脂砂、覆膜砂四种铁铸件工艺流程作为主攻方向。而SWOT分析可谓恰到好处，将机会（O）和威胁（T）与外部环境的变化联系在一起，这是分析方法的一次变革，通过SWOT对四大工艺的优劣势分析结果，为后续的工艺选用优化提供了基础。

摸完"采购品类"，下一步就是摸"供应商"。供应商绩效结果的评价方法也在求"变"，引入了供应商金字塔与交通灯管理模型，使供应商的状况一目了然，是进行供应商优胜劣汰的基础，同时，进行成本分析，摸清成本状况。

两摸之后，就可以进行优化方案的制订了。

2. 方案制定之"变"

有了品类分析的 SWOT 图及供应商金字塔，就可以制定变革策略了。摸着石头过了浅水区，制定策略就像是进入了改革的深水区。而这一步最重要的是让利益相关者参与，进行跨部门团队的协作：

- 首先是集中采购之"变"，全集团使用铁铸件物料的单位都要按统一标准进行采购。
- 其次是制订方案（工艺布局的策略）之"变"，将粘土砂传统的手工造型工艺定位为多品种、小批量产品采购；将树脂砂造型工艺定位为中大型复杂产品，或高牌号产品采购；将消失模工艺与覆膜砂工艺分别定位为常规批量性机座与端盖产品的采购。

基于以上分析，明确计划与目标——粘土砂手工造型每年采购量减少 50%，消失模工艺每年采购量增加 100%，覆膜砂工艺每年采购量增加 200%。

从现状摸底到方案制订，可谓水到渠成。

3. 实施过程之"变"

实施过程有三"变"，供应商帮扶为先，然后是 3D 打印的妙用，以及设计标准化的推行：

- 许多公司对供应商的管理简单粗暴，只重"劣汰"，没有"挖潜"。任何变革的成功都需要供应商的大力支持，而对潜力供应商指导、帮扶必然带来供应商绩效的改善，产生持续收益（这个投资可以做）。
- 科技是第一生产力，改变落后的生产工艺，离不开新技术的投入。因此，项目团队必须集思广益，充分挖掘工程技术的潜力，才能产生效益。
- 成本是设计出来的。设计标准化的推行，可以有效地减少重复设计、规格型号，形成规模优势，降低整个供应链的成本。

综合来看，本案例讲解通透、战法实用，达到了供应链优化的预期目的，同时再次验证了，应对外部环境的变化，需要练好内功，求变发展。现状摸底要"变"，方案制订要"变"，实施过程也要"变"。

李斌

飞利浦（中国）投资有限公司高级采购经理

讨论与思考

○你所在的公司是否经历过出于环保考虑而导致供应中断风险？你是如何解决的？

○本案例中提到的供应商金字塔与交通灯管理的方式，是否有值得借鉴之处？

模式创新,让采购价值再创新高

(2018 年二等奖　颜新平　九阳集团)

推荐语

OEM，自己不生产，让别人代工，自己享受技术和品牌的收益；ODM，自己不仅不生产，还可能不设计，完全"贴牌"，享受品牌收益。

有一段时间OEM、ODM听起来非常"高大上"，因为自己"轻资产"，别人"重资产"。其实，双方没有高低贵贱之分，"轻重"各展所长、各取所需、你情我愿，这是我的观点。不过，这不是本案例研究内容。本案例的重点在于，作为品牌厂家，必须管好"代工厂""贴牌厂家"。因为，此时供应商就是品牌商的全部。

我经常说，供应商的绩效就是采购的绩效。在OEM/ODM情况下，如何打破企业沟、部门墙，协同公司内部各部门和外部供应商各环节，保证成本、保证质量、保证产品开发成功、保证按时上市，这对采购是个巨大挑战。

本案例作者把自己定位为项目经理、商品经理，在OEM/ODM企业中，采购的地位凸显。

宫迅伟

公司在小家电领域位居行业前三甲，运营一直稳健前行，同时公司面临地处杭州，人力成本越来越大，而且人员还不好招的状态。此外，公司在原来模式下一直坚持社会分工，自己不做任何配件，相信伙伴的力量，自己只做产品总装与测试。由于产品配件外包一直存在，公司产品外包存在一定基础。

创新模式的思考

公司高层在看到社会分工进步的同时，自身也颇感困惑，一直想找到更好的方式发展自己，以赢得未来的竞争。

整机外包，就是OEM，甚至是ODM，是国外优秀企业运用的工具，自然也就成为讨论的话题。同时，公司内部在讨论的过程中也存在不同的声音，更多的是一些疑问和担忧：

- 我们的供应商伙伴能做好产品吗？
- 我们的质量、成本能控制住吗？
- 我们的技术能保密吗？
- 我们的运营能高效、能有竞争力吗？

许多话题摆在大家面前，在经过公司大讨论和策略分析后，最终公司定下来由我们事业部来承担公司整机外包业务的探索与实践。

项目启动：统一思想、协同作战、集中突破

在获得公司授权后，事业部立刻对业务进行了讨论与决策，最后事业部定下了6个维度的要求（见图1）。

（1）**产品研发**：要有速度与创新，快速应用现有技术生产有竞争力的产品，同时要不断创新，甚至微创新，推出技术创新型产品。

（2）**市场营销**：事业部协同前端销售，参与营销策略与定价，协同事业部力量，保障产品性价比的竞争能力，为事业部产品在市场稳居行业前三甲提供后端保障。

（3）**产品实现**：首先实现零的突破，在有产品后不断进行产品迭代，随着市场竞争加剧，不断提供具有充分竞争力的产品。

（4）**产品质量**：守住质量红线与底线，在产品规模不断扩大的情景下，产品包内返修率需要稳步下降，为产品做到安全的护航，同时对供应商伙伴做到辅导与监控，为伙伴成长提供有力支持与法律监督。

（5）**供应商伙伴**：事业部的生产车间，要求供应商伙伴做到制造专注，提供质量有保障、成本有竞争力的产品，同时要求供应商伙伴在产品工艺、制造、技术上有创新或微创新能力，为产品竞争力提供有力保障。

（6）**财务管理**：充分利用公司财务中心的支持，核算清楚成本与毛利，为事业部运行提供有力的财务数据，以便事业部做出运营决策。

图 1

在这 6 个维度中，事业部要求供应链部门是事业部后端中最前端的部门，是事业部核心竞争力的来源与保障，事业部授权供应链部门承担起供应链端产品—营销—财务的统筹工作，扮演打破部门墙的有力推进者，为事业部的整机外包提供最有力的武器——产品。

我作为这次"战役"的亲历者和指挥者，在战争来临之际充分体会到了压力与紧迫感，供应链在这场公司转型的实验战场上只能成功，必须为公司未来全面转型提供供应链端模型，提供有力的过程数据。

产销协同：采购成为商品经理，参与营销与产品规划

在接手供应链的指挥棒后，我第一个想到的是对前期数据进行梳理与分析，找到前期供应链端的优势和问题，这样自己才能更好地为后面的行

动提供数据支撑。

我们在分析产品数据后发现,产品百态,SKU居高不下,同时产品形态丰富多彩,看起来产品不是一个公司系列产品;旺季断货数据验证,核心产品会断货2个月以上,前后端抱怨此起彼伏;新品上市延迟,不能正常参加天猫活动,造成新品的表现不及预期;库存数据居高不下,一边旺季断货,一边淡季高库存,滞销品库存去化动作慢(见图2)。

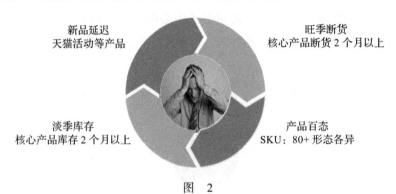

图　2

在对数据解读后,我协同事业部召集营销端进行产品规划会议,大家在会上争得面红耳赤,营销端指责供应链端不能按时交付,成本没有竞争力,紧急插单不能快速响应等,采购工程师也对营销端抱怨预测不准,产品规划没有沟通到位,上市时间节点不清晰,插单不考虑制造周期等。

在大家充分表达了各自的观点后,我们又一起对竞品做了对比分析,最后确认了目标:SKU下降三分之一,三年产值增长200%;充分利用好互联网思维,做好爆款,打造百万宝贝,多家供应保障营销(见图3)。

百万宝贝 多家供应　　主销产品 适度库存　　个性产品 前置生产

SKU分类:爆品、主销、主推
SKU下降三分之一　三年产值增长200%

图　3

当年打造公司第一款百万宝贝(水壶);主销产品保持适度库存,保障不断货，为事业部利润提供源源不断的血液。

拓展新品类，为事业部持续增长提供源源不断的"子弹"，同时新品类实现订单化生产供应，降低呆滞风险。

最后，我们也定义了采购工程师的角色：成为商品经理、参与前端——营销端对接产品规划，这样打通前后端的信息盲点，使供应链端高效、敏捷地提供市场需要且有竞争力的产品。

在与营销端确认供应链的定位、事业部产品的定位、未来三年事业部的增长分析后，我又组织了供应链计划端对事业部两年内的销售与库存数据进行动态分析，基本找到销售的波动节点和销售产品的前十与后十的产品动态分布。

基于以上分析，我协同计划端出台了产销平衡会议制度，每个月月初与月中进行产销平衡会议（参与人员包括营销端、供应链端、事业部产品企划部门），通过这样的机制保障了营销信息的一致性，使供应链端供应信息的反馈，取得了大家步调一致、协同高效的效果；同时我也协同计划端对库存进行月度动态管理，对于百万宝贝和滞销产品做到提前预警，这样营销端和采购工程师就能提前反应，可以更好地响应，达到市场、供方、库存三方联动且三方满意的状态。

产品开发：产品三人组、产品上市第一责任人

在产品开发阶段，事业部将营销、研发、采购组成产品三人组，其中采购统筹整个产品上市进程，采购是产品上市第一责任人。

我们首先对事业部核心品类——水壶做了充分的调研和讨论，最后与营销、研发达成共识，对于百万宝贝产品，学习小米产品思维，充分利用极简设计理念，从研发开始控制成本。

此外，对于供应商伙伴，采购协同公司精益推进部门、供应商伙伴，达成共识，走精益制造、自动化制造之路，提升产品工艺制造能力、生产效率，坚持一个流生产，想尽办法通过降低制造成本来降低产品成本，从而提升产品竞争力。

对于主销产品，采购协同研发、营销在新材料、新工艺上做文章，从源头提升产品科技感，凸显产品卖点，最后我们在水壶的无缝工艺、双层

覆膜材料上找到突破口，同时，供应商伙伴也在无缝工艺上找到了可制造性的成熟工艺，为产品的稳定供应提供了有力保障。

对于新品类拓展，采购充分发挥对供应链资源的优势，我协同采购工程师对西式产品进行重点分析，在供应链端寻找符合我公司定位的产品，在不断寻找产品和与营销端碰撞的过程中，我们确认了电热水瓶和空气炸锅是我们需要重点突破的新品类。接下来，我协同研发、质量伙伴对供应端的供应商伙伴不断进行筛选，对产品选型、改善产品，并与供应商伙伴磨合，通过采购伙伴与供应商伙伴拉锯式的商务谈判、商务合同签订等，最终迎来了产品的上市，我们自豪地实现了同行业类最快的产品上市、最快的产品品类成长。

在新品类出来后，我们与营销端、研发又一起策划产品的升级迭代，从而保障我们的产品在市场上的领先地位，而这些产品的迭代，在没有出来产品前，我们更多的是在供应链端不断寻找新的产品或新的灵感，带回样品给同事参考，通过采购伙伴大海捞针式的寻找，我们确定了空气炸锅产品升级迭代路线图，同时，在这个过程中，我们也实现产品从0到1的成长，最后空气炸锅产品成为行业的第一。作为亲历这个过程的参与者，我们采购伙伴感到了自豪，同时也赢得了营销端、研发的认可，大家日常沟通起来笑声更多了，也更加顺畅了。

成本控制：三部曲、合作共赢

针对我们的产品处于OEM/ODM状态，成本对我们的产品在市场上的竞争力的重要性更加凸显。

第一，算得清。在公司招标中心指导下，我协同采购伙伴首先建立标准成本清单，做到算得清成本。在这个标准成本清单中，我们把成本分成材料费用、制造费用、其他费用三大项，同时，对于材料费用，我们横向推广，所有核价基准一致，这样报价使得价格有可比较性。

对于制造费用，我们针对每道工序的时间和设备功耗进行现场确认，加上不同供方用标准工序来统一比较，这样价格就非常清晰。

对于其他费用，我们统一费用类别比较，这样所有供应商伙伴在同一起跑线进行比较，以便实现公平公正（见图4）。

材料费（含税）

序号	编码	材料名称	材料描述	单位	材料单价	边角料单价	毛用量	净用量	金额（元）	原材料基准	调价基准	备注
1		壶体内胆		kg	19		0.3733	0.2800	7.0933			
4		堵水挡板		kg	19		0.0170		0.3234			
5		铝板		pcs	0.907		1		0.9070			
6		发热管		pcs	1.5		1		1.5000			
7		铝板螺柱		pcs	0.02		6		0.1200			
9		插线片	不锈铁	pcs	0.03		2	2	0.0600			
10		端子	铜镀锡	pcs	0.02		2	2	0.0400			
11		黑色热熔塞管		pcs	0.01		2	2	0.0200			
12		硅胶管		pcs	0.1		2	2	0.200			
13		玻纤线		pcs	0.13		0.0180	0.0180	0.2800			
15		玻料	钎料	kg	28		0.0180		0.5040			
							合计		11.0277		材料费用	

加工费（不含税）

序号	工序名称	产能（个/小时）	工人工资（元/小时）	人工费（元）	人数	设备名称	额定功率（kW）	用电系数	电费含税单价	电费（元）	设备金额	设备折旧（元/个）	加工费（元）	备注
1	下料	900	15.4	0.0171	1	冲床80T	7.5	1.15	1.0000	0.0082			0.0253	功率因数0.6，电费
2	落料	900	15.4	0.0171	1	冲床45T	4	1.15	1.0000	0.0044			0.0215	功率因数0.6，电费
3	打毛刺	900	15.4	0.0171	1	抛光机	5	1.15	1.0000	0.0055			0.0226	功率因数0.6，电费
4	打油	900	15.4	0.0171	1	打油机（自制）	0.05	1.15	1.0000	0.0001			0.0171	功率因数0.6，电费
5	一次拉伸	600	15.4	0.0256	1	液压机200T	15	1.15	1.0000	0.0246		制造费用	0.0502	功率因数0.6，电费
6	二次拉伸	600	15.4	0.0256	1	液压机200T	15	1.15	1.0000	0.0246			0.0502	功率因数0.6，电费
7	三次拉伸	600	15.4	0.0256	1	液压机120T	9.5	1.15	1.0000	0.0156			0.0412	功率因数0.6，电费
8	口部压平	600	15.4	0.0256	1	液压机120T	9.5	1.15	1.0000	0.0156			0.0215	功率因数0.6，电费
9	飞口边	900	15.4	0.0171	1	冲床45T	4	1.15	1.0000	0.0044			0.0139	功率因数0.6，电费
		合计		3.0897						0.9241			4.0139	

其他费用

序号	费用名称	金额（元）					费用说明					其他费用		备注
1	管理费用	0.0000												
2	厂房折旧	0.0000												
3	包装费	0.0000												

图 4

第二，控得住。在新品开发阶段，提前让供方参与，这样供方对新品的可制造性、成本控制点就能提前分析与寻找对策，毕竟成本的 70% 来源于设计。对于大宗原材料，我们在招标中心的协助下，不定期进行锁价报量，同时对供应商伙伴进行适度资金支持，这样就能降低大宗原材料对成本的影响。对于标准产品或充分竞争产品，如百万宝贝，我们充分利用竞争优势进行招标或谈判议价，保障产品成本的优势。

第三，降得下。在批量产品中，我们充分利用 VA/VE，对产品工艺、材料、工序进行分析，协同供应商伙伴在共赢的状态下控制成本，达到双赢的局面，同时我们协同供应商伙伴进行精益制造，提升效率和质量，通过过程达到控制成本状态。

质量控制：严进宽出、过程扶持、资源管控

在供方引入阶段，采购伙伴协同质量部门，对供方不同维度进行考核，采用严进宽出原则，而采购重点关注以下 5 个维度：

供方老板意愿、供方资金状态、供方团队能力、供方制造能力、供方创新能力。

在新供方进来后，采购协同质量中心对供方开出过程扶持清单，会同供应商伙伴列出改善计划与时间表，在过程中验收供方改善状态，对于供方质量，必须建立起三道质量防火墙（IQC、PQC、OQC）。

对于供方开发的新产品，采购伙伴协同质量中心对产品建立产品审查维度表，从设计、制造、测试、物流等方面进行验收。最后，对于核心物料，采购确认客供方式处理，这样既保障了采购对资源的管控，也保障了公司对前沿重要技术的把握性，同时在核心物料方面，采购伙伴协同供应商伙伴进行技术沟通、探讨，不断进行技术迭代，保障成本最优、质量更加可靠（见图 5）。

总之，供方质量都是采购的事，供方做得好，是采购的能力；供方做得不好，是采购的无能。

核心客供
保障技术领先与防泄密
保持供方和成本敏感度
保持核心的可控性迭代
引领破壁行业前三

迭代升级
保障供应布局未来
技术扶持一路前行
主动出击为我所用
温控器突破瓶颈

二级把控
技术参数保障一致性
资源共享协同作战
纳入质量监控体系
包内进入 1 时代

图 5

创新的价值

1. 机制保障、合作共赢

在供方创新机制方面,采购伙伴在公司质量管理中心的帮助下,协助供方不断挖掘新技术、新工艺,同时不断宣导公司创新管理机制,即要成为公司战略供方必须有年度创新方案入围公司创新评比大赛。在这些氛围的引导下,采购伙伴同步带领供应商伙伴走出自己的工厂,跨界或与其他优秀供方沟通学习,不断提升供应商伙伴的意识(见图6)。

产销协同
打通前后端任督二脉
采购经理、商品经理

产品开发
产品三人组
产品符合企业 DNA

成本控制
共赢是基础
成本控制三部曲

质量管控
采购是第一责任人
从点到面辅导供方改善

创新引导
跨界创新成为常态
利益共享是创新的动力

供应链协同

图 6

我们在三年的时间里,每一年度都有供方获得公司创新大奖金奖和创新大奖一、二、三等奖（空气炸锅品类创新金奖、烤箱内框一体化创新二等奖、破壁发热盘加工工艺创新一等奖）。这些创新大奖的获得也给供方带来了更好的利润回报，我们原则上是和供方共享创新带来的利益，这样也促进了供方对创新的重视和持续的研究。

2. 团队能力增强、供应链助力产业转型

采购团队成员在经过产品 OEM/ODM 转型的历练后，基本具备了合格的商品经理所具有的能力，他们在产品的策划—供应链资源掌控—产品实现—营销策略等一条流上面积累了自己的经验，为公司的产业转型贡献了自己的力量，也让自己成为采购团队的核心中坚力量（见图 7）。

59　　　　　　　99　　　　　　　199
百万宝贝到个性化需求　三年产值增长 200%　市占率前三

79　　　　　　　99　　　　　　　199
新材料、新工艺　　　助推产品力　　　主销产品增利润

图　7

事业部也顺利实现了三年目标：产品线稳居市场前三、产值三年实现增长 200%、成功为公司产业转型提供有力的结果论证，最后整个公司全面推广 OEM/ODM；同时事业部的供应链也实现了南征北战、生态共赢的布局（珠三角信息窗口、长三角充分竞争、环渤海积极布局赢未来）。

一批供应商伙伴从原来单一做配件成长起来，成为整机的核心供方，并且从孤岛式的制造过渡到一个流的制造。过程推进、精益制造、生产自动化的推进起到了推波助澜的作用，让他们的资金流更加顺畅、质量更加一致、成本更加具有竞争力。

公司第一个百万宝贝（水壶）是我们整个链条参与人员最大的收获，供应商伙伴真正成为行业内第一个全自动化生产壶体的，同时单一产品当年就创下百万销量的纪录，销售价格从 99 元到 79 元，再到 59 元。整个链条在供应链协同作用下，成本的竞争力为这款产品单年销售 300 万个提供了有力的保障。

经验总结

在公司产业转型的过程中，能够参与整个转型的论证与验证，我感到非常荣幸，并且深刻地感受到：

- 好的采购一定是好的商品经理。
- 好的采购一定能打通前后端协同。
- 好的采购一定要有经营意识能力。
- 好的采购一定要有供应链迭代能力。

[点评 1]

读了颜新平这个案例，感触颇多，现结合自身工作中的一些经验，谈谈我的看法：

1. 项目制是处理跨部门工作的最好方法

我也曾有一段时间主要负责公司的 OEM 产品和供应商的管理，在我接手相关工作的时候，OEM 供应商的整体按期入库率只有 61%，检验合格率只有 75%。销售和服务部门怨声载道，仓储物流部门疲于应对。

为了彻底扭转这个局面，公司成立了专门的项目组，将采购、市场、服务、质量、物流等部门的相关人员纳入项目级成员，并确定了 12 个月内将按期入库率提升到 90%，检验合格率提升到 90% 的"双90"目标，并辅以完成制度流程和供应商开发的目标。项目组通过对数据分析与整理、现场工况记录、三期改进等工作，经过近一年的时间，将按期入库率提升到95%，检验合格率提升到93%，同时形成了一整套的标准化文件。

案例中，首先确立了项目组，并从产品研发、市场营销、产品实现、产品质量、供应商伙伴、财务管理6个维度确定了项目目标，是个很好的开始，但整篇案例没有对成果固化方面的表述，可谓是不小的缺失。

2. 采购要有全局优化的思维

供应链的不同环节通常具有不同甚至相互冲突的目标。供应商和公司、销售部门和物流部门、研发部门和生产采购部门的目标有可能会产生很大的冲突。而处在供应链核心位置的采购部门人员，在面对这种情况时，要有全局优化的思维，不能就问题而解决问题。

案例中，"SKU居高不下，同时产品形态丰富多彩""核心产品会断货2个月以上，前后端抱怨此起彼伏；新品上市延迟，不能正常参加天猫活动，造成新品的表现不及预期；库存数据居高不下，一边旺季断货，一边淡季高库存，滞销品库存去化动作慢"，这些就是上述冲突的体现。

案例作者恰恰是应用了全局优化的思维，确定"产销平衡会议制度"，保障了营销信息的一致性，达到市场、供方、库存三方联动、三方满意的状态。我认为这是本案例的亮点之一。

3. 开发链与供应链的交叉点应该前置

生产制造型企业都会面临开发链和供应链配合的问题，但有的企业开发链和供应链交叉于生产环节，在此之前两条链上的人员都不知道对方在干些什么，从而产生了大量的浪费和重复劳动。

解决这一现象的比较有效的手段就是ESI（供应商早期参与），将开发链与供应链的交叉点前置到产品设计阶段。

案例中，将采购定义为产品开发、产品上市第一责任人。"在产品开发阶段，事业部将营销、研发、采购组成产品三人组，其中采购统筹整个产品上市进程，采购是产品上市第一责任人。"这样的做法再极致一些，或许可以成为其他企业借鉴的好方法。我认为这也是本案例的亮点之一。

盖启明

中国采购商学院

[点评2]

在社会分工日益发达，尤其是网络和平台性经济日益成长的今天，生产领域的专业合作变得日益重要。OEM/ODM模式愈发渗透，在各种类型的企业中普及，成为相当多企业盈利的基本生产方式。在这种模式下，供应链管理就是价值生产的铁轨；对供应链管理的原理及方法的应用水平，对企业的绩效有直接而深刻的影响。

本案例中的公司利用价值分析和流程分析，理清了价值产生的关键因素和时间顺序，从而使供应链升级的工作能够有理有节地展开。这样，首先有利于做好内部的深入沟通，激发企业内部全流程的参与积极性，深入了解问题的关键节点，又有助于在统一的指导原则下充分讨论，让部门墙的负面影响降到最低乃至消弭于无形。

其次，与外部沟通能够做到突出重点和底线清晰，能够更好地开展商务技术及成本磋商，从而更容易形成双赢的解决方案。

精简SKU，从研发端介入，这些都是极好的实践经验，可以说为多数企业的供应链转型和升级提供了一个切实可行的高明思路。

张弛

亚铂商务咨询有限公司总经理

资深战略及流程管理专家

[点评3]

该公司在部件外包的基础上，决定进行转型发展。于是，该公司在采购方面，做了一些转变。

首先，该公司重新定义了采购工程师的角色，即将其打造为商品经理。这种对采购工程师的定位的转变是可取的。众所周知，采购工程师的定位如果仅仅局限于采购，这对于产品的生产及销售都是极为不利的。只有扩大采购工程师的权限范围，让采购工程师能够充分参与到产品的流程来，才能更好地提高产品的竞争力。

因此，这样的做法使采购工程师能够更好地参与到前端营销端对接产品规划，打通前后端的信息盲点，既能够使得供应链端高效、敏捷，又能提供市场需要且有竞争力的产品。

其次，该公司将采购作为产品上市的第一责任人。这种做法实质上是把采购工程师打造为商品经理的一种更深层次的制度。也就是说，要彻底贯彻好采购工程师在产品的整个流程中所起到的全局性及关键性的作用。在这样的制度下，公司可以充分发挥采购对供应链资源的优势，在供应链端寻找符合定位的产品。

此外，采购能够更好地协同部门、供应商在达成共识的基础上提高效率、质量，降低成本，提升产品竞争力。

因此，由采购统筹整个产品的上市进程，将其作为第一负责人，是一种可行且有效的方式。

综上所述，该公司在转型发展中，对于采购的地位的认识发生转变，能够切实将采购落实到产品生产、销售流程中的全局性、统筹性、关键性的位置，这是该公司能够成功转型的重要原因。

揭金德
厦门采购师协会会长

[点评4]

作者以小家电产品外包模式转变为契机，详细描述了加工模式转变带来的企业核心竞争力提高是如何实现的，这些为很多处在竞争激烈的行业的企业，带来了很有价值的启示和极具操作性的指导。

他们并没有盲目地推动外包，更没有把外包供应商简单理解为压榨和完全不合理的风险转移给外包供应商，相反，他们做了合理化的原材料把控和成本介入，以及对供应商的扶持等工作。

启动外包前，他们向内看，重新梳理产品定位，针对不同产品制定不同的营销战略，从内部产销协同方面制定了更灵活的适应电商销售的模式——SOP（跨职能同步快速决策），对供应链的柔性响应起到关键作用。他们也对研发、营销专注点，以及生产、质量和采购的各自关注点都重新进行了定位调整，找到了外包更适合的内部管理模式。这些都是可圈可点的战略化思维和内部管理优化的优秀实践，对其他企业也有很好的参考学习价值。

如果补充，我觉得可以引申的思考点如下：

（1）**外包供应商上升为战略合作伙伴**：外包其实已经将自身完全和外部合作的供应商捆绑得更紧密了，不仅仅是合作伙伴的关系，而且是需要开发和维护的战略合作伙伴关系。所以采购团队需要有一套评估和维系管理战略合作关系的方法。刚开始外包，企业内部人员都有足够的经验和能力去辅导和培养供应商，这是好事，但是也会造成资源浪费，慢慢需要从细致管理转向战略化管理，从对供应商完全渗透式的管理到核心管理，逐步赋能供应商。当然未来的思考点就是当外包走向成熟后，企业的人员也许慢慢会失去对具体加工的问题的经验积累，还有新产品技术不受企业掌控带来的风险和知识缺失。

（2）**企业内部外包管理团队能力提升**：如上所述，内部管理团队能力需要提升，从细致的辅导工作转向战略化管理。

（3）**对外包模式和企业产品战略进行挂钩，把外包模式进行细化（OEM/ODM/EMS 等）**：比如百万产品适合何种模式的外包，核心产品是否应该由研发控制技术和由采购控制渠道，供应商是否就采用纯粹加工的模式等。所以采购外包战略是一种与市场竞争成熟度、供应商群加工能力成熟度、产品战略、供应链模式等协同的战略。

（4）**内部采购与营销的关系**：当然，外包代表采购和营销变得不分你我，因为外包带来的伙伴往往可能就是我们的竞争对手，所有这两个团队需要多协同和市场的共同参与。

本篇堪称优秀实践的典范，极具指导意义。

王梁燕
飞利浦前全球采购总监
采购与供应链独立讲师

[点评 5]

这是一个供应链优化的成功案例。这位采购者能够从供应链面临的困境出发，制订出"以采定产、以销定采"的供应链优化方案，采购人员作为生产、采购、销售这条链的负责人，要融入经营意识，协同供应商、销售方和公司内部的资源，让采购人员对这条链上的所有经营环节负责，从产品研发、委托加工、成本控制、质量管理、销售支持等各个方面，以市场为导向开展工作，从而取得了良好的业绩。

这位采购者解决问题是有章法的，发现问题、搜集数据、定位目标、制定策略，然后围绕成本和市场双重目标组织实施，在实施中调整和维护，可以说是一位很有能力和想法的采购经理。这种模式的创新，对公司的经营、对团队的进步、对个人的成长都帮助很大。

这种 OEM/ODM 模式，第一难点在于对市场的预判。市场是需要引领的，在 OEM/ODM 之前，如果你对产品的特性、需求、成本和价格没有基本准确的判断，失败的概率就较大。所以对于核心产品、新产品的 OEM/ODM，建议和公司高层、关键供应商、市场经理多做沟通。

第二难点在于对供应商的把控。首先，既然想压缩 SKU，那就得供应商承担这方面的压力，这就需要长期的利益和关系维护。其次，产品的研发、质量、品牌、知识产权、产品升级、供应渠道独享、销售渠道强横等方面也需要考虑。但这是一个长期的、综合的过程，对采购团队人员的素质、能力和责任心要求很高，此时采购经理很关键。

我比较喜欢这个案例，因为我也经历过类似的供应链优化工作。我有两方面的经验可以分享一下：

一是对产品线的强控。建议按产品大类分线，每条线上的总负责人即采购经理，对产品的研发、生产、销售、利润等各个方面都了如指掌，并能带领团队完美地处理过程中出现的任何问题。

二是对采购经理的授权。在制定好经营目标后，公司高层就只有支持而不需要事无巨细地质疑和干涉。可否按产品线划分公司部门，将对产品的销售也划归采购经理负责。采购经理对产品线的整条供应链上的经营工作负总责。

纪雪洪　北方工业大学 MBA 中心主任、教授
马亚东　北方工业大学 MBA 中心讲师、博士

[点评 6]

我曾经和新平一起挖了两年的"战壕"，一起"掘金"供应链，在采购和供应链管理上有许多共同的想法。阅读该案例后，我发现字里行间的案例细节都更多地体现了在从自产到 OEM/ODM 供应模式转型中采购的价值。

最近几年，对相当多的品牌企业来说，高速发展后放缓了增长的脚步，过去大而全"自给自足"的经营模式需要轻资产和更灵活的供应配套，其核心是供应链整个链条管理团队的思想意识和专业能力。那么，品牌商对供应商的管理能力也必然决定了企业发展的速度和高度。同时，一家品牌企业的供应商群体所表现出的管理能力，就会清楚地在市场上反映出这类企业的实力，是需要长期持续的投入才能建立起来的能力，案例中很好地体现了这些。

此外，案例围绕作者在产品的策划—供应链资源掌控—产品实现—营销策略等一条流的亲历展开，围绕 OEM/ODM 模式涉及供应生态圈的 5 个维度，强调采购经理的统筹组织能力。

根据个人的业务实践，随着 OEM/ODM 业务的拓展深入，供应生态链逐步得以强化，"专业分工，专注优势，互利合作，发展共赢"成为共识，但随着外部经营环境的变化，"盈利、发展"问题均会在不同

阶段不同程度地凸显。这就需要供应业务管理资源的择优分配，发挥龙头的榜样带动作用，毕竟 OEM/ODM 模式转型管理的本质是为了创造采购价值，供应生态圈需要使用多元化的、创新的方法和供应商合作，推动共赢。

在这个共赢的过程中，应用采购数字化信息技术、创新供应链技术，构建和优化企业内外部的协同平台，提升产业集成和协同水平，带动上下游形成完整高效、节能环保的产业供应链，推动企业降本增效和产业转型升级，培养和引导供应商有更高和更好的产出、更好的质量保证，能够胜任的供应商应该有机会获得快速的发展成长。

几年时间的采购持续实践、持续思考、持续积累、理论化、系统化、结构化……从新平的案例可以看出他是一个注重实践、思考、积累和乐意分享的人。

我始终相信，"问题在现场，办法在一线，实践出真知"，无论是当下还是未来，OEM/ODM 供应业务模式将会继续有新的突破，并将继续发挥其重要作用。

赵玉新

九阳股份有限公司招标部助理总监

[点评 7]

这个案例很特别，有点儿颠覆经营管理的一般逻辑，本案例作者讲述他以试点事业部供应链负责人身份主导了事业部整机外包业务取得突破性成效的事。我能感觉到作者解决了关键问题的自豪，他是个勇于任事、善于成事的职场精英。

关于企业经营，我们经常提到微笑曲线，如苹果公司把握甚至引导市场需求，主抓市场与研发，而把制造外包出去，帮助供应商成功并控制好风险（如苹果对富士康），做好供应链管理（苹果现任 CEO 库克就是此道高手）是能够实现微笑曲线的基础。确实供应链管理者很重要，但更重要的一般是主导市场与研发的产品经理，而这位关键人物一般不是供应链团队的，苹果最成功的大产品经理是乔布斯，腾讯是马化腾、是张小龙。这个案例中采购工程师兼干产品经理的活（一般是市场端或研发端兼做的概率更大），这有违一般的经营逻辑，我只能解读为因人设事了。

企业管理有科学成分也有艺术成分，没有绝对，越大的企业、越成熟的企业，越会因事设岗，而变革期的企业因人设事（岗）会多一些，供应链负责人的忠诚度、能力与态度受到了事业部领导的认可，被委托担任第一责任人不失为一种解决办法，而最听话趁手的当然还是手下的采购工程师，被赶上产品经理的架子上也就顺理成章了。幸好实践结果是检验管理的最好标准，胜利者是不被指责的。

作者最后总结出采购工程师应该如何做，确实真能做到不是坏事，但真要在别处完全推广就不一定做得到了，真正应该推广的是总结好这种商业模式下，企业应该做好哪些功能，从产品定位，到营销策略、研发、质量、供应商管理与扶持、如何分工协作等，如何安排各职能员工工作还是要根据部门与人员实际情况来布置。

周国来

北大纵横管理咨询集团副总裁

北大纵横管理咨询集团第八事业部总裁

[点评8]

未来供应链强调对五大资源的整合和应用，即客户资源、数据资源、产品资源、供应资源和技术资源。

该案例立足于价值链型的供应链迭代升级，从战略、组织、运作、战略绩效、关键节点等要素进行严谨推动、密切合作，尤其结合了该公司产品的特色，提出采购经理人必须必然是商品经理、供应链整合和协同的战略指挥官等关键观点，具有良好的前瞻性和创新性；在推动的过程中，有效结合公司文化、产品特点、产销协同、爆款能力、OEM供应商的管理、质量关键点以及成本控制等重要环节进行锁定和管控，产生了良好的有效性和增值能力，使得企业团队能力上升、经营价值增长，强化了企业的生态圈的影响力，具有较好的推广意义。

但是，从整合供应链资源的高度而言，我建议注意以下几个步骤：

第一，作为OEM/ODM的组织者、管理者和监控者，贵公司的供应链策略到底是什么？价值导向又是什么？如何表达出贵公司的核心竞争力，是库存为先导，质量为先导，还是服务为先导，抑或是柔性化交付为先导？只有供应链策略和价值导向确定了，才能够证明你作为这个变革过程中的领导者的合法身份，才能够决定你该做什么不该做什么，尤其是以采购的身份介入并领导整个供应链过程的整合和迭代升级。

另外，只有供应链策略和价值导向确定了，才能够确定上述多个维度、多个要素之间的逻辑关系，比如库存关系、价格关系、时间关系、效率关系等之间的逻辑关系，否则，容易陷入单项思维模式，无法客观、系统地判断某一个决策的正确性和有效性，容易引起供应链不同环节之间的"此消彼长""牛鞭效应"。

第二，案例中涉及的多个要素、部门、KPI指标、专业领域，有必要把一个闭环的逻辑关系作为梳理的依据。否则，做好了A，未必意味着B就好了。案例中提到的价格、质量、爆款、响应能力，往往是"二律背反"的，只有通过协同和逻辑关系的理顺，才能够让人看清楚本项目的有效性和可操作性，否则容易陷入教条主义的陷阱。

第三，该案例如果作为一个项目来督导，那么应该需要有项目范围、项目进度、项目干系人等的管理，更需要有投资收益相关的量化指标说法，不能仅仅说一下大概的改革思路，否则容易过于简单化和提纲化。但是实际上，此类项目应该是对公司乃至整个供应链体系都具有深远影响的，那么，如果作为战略项目，就更应该说清楚项目定位和相关的战略空间、战略要素、战略整合、竞争模式、战略时间等。

第四，运作此类项目，应该涉及多个环节和要素，也就意味着组织者（整合者）需要面对各个不同部门的KPI指标和既得利益的博弈，过程中一定会产生各类问题、痛点和瓶颈，不可能一帆风顺的！该案例中似乎一切"非常美好"，大家都非常听话，给人的感觉反而不真实。

第五，供应链运营的重要核心内容是预测、计划和信息管理，但是在本案例中似乎提及不多，本人认为是一个缺失。

案例中提到"好的采购一定是好的商品经理，好的采购一定能打通前后端协同，好的采购一定要有经营意识能力，好的采购一定要有供应链迭代能力"，从职业素养的角度而言有一定的道理，但是，从行政与运营而言，你做的工作是否都在你的职业授权范围内？是否有文件规定？原有的商品经理、供应链计划、主要经营管理者、供应链运营总监之类的成员都在干什么呢？是否意味着有一个好的采购（经理），就可以全盘运作——我的意思并不是否定采购的能力和价值，我是希望更加客观地思考和定位未来采购的价值。

邱伏生

上海天睿物流咨询有限公司创始人

中国机械工程学会供应链专业委员会主席

上海市政府供应链－物流投资咨询评审专家

[点评9]

让采购价值再创新高，是非常好的一个话题！

作为企业的当家人，其实很多时候烦恼的不是没有好想法，而是如何让想法有效快速落地，案例的作者通过丰富的管理经验、准确的数据分析、合理的分工制度将其很好地实现了。

在项目实施阶段，作者团队利用数据作为驱动，客观分析了市场环境和竞争业态，保证了阶段性业务目标的合理制定及相应子目标的正确分解和资源分配，并进行阶段复盘反馈纠偏。尤其重要的一点是，在组织上打破了部门边界，产品开发过程中把营销、研发、采购重新整合成项目小组，三位一体推进了整个计划的合理执行。其中，采购作为项目的核心统筹方，充分发挥了组织和推进的作用，并且与整个项目组一起在职责范围、经营能力、组织能力、业务能力上，与原有的部门制各自为战相比都得到了极大的延展与提升。

采购部门从原有的单一采购职务行为，真正地做到了产销协同，为公司及供应商合作伙伴创造了更多价值。

从这个案例中我们可以体会到要使采购价值得到有效提升，除了在采购专业能力上需要不断进步，在组织上还要持续地践行更多优秀的经验心得，这也是我们公司一直倡导的价值观：

（1）客户第一（无论上下游，了解客户真实需求和市场环境）。

（2）团队合作（欢迎不一样的声音，但思想统一）。

（3）激情（团队保持活力，拒绝抱怨推诿）。

（4）数据驱动（充分利用数据分析进行合理的商业规划、业务推进及最终评价）。

（5）高效（充分合作，合理授权，组织灵活敏捷，每个团队都要有经营意识）。

（6）创新（打破固化思维，业务不断升级迭代，保持竞争力）。

严彰
苏州工品汇信息科技有限公司 CEO

讨论与思考

○公司在决策自制还是外包的时候会考虑哪些因素？

○如何管理好 OEM 供应商？

志同道合，战略采购实现双赢

（2017年二等奖　王伟玲　万华化学）

推荐语

每家公司都有几家"战略供应商",可这些战略供应商是怎么来的、怎么推进的,又是怎么形成战略伙伴的,还真不一定每家公司都能说清楚,不一定做得那么有条理。

我在做咨询项目时,经常遇到这样的情况:有"战略供应商",但不知是怎么来的,没有量化标准;想引入"战略供应商",但不知怎么推进。很多时候,公司只是签了一个没有任何操作性的战略供应商协议。当然了,还有一些公司不仅没有战略供应商协议,也没有"战略供应商"。

本案例作者在"交货、产品质量、提前期、库存水平、产品设计、合作开发"等方面设定了一些标准,然后进行识别,通过"广、深、高、低"四个方面有序推进,成功引入了18家战略供应商,非常值得各位读者在推进"战略供应商"进程中参考。

宫迅伟

万华公司是一家全球化运营的化工新材料公司，也是山东省第一家先改制后上市的股份制公司。在 MDI、ADI、TPU 等方面，公司拥有全球最完整的产业链，覆盖聚氨酯、石化、精细化学品三大业务板块；拥有烟台、宁波、珠海、匈牙利四大制造基地，在欧美、中东等十余个国家和地区设有公司和办事处；全球范围内拥有员工近 13 000 人（近三分之一为外籍员工）。

公司战略采购转型的背景

万华公司的采购当前的状况（见图 1），主要可以归纳为四个方面：一是需求多样性，二是跨越多厂区，三是多物料类别，四是合作关系。

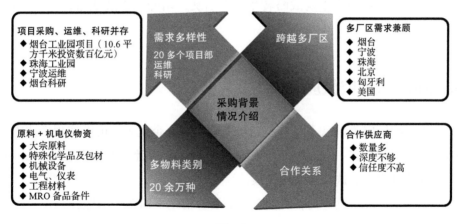

图 1

从图 1 的采购现状看，需求多样性大、多厂区兼顾、物料类别杂、合作供应商数量多但深度不够是当前的主要特点，并且招标采购、谈判采购、比价采购和分散采购是普遍采用的采购方式，而这些传统方式具有采购周期长、信息共享差、供应商质量不稳定和采购价格管控不足等弊端，难以满足公司项目建设需求、发挥公司需求的规模优势，且难以发展与供应商的长期合作关系。

我们对采购组织成熟度进行自我诊断（见图 2），认为公司目前正从战术采购向战略采购发展阶段过渡，关注重点也从保供、最低价格、自身利益到战略、价值、关注双赢逐渐过渡。

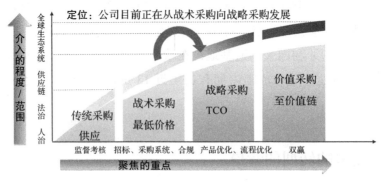

图 2

为了解决传统模式采购弊端、突破当前发展瓶颈和应对全球化竞争加剧趋势，我们意识到采购战略转型迫在眉睫，培养和发展战略供应商之路任重道远。

培养和发展战略供应商实践

传统的供应关系已不再适应当今采购管理，企业为了能够实现低成本、高质量、柔性生产、快速响应，而不断进行的业务流程重构与优化，必须包括战略供应商的选择与共同发展。

要想培育战略供应商，我们首先需要弄清楚下面三个问题：

1. 战略供应商可以给公司带来什么

首先是高质量、高性价比和高服务，其中高质量指能够使公司产品质量显著提升和确保装置稳定运行，高性价比指有助于公司实现全生命周期成本最低和拒绝恶性竞争，高服务指供应商具备突发应急能力和提供全生命周期保姆式服务。

其次是提升合作深度、提高持续创新能力和维持稳定的经营环境，提升合作深度指与供应商可进行联合开发、制造，提高持续创新能力指与供应商实现创新融合和成果共享从而引领行业发展方向，维持稳定的经营环境指与供应商建立良好的契约精神。

2. 谁将成为公司的战略供应商

按照物资及供应商类型,我们将供应商分为战略供应商、重要供应商和一般供应商三类。

其中,战略供应商是指在交货、产品质量、提前期、库存水平、产品设计、合作开发等方面对本公司十分重要,是本公司战略发展中所必需的、少数具有重要意义的供应商。

重点供应商指作为常规采购渠道,能够满足公司需要的供应商(量较大,技术含量较高,质量稳定可靠,企业履约能力较强,在行业内有一定知名度)。

一般供应商指作为补充渠道,能基本满足公司需要的供应商,与上述两类尚存在差距。

公司供应商数量为2500多家,重新划分后,属于战略供应商的比例为1.4%,仅有35家(见图3)。

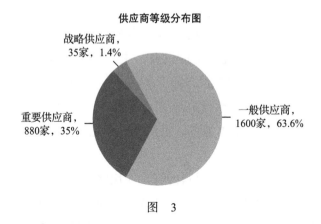

图 3

3. 战略供应商如何实践和推行

通常情况下,企业在选择战略供应商时,往往根据供应商的印象而确定战略供应商,主观的成分过多;其次,战略供应商选择的标准不全面,标准多集中在供应商的产品质量、价格等方面。

实践证明,公司在进行战略供应商选择时涉及的关键物料识别、战略供应商识别、明确战略供应商合作目标和战略供应商推进等过程具有重要的借鉴意义。下面我将以某个具体案例详尽说明。

关键物料识别

首先对公司近几年物资采购金额分析发现，国内机电仪物资采购金额达到 30 亿元，其中压力容器采购金额占比最大，达到 45%。

通过进一步分析压力容器各部件采购金额和风险性（见图 4、图 5），我们可以看到换热器不仅采购金额高而且其质量关乎工艺系统安全，可作为战略合作的关键物料。

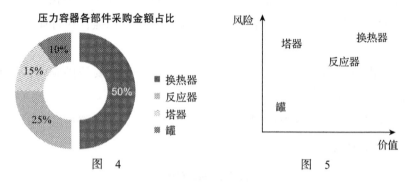

图 4　　　　　　　　　　图 5

接下来，我们对换热器市场进行整体分析，得出以下结论：

换热器是一种热量传递的节能设备，主要集中于石油、化工领域。世界换热器产业的总市场规模在 3500 亿元左右，2015 年中国换热器产业市场规模大约为 880 亿元，预计在未来 5 年将以年均 10%～15% 的速度增长。市场以管壳式、板片式为主。世界生产重心逐步转移到日本、韩国、印度、中国等亚洲国家。

大型化、高效节能化、新材料的开发应用将是今后换热器的发展方向。而公司对换热器的选型需求主要集中于质量、保密、技术、价格、交期和高效节能等方面，因此开发国内换热器方面的战略供应商具有重要意义。

战略供应商识别

对物料识别之后，我们需要对供应商进行识别，在战略供应商的选择上，我们摒除主观因素，主要基于采购金额分析、历史合作绩效和行业竞争分析等多个维度进行筛选。

对公司换热器供应商采购金额梳理发现，TOP5 的供应商中采购金额占比达到 70%。

对供应商产值和公司订单占比分析（见表 1）发现，2013—2015 年供应商平均开工率在 70% 左右，产能明显过剩；公司在供应商处产值占比较高，是其 TOP5 供应商的大客户。

表 1

供应商名称	近三年平均开工率（%）	公司订单占比（%）	供应商名称	近三年平均开工率（%）	公司订单占比（%）
AAA	50	6	DDD	72	5
BBB	55	8	EEE	75	3
CCC	90	15	合计	70	

对换热器 5 家供应商的历史合作绩效和行业竞争分析进行评估（见表 2）后，我们认为，AAA 供应商的绩效分数最高，无论是从绩效方面，还是在合作亲密度上，都远远超过了其他四家供应商。

表 2

设备类型	物资四象限分类	供应商名称	2014 年绩效报告	评估等级	合作亲密度 P
压力容器（进口）	关键	CCC	80	B	2
压力容器（国产）	关键	AAA	84	A	3
		BBB	73	C	1.5
		DDD	73	A	1
		EEE	75	B	1

为了更好地了解换热器供应商竞争规模和程度，我们再对供应商进行波特五力模型分析（见表 3）。

表 3

项 目	CCC	AAA	BBB	DDD	EEE	说 明
卖方议价能力	5	4	3	2	2	共 5 分，议价能力越高，得分越高
进入壁垒	5	4	3	3	3	共 5 分，壁垒越高，得分越高
替代品威胁	4	4	4	4	4	共 5 分，威胁越小，得分越高
现存竞争者之间的竞争	5	4	3	3	2	共 5 分，竞争越少，得分越高
合计	19	16	13	12	11	得分越高，合作难度越大

CCC供应商为国外行业龙头企业,有较强的技术实力,技术壁垒高,势均力敌的竞争对手较少,产品质量远远超过其他供应商,同时有较强的价格掌控能力,价格和交期都是其他供应商的2倍。

AAA供应商作为国内龙头企业,通过拥有一定的技术实力和质量优势形成一定的壁垒,导致国内其他企业难以望其项背,价格比CCC供应商更有优势,同时作为国内厂商,其生产灵活性使得其交期比CCC更短,更有弹性。

因此,我们最终认定AAA是公司关键物资供应商,具有不可替代性,可作为战略供应商。

明确战略供应商合作目标

确定好战略供应商后,为实现与供应商双赢,明确公司和供应商的期望也是重要环节。

对于公司来讲,我们关注的是全生命周期成本最低、质量可靠性、合作的优先级和专属服务团队等信息,而供应商则期望我们增加订单量、保证利润、提高合作便捷性和合作荣誉等方面(见图6)。

图 6

战略供应商推进

推进过程主要可以概括为"广、深、高、低"四个方面。

广，指的是双方多部门共同参与，公司的采购部、财务部及 AAA 的商务、项目管理等 11 个部门投入项目，为良好合作打下基础。

深，指深度交流互动，与供应商的合作从部分品类到多品类，从国内需求到全球统筹（匈牙利、美国），从提供产品到早期设计。

高，指双方高层力量介入，公司总裁等高管的密切关注及有力推动，为战略采购实施提供保障。

低，指的是从削减利润到降低成本，在这个过程中我们要求供应商明确自己的成本，寻找价格偏高源头，发现其供应商群与公司基本相同，故公司利用规模优势协助 AAA 供应商谈判，拉低材料成本，最终使得材料整体降本 13.6%，战略合作也就由削减供应商利润变为共同降低供应商成本（见图 7）。

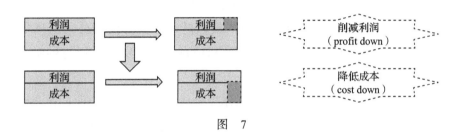

图　7

战略供应商带来的变化

从 2015 年至今，针对关键机电仪物资，公司共与 18 家国内外优秀供应商签订战略协议，战略采购金额占比 20% 以上。

从公司的角度来看，较好地实现了之前的期望：

（1）实现全生命周期成本最低。某设备战略合作前价格为 900 多万元，合作后价格为 800 多万元，使成本下降 12%。

（2）提升了质量可靠性。战略合作后，供应商为公司提供特定场地车间和专门经过培训的工匠组来生产公司产品。

（3）提高了供应商的快速响应能力，比如 2016 年大修期间设备出现故障急需备品备件，只有 7 天的采购周期，采购需求传递给战略供应商后发现没有存货，最终供应商将已经发往其他客户的备件紧急调用，优先保证了公司的供应。

（4）建立了公司的专属团队。指定关键项目团队成员推动整体战略合作，同时要求 50% 的成员有双方合作经验。

从供应商的角度来看，主要收获如下：

（1）战略供应商的订单份额提升。以某战略供应商为例，合作份额由 32% 提高到 50%。

（2）保证供应商的合理利润。在对成本分析之后，当主要材料成本降到 13.6% 时，整体设备降价为 8%，为供应商保留合理的利润，协助其降本，提升其行业竞争力。

（3）提升合作便捷性。针对战略供应商为其付款开通绿色通道，取消同等情况下副总裁审批的要求。

（4）质量提升。公司还出资邀请 SGS 共同参与 AAA 供应商的质量提升方案研讨，使得供应商能"借力"提档升级，而且随着公司全球化的布局，AAA 供应商被成功推荐到匈牙利项目，真正实现公司与供应商的双赢。

（5）获得更多的合作荣誉。公司作为全球化工前 50 强企业，在业界有一定的知名度，通过战略合作授牌、表彰及石化行业经验分享，为供应商带来一定的荣誉。

（6）开拓了国际市场。随着公司全球化的布局，AAA 供应商被成功推荐参与匈牙利项目，这也是匈牙利公司第一次与中国企业合作（同比历史价格低 20% 以上），使战略供应商因此获得迈向欧洲的通行证。

为了使与供应商的战略合作关系持续下去，我们建立战略供应商的动态评价体制，从供货能力、成本优势、产品质量、按时交付率到售后服务形成良性关系管理（见图 8），并定期进行绩效评价。

整体来看，18 家战略供应商绩效表现良好，我们在 2016 年底通过举办供应商大会，对 18 家战略供应商进行表彰和授牌。

此外，我们深知，对于战略合作，每个时期具有不同的侧重点和目标，下一阶段与战略供应商对接系统实现信息的互联互通是发展方向。我们还考虑对为公司提供持续稳定、高质量产品的战略供应商增加额外奖励。

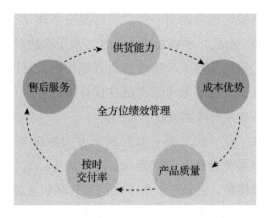

图 8

> **经验总结**
>
> 从大环境（国家环保、安全等压力）来看，产业集聚是大势所趋。战略供应商动态评价机制的实施，将公司与供应商的关系从松散推进到紧密，从价格导向转为价值导向，转博弈为双赢，最终实现"志同"谋双赢，"道合"方行远的目标。
>
> 案例给我带来的感悟有：
>
> （1）战略转型是大势所趋、势不可当，我们要拥抱变化，享受变化。
>
> （2）作为采购人员，既要仰望星空，又要脚踏实地，既要有专业能力，又要有迎接挑战、创新的决心。

[点评 1]

案例中的三个数据很说明成效：供应商的材料整体降本 13.6%，引起设备降价 8%，提升订单量后，采购方的采购成本下降 12%。

作者公司的这个战略合作，是走了一条"多、快、好、省"降本增效的路子：在保障产品质量的基础上，降低产品成本，集中采购，扩大订单规模，协同发展。

这是向战略采购转型的第一步，我再提三条建议，希望他们联盟转型的办法再多一点儿，手脚再放开点儿，步子再快一点儿：

（1）万华的采购量越大，送货的地点越集中，对供应商把物流成本降下来就越有利。接下来可以考虑在供应链的优化和物流管理上做提升，达到进一步共同降本增效的目的。

（2）万华在"广、深、高、低"四个方面推进与供应商的合作：多部门参与、多品类合作、高层介入、降低成本。这些可以通过数据交互，实现更加稳定、有效率的电子化信息共享和更加低成本的沟通。比如，把万华的内部管理系统和供应商做系统对接，这样高层、各相关部门、相关人员都可以被纳入这个改进的系统流程中，实时了解所需的信息，固化战略合作的成果。万华作为采购方通过彻底对接供应商的库存信息，增强自己对资源的把控和调配能力。

（3）派团队入驻供应商内部，提升其在工艺、品控、流程、供应链等方面的水平，实现资源互补、共同构建合作共赢的行业生态。这也是现在很多大型跨国公司在中国发展的路径选择。

姜州

上海固买供应链管理有限公司 CEO

[点评2]

我公司在战略供应商的培育方面与作者的实践异曲同工，譬如也是根据重点采购品种来确定建立优质战略供应商池，通过评价表彰来激励优质战略供应商，对优质战略供应商给予同业推广等，不过由于采购管理体系和公司经营业务的差异，在操作层面存在一些差异。

首先，对于具体的采购品种，战略供应商获取订单是根据我公司既定的采购流程取得的，所以对于我公司来讲先要尽力给战略供应商提供公开、公平、公正的采购环境，通过合理选择采购方式、科学设置评审方法、随机组建评审专家等让优质的战略供应商能自然胜出，无须额外增加营销费用，让利于产品和服务。同时也让战略供应商始终处于良性竞争中，自发地改进产品性能和提高服务水平。

其次，通过完整、科学、全面的供应商评价管理体系，来对战略供应商进行选择、评定和管理等。我公司目前的供应商评价管理体系是基于采购管理信息系统大量的历史数据建立的，体系指标需要既能基本反映供应商的合同履约和经营状况，如合同履约质量、履约合同金额、履约合同数量、供应商的财务状况（净利润率、流动比率、资产负债率、净资产收益率等）、企业规模等，又能反映供应商的可持续发展状况，如供应商日常营运经营风险状况、现场考察评价、战略供应商的加分等。通过每年对供应商进行全面、具体、客观的评价让优质战略供应商脱颖而出。

最后，在战略供应商的推进方面，一是我们会组织各种形式的沟通和考察，让彼此能更多更深地了解各自相关业务，寻找可以合作的机会；二是通过多渠道推广战略供应商，如在我们采购商城上架的商品，可以通过我们的商城共享，子公司、同业也可以通过商城下单；在供应商大会上，不仅会对优质战略供应商进行表彰颁奖，还会提供平台让供应商做经验分享和组织供应商间的交流会，让优质战略供应商有更多的展示舞台；三是对优质战略供应商提高首付款、缩短付款周期等，降低其资金成本；四是在设置评审方法时，对优质战略供应商在一定分值内适当加分。

邓招芬
中国银联股份有限公司

[点评3]

在采购实践中，很多公司的战略合作，表面上叫战略，但实际上并没有形成真正的战略关系。

我们会经常看到这样的案例：所培养的供应商做大后，成为制造商的竞争对手，或者去帮助制造商的竞争对手；虽然承诺会给战略供应商大量的订单，但实际上并没有那么多；由于新部件是联合开发的，双方为了争夺知识产权而闹翻；供应商财务状况出现困难，想申请提前付款，可是采购却不提供帮助。这些都是战略合作不成功的例子。

真正的战略合作伙伴关系，要将彼此视为公司职能的一部分，将双方的风险和收益紧紧捆绑在一起，使双方从博弈关系转为并联合作关系。我们来看看万华是如何做到的。

从战略合作伙伴的筛选上，属于战略供应商的比例为1.4%，仅有35家，只有处于金字塔顶端的少数供应商才能成为战略合作伙伴，这就保证了有限的资源投向了最需要的地方，并且保证了战略合作伙伴的利益，因为你只有成为对方的大客户，对方才能重视你。

万华从合作目标上抓住了供方心中所"求"。除了基本的订单与利润需求，万华还挖掘出了有关合作的便捷性，以及因为合作而给对方带来荣誉的需求。

从战略合作义务履行上，万华按照战略合作协议切实履行了其义务，提升了战略伙伴的订单份额，开通了付款的绿色通道，通过供应商大会对优秀合作伙伴进行了表彰与授牌，等等。这是很多公司没能做到的，确保言行一致对长期稳定的合作至关重要。

万华的战略供应商管理实践值得很多企业参考与借鉴，首先要找准战略供方，其次要抓住对方所求，再采用连贯性的动作来保障战略目标的达成。

总的来说，战略合作意味着采供双方实现高度的收益共享和风险共担。此外，在数字化时代，信息共享也变得越来越重要，这也是万华可以进一步提升的地方。

刘婷婷
中兴通讯股份有限公司流程总监

[点评4]

我仔细研究了王伟玲的万华化学战略供应商培育实践的案例，印象非常深刻。化工行业的采购是非常繁杂的，种类多，需求量少，尤其是设备的备品备件的采购，我们的采购需要面对很多行业内处于垄断地位的单一供应商，无论是价格谈判还是供应商关系的维护都不是件容易的事情。

结合我本人在担任采购总监期间实施的采购战略换型的经历，从"人"的角度来分享一下如何实现供应商的战略转型。采购要想获得持续的供应商战略转型，培养一支具备战略供应商管理能力的采购团队至关重要。

首先，在推行供应商战略转型之前，我们成立了战略采购小组，这个小组的职责就是推行战略性供应商识别、培养和管理，同时管理层授权战略采购小组作为战略供应商的公司层面的窗口，享有对供应商的合同谈判，价格谈判、后期供应商采购量的调配，以及定期的业绩评估等权力，并发正式的公函给供应商。

其次，我们针对战略采购小组未来需要承担的职责，以及这个岗位的能力要求，制订了一系列的能力培养计划，培养的形式不局限于外部培训，还包括自学，内部专家辅导，以及利用供应商的资源等，其能力主要包括所采购产品层面的产品知识、采购的专业能力、采购领导力等，确保我们的战略采购小组有能力去履行它的职责。

最后，联合 HR 部门制定了项目奖励制度，以激励在战略供应商转型这个活动中表现突出的个人和团队，包括个人发展机会，项目成果奖励，以及外部培训机会等，以认可战略采购小组的努力和成果，并激励战略采购小组持续地开展战略供应商转型。

经过内（公司内部资源）与外（战略供应商）的结合，人（战略采购小组）与事（战略供应商转型）的结合，贡献（项目的成果）与认可（公司奖励制度）的结合，成功推动了战略供应商的转型。

霍绍由
普莱克斯（中国）投资有限公司中国区采购总监

[点评 5]

战略供应商，一定程度上可以被理解为企业自己最亲密的合作伙伴，是企业所在行业上游的整合对象。

战略供应商的选择和合作，是对合作伙伴的分级以及相互间信任和合作关系的深化。在本案例当中，最终选中的供应商，不是供应保障能力最强的CCC，而是在质量、价格、交期以及合作意愿方面综合起来相对平衡的AAA，这也从侧面反映出万华化学采购团队成员的老练和成熟。

对于已经选定的战略供应商，万华化学的采购团队也表现出了很好的合作意愿和合作行动，通过与战略供应商的合作，共同与战略供应商的上游供应商进行谈判，降低战略供应商的采购成本，而且主动与战略供应商就采购成本降低带来的收益增加进行合理切分，实属不易。

此外，对于已经选定的供应商，万华化学在一些软性合作方面的优化也值得借鉴，比如给予战略供应商在付款等方面的便利，帮助战略供应商提升产品质量，提升品牌影响力，推荐其他项目的合作，等等。这样的动作，对万华化学而言，投入并不太大，但对战略供应商而言意义巨大，因此能够很好地提升供应商的忠诚度和合作意愿，都是很好的供应链管理尝试。

如果说本案例还有需要改进之处，我以为站在采购者的角度，运用波特五力模型对供应商进行分析，通过其得分的高低，判断其合作难度，从而进行选择的方法值得商榷。从管理逻辑上说，合作难度越高的供应商应该越倾向于不选择，那么EEE应该是最合理的选择，而案例中选择了AAA，我并不是说选择AAA有什么问题，而是既然使用数量化方法进行分析，而且又是以综合得分为判断标准，那么选择中间得分的结论就说明分析方法本身存在可商榷之处。

个人判断，对于供应商的评判应该有主次和轻重之分，且进行分数累加的评判指标之间不能够此消彼长，比如这个指标是得分越多越好，那个指标是得分越少越好，而最后的评价是以所有指标的加总得分为标准，这样就失去了量化评价的意义和价值。

更好的评价方式可以是，首先分出评价指标的优先级，设定不同优先级指标的权重；其次设定不同优先级指标的合格目标，不论哪个优先级，得分低于合格目标的供应商一概剔除；最后根据评价体系的指标分别对供应商进行评价打分，取得分高者为第一选择。这样的评价方式，从管理逻辑上会更加清晰，也少了评价后取舍的其他干扰因素。我的这些判断供案例作者参考。

丁 磊

北大纵横管理咨询集团高级合伙人

北大纵横管理咨询集团第八事业部副总裁

[点评6]

采购成功的关键是什么？是选择好的供应商！

采购持续成功的关键是什么？是管理好供应商！

供应商从开发、评估、选择到管理，环环相扣，选择了好的供应商，再加上优秀的供应商管理机制，才能实现供应商和公司的持续合作及共同发展，其中战略供应商的识别和管理是企业采购管理的重要环节。

案例作者所在的公司万华化学是国内化工行业的龙头企业，拥有多元化的产品线、完整的产业链以及国内外四家制造基地，采购管理面临着需求多样化、多厂区兼顾、物料类别杂、供应商数量多等问题，作者以换热器的战略供应商培育的实践为例，从关键物料识别、战略供应商识别、明确战略合作目标到战略供应商推进，成功实施了战略供应商管理，取得了良好的实际效果。

在这个案例中，作者运用了采购管理的专业模型和理念，结合实际情况进行战略供应商的推进，我们看到了以下的几个闪光点。

（1）**关键物料的识别**：对公司国内机电仪物资里面的压力容器（采购金额占45%）的几种物料，应用卡拉杰克供应定位模型（supply positioning model），识别战略关键物料为换热器。

（2）**供应商分类**：这是决定公司在供应商关系管理投入的第一步，不同类别的供应商有不同的管理方法。在基于绩效的供应商分类体系中,可将供应商分为战略供应商、优选供应商、资格未定供应商、消极淘汰供应商、积极淘汰供应商。不同行业的公司或许有不同的分类方法,但是分类标准需要客观、简单、统一,获得跨职能部门的认可;好的供应商分类可以明确公司对供应商的定位及管理策略。

(3)**战略供应商识别**:针对供应商的历史采购金额、订单占比及历史合作绩效,以客观数据为基础,运用波特五力模型,对多家供应商进行全面评估及分析。

该案例在战略供应商的评估、选择及管理上给出了很好的思路和范例,不过有两个技术细节还可以进一步完善,以增加该案例的数据严谨性:

第一,压力容器选择的战略供应商 AAA 近三年平均开工率 50%,是所有供应商里面最低的,和五家供应商的平均开工率 70% 也有不小的差距,理论上而言,开工率和企业的竞争力有直接关系,这一点需要进一步说明。

第二,对于压力容器,全生命周期成本包含哪些要素?除了采购成本,后期维护成本如何量化?是否能进一步细化并提供数据?

战略供应商的推进是系统工程,不仅需要采购组织和跨职能部门的协同,也需要公司高层的支持;通过和战略供应商的密切合作,提升公司的采购竞争力,采购组织可以为公司的发展战略发挥更大的价值。

尹汉斌
首尔半导体株式会社供应链总监

讨论与思考

○ 你的公司有战略供应商吗?你们对战略供应商是如何定义的?
○ 管理层是否认识到战略采购对公司发展的重要性?

采购早期介入、全程参与，帮助销售做销售

（2018年三等奖　林岚　蒂森克虏伯）

推荐语
TOP PURCHASER IN CHINA

一名职场"老司机"进入"新公司""新岗位",如何融入团队、切入工作,继而获得认可和成就,这是很多"新人"思考的问题。它涉及在新公司、新岗位的"存活率",涉及能获得多少支持、多少成果,涉及能给新公司带来什么样的惊喜和变化。

毫无疑问,应该从"痛点"切入,通过"协同"来融入。哪里有"痛点"?哪里的"痛点"最痛?当然是找客户,沿着供应链和价值链,从内向外找客户,客户是需求的源头,是努力的终点。

本案例通过"早期介入"了解情况,把脉痛点,通过"全程参与"解决问题,通过"帮助销售做销售"贡献价值而获得认可,一步步通过"协同"获得了领导和其他部门的支持与认可,取得了成果,在职场获得了新成功。

宫迅伟

四年多前，当时应公司全球 CPO（首席制造官）的邀请，我有机会提前接触她的本地采购团队，明显地感觉到这个团队的年轻与活力，但是这个团队在采购管理方面的实力薄弱，与管理层的沟通缺乏、不畅，在公司内采购管理的地位和价值贡献被低估，往往是被投诉、埋怨、诟病的对象。但凡项目上有状况，一说起来，都是采购的错、供应商的问题。

后来，当加入这个组织中的时候，我就带着这些问题、疑惑，开始寻找、探索，希望能够找到问题的症结和有效的方法、出路。

本案例分解这些探索的过程，以及尝试的一些方法、路径和心路历程，期待它们会对你的工作有所帮助或者是有一点儿启发。

"老兵"为何也犯难

我虽是个采购"老兵"，有过不同行业、不同企业、不同品类等多方面的管理实践，但这个公司所在的是汽车行业，属于整车厂的一级供应商，提供线体生产、装配、安装、调试等设备及服务，几乎其所有业务都是项目性质的，管理诉求、管理方式等较我过往的管理经历有很大的不同：

一切都是新的：新的行业，新的业务类别，新的产品、技术领域，新的供应商群体，当然还有新的团队。

到底难在哪里：涉及大型投资设备、装备项目，客户期望值高，行业受政策变动（新能源双积分）、贸易摩擦（中韩、中美）等的冲击和影响，行业内竞争激烈，新技术带来的技术风险、管理难度（领导风格、运作体系、公司文化、经营绩效等），还有供应商能力、团队素养，等等，这些都是难点。

由于集团对中国区业务的高度期待、区域性的成长性、成长空间等，集团下达的管理要求是在短期内实现销售额翻番，但我们的能力、意识和做法有些不配套，跟不上管理要求的目标。

入职后的初步了解和正面接触，基本印证了先前的感受和预判，但实际面临的困难和问题，远比之前了解、想象的要困难得多、复杂得多。

首先是行业，我们所服务的客户——整车厂的采购控制力强、专业素养高、项目的周期短，由于激烈竞争造成了预算空间的不断压缩，采购议价、谈判的难度加大，供应风险提高。

其次是团队，团队成员能力水平不均衡，工作安排、分配不够合理。

最后是管理结构，分权管理造成了管理指标的不尽统一，本位意识浓，相互推诿现象比较普遍、多发，协同效应难以最好地体现。

当时制定的短期任务和目标是，找到痛点，提高内部客户的合作意愿和满意度。

我们借鉴、引用并参考了多个采购、运营管理等流程、工具和方法，例如：

- 卡拉杰克矩阵
- CAPEX 管理
- 棋盘博弈
- 采购价值贡献
- 项目达成率（调查报告）
- 采购组织成熟度
- EFQM 卓越运营
- Porter 价值链
- 7 步战略采购

借助这些工具和方法，我们首先开始了痛点挖掘：

1. 预算和采购成本的差异

如图 1 所示的预算和采购成本的差异，我们通过分析过往很多项目，尤其是重大项目的预算和采购成本的差异，并以此为线索，跟踪、审阅了原始的报价、方案等资料后，由此发现，很多项目的采购执行难，其实是错在了销售报价阶段。许多的报价方案是销售、方案工程师自己编制、估算的，并没有重复向更具经验的项目执行团队求证。另外，很多时候他们并没有在相对完整的技术要求基础上获得供应商的报价。简单的价格、没有对应的技术规格等都给后续项目执行埋下了隐患；后期的技术澄清、询报价等都消耗了大量的项目管理资源；很多的内部报告、差异解释等降低了管理层的信赖度，也加深了项目各执行团队间的分歧和冲突。

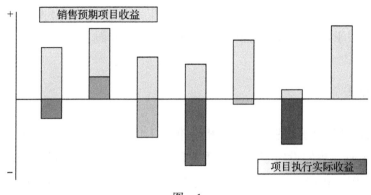

图 1

基于这个痛点，我们的方案正是这个案例标题——"采购早期介入、全程参与，帮助销售做销售"。但这涉及管理结构和分权的核心问题，不能是采购的一厢情愿，后面篇幅还会再次提到相关的实践。

2. 交期压力

由于项目执行的窗口越来越小，供货问题的焦点都慢慢聚焦到了采购和供应管理环节。不管其他部门前面是否多消耗了项目计划的时间，到了最后大家都希望采购来兜底，也就是所谓的"后墙不倒"。

管理会议、项目评估会上往往会提到，供应商交货晚、不及时，影响到项目周期，需要额外投入资源加班加点，还常常面临客户罚款的压力；通过数据分析，当时的准时交货率基本在 40%，这样的准时交货率是很难保证项目主计划的，也比集团的要求低很多；深度的数据分析帮助我们找到了影响这一考核指标的关键因素——大批量的机加件，当然这个指标并没有反映关键物料和长交期物料，这是项目冲突让人感受最深的，因为对于这些，每个人，包括客户都会反复审核，而这些瓶颈有很多是因为没有很好的供应链安排、储备，没有按照设定的提前期释放订单等。

3. 质量风险

当时的抽检合格率基本在 70% 左右，也就是说供应商的到货有近 30% 是需要返工的，不能被项目直接使用，实际上供应商的交货会更晚；不说返工本身的成本，仅管理费用，对项目的周期、运作安排也会产生重大的影响和干扰。

当然，在这个调查、分析、挖掘过程中，我们还发现了很多其他的改善空间，限于篇幅，这里只重点提及以上这三个方面。

实施过程

在前文提及的这些调查、分析、准备工作之后，很多的改善机会渐渐地浮出水面，我们设定了不同的重要程度和先后顺序，开始了推广、实施的过程，限于篇幅，这里简单归纳为夯实基础阶段和协同合作阶段。

阶段1：夯实基础

从采购、供应链角度，重点关注了最大限度地影响准时交货率和抽检合格率的品类与供应商群体、机加件；短时间内，安排了相关的团队，如采购、设计、项目管理、供应商开发等部门，在预先分析、选定的大名单中，联合评审了供应商群体的能力（一天内，团队一次走访了7家供应商，另一次走访了8家）。通过这个动作，团队成员在同一时间内对供应商的状态、能力有了新的、统一的认识，后期我们推动品类管理策略、供应商搭配管理等都获得了很好的团队支持，相应地我们减少了供应商数量，提高了业务集中度，业务分配也更合理。

此外，在走访供应商的过程中，我们发现了图纸标识缺乏、不统一等技术问题，后来通过协调工程部、供应商开发等部门，出版了通用技术要求，以规范、明确相关要求，更好地支持了我们走出局部区域，寻找更广泛的供应源策略性安排；与此同时，供应商开发也有了更加明确的方向和重点。

通过相应的策略、配套、业务分配、供应商开发等投入，供应商的整体能力获得了进一步的提升，平均抽检合格率达到了90%，准时交货率也接近了80%，而且建立了一整套的评估、跟踪办法、业务奖惩机制等。

由于本案例中的产品是项目制的，具有单件加工的特点，偶发的情况依然会出现，虽然我们没有完全解决所有的问题，但对于这个导致最多问题的点，我们通过尝试这些方法、途径，还是取得了不错的效果，如供应商群体清晰、稳定，合作意愿也大大加强了。

阶段2：推进协同合作

虽然案例主题是采购早期介入、全程参与，帮助销售做销售，但是我为什么用这么大的篇幅来讲一些基础性的细节或跟销售没有太多直接关系的动作？主要是因为当时的管理结构、分权设置，销售归CEO管，运营归COO（首席运营官）管等，采购和供应管理直线汇报是全球CPO，虚线是本地COO，但COO同时管理工程部、生产部、项目部。

由于这样的设置，在组织内，我们好像成了外人，就算通过前面提到的痛点挖掘，我们已经很确定问题的症结，但盲目地闯入别人的地盘，估计不会被很好地接受。

所以，我们抱着长期作战的心理准备，在不同的层面开始渗透。我们尽可能地利用项目评估的机会，把项目管理过程出现的主要问题、差异、可能的原因及应对措施，逐步分享给了团队和管理层。

如图2和图3所示，我们重点提到了和销售的合作，深入探讨销售的报价过程、客户的招标过程、竞争环境、竞争对手等。

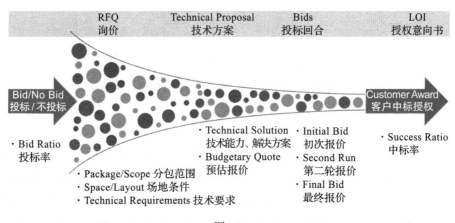

图 2

了解自身的运作体系、操作习惯和能力，以及客户的采购过程、选择方法尤为重要，当然还有行业竞争对手的动向和策略等。

如图4和图5所示，我们再从项目管理入手，在原有项目管理四步法的基础上，推荐、推广了六步法，流程化了操作程序和制度，加强了项目前的孵化，提高了后项目的评估质量，追踪、记录、分析了相关问题的关联性，有助于后期针对性地处理、应对，加上前文提到的项目效益对比分析，渐渐地，采购的早期介入、全程参与，自然成了"流程性的必要"。

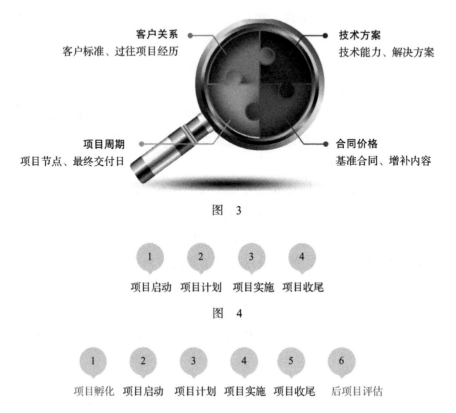

图 3

图 4

图 5

有了前期的沟通和铺垫，再加上这些流程上的要求、约束，采购"被主动地邀请"早期介入、全程参与，采购对采购成本的覆盖率也由之前的几乎没有、偶尔被问及，到全面覆盖，从而有效地避免了过往一再发生的技术文档缺失，报价基准不明确，采购价格、供应商选择等方面的异常波动，项目财务绩效不断恶化，交期不可靠等不良因素和现象发生的冲击。

阶段性小结

帮助销售做销售，最关键的第一条是"游戏规则"，第二条是"对手是谁"，帮助销售用采购的眼光看采购，引导销售收集、整理、观察、分析客户的采购管理流程、手段、方法等。在条件允许的范围内，深度挖掘客户策略、方向、预算，找准合适的客户、参与对口的项目，进一步了解竞争环境、竞争对手。

主动追踪竞争对手的业务动态、产能分布、项目优先级等参考信息，早准备、敢于面对面、能打硬仗。

这些改善重点体现在运营角度、管理模式（早期介入、全程参与）等诸多方面，团队内部分工更专业、核心能力得以提高和展现，部门间合作主动意愿有所加强，互动性好，很多问题得以早发现、早曝光、早处理、早解决，团队间相互学习、借鉴，经验、教训通过知识管理，得以传承和应用，归纳为7色花模型（7点改善）（见图6）。

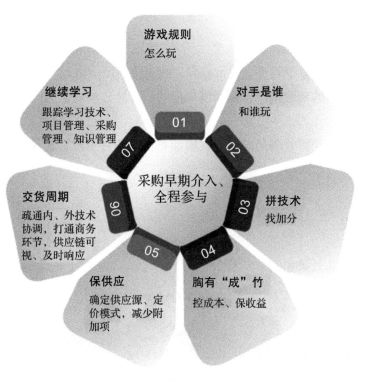

图 6

客户的流程、习惯、人员、决策树、过程文件等，提前准备、要求项目执行组的相关核心人员早期参与，熟悉、了解客户要求、技术能力、实施方案等。区分对待国内、国际，一线、二三线竞争对手搞清楚对手是谁（见图7），清楚和谁一起玩。

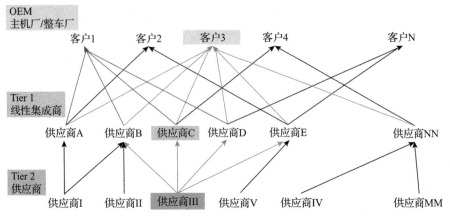

主机厂规划、维修、采购人员专业素养高，内行、懂门道、算得精、卡得紧
控制力强、竞价手法多

图 7

跟踪、观察竞争对手、竞价差异，找定位、定策略。

制定合理的定价机制，调动供应商的积极性，早期参与、实质性投入、报价。

可以事先获得管理层的批准，增加竞价时的自主权、选择权，更机动、灵活。

实施效果

项目实施效果如图 8 所示。

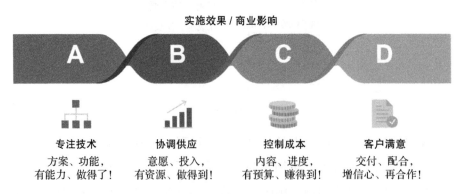

图 8

（1）达成销售业绩翻番的集团指标。
（2）供应链基础稳定、供应商关系改善。
（3）管理者认同，职能部门间协同合作意愿加强。
（4）通过分享合作成果、改善供应环境，供应商关系（见图9）得以进一步的改善。

图 9

经验总结

发现问题

进入新的行业，当时集团下达的任务是销售翻番，老采购的能力、意识、做法不配套。这里说的老采购是指在采购领域工作数年，直接采购、间接采购方面均有涉猎的人员。

当时我们面临的最大困难是人，以个人、组织形式存在的群体人，以及他们不同的背景、岗位职责、诉求等，最欣喜的是管理层的支持，推动了流程、制度上的建设，协调、统一了认识，同步了管理指标，等等。

找到方案

采购是内部流程的接棒手、问题焦点，从这里出发，配合销售找到了提升销售的一些方法、实践，过程涉及项目管理、工程、财务、采购等多个部门、多个管理流程，通过团队合作，以及管理层的支持、推动,实施了案例最后归纳的 7 点改善(7 色花模型)等。我希望通过案例大赛,和大家一起分享、借鉴和相互学习。

不断改善

虽然这些商业实践已经产生了一些积极的意义和商业价值,但实践本身依然在路上,还有很多待完善的地方。另外,一些进一步的措施也刚刚开始导入、实施,过程中再次遇到了业务群和公司集团层面的多个组织重构、管理权限的再次分配、汇报路径的重新设置等的变化,都需要在新的管理结构下和新的管理层进行充分的沟通和梳理,以应对新的管理制度、管理层的要求,修正实施方案、路径和阶段性的管理指标等。

[点评 1]

案例中的采购早期介入、帮助销售做销售,在时间紧、预算紧、组织结构复杂的项目或者日常业务中,可以起到显著的改善作用。

采购早期参与,围绕的无非在价格、交付、质量上怎样早期介入、了解第一手信息,让采购不再背黑锅,同时也能帮助企业和销售更好地服务客户。

我在工作中也遇到过类似情况,除案例作者提到的方法外,对交期和质量方面,略做一些补充,如果遇到组织结构太复杂,无法轻易说服其他部门让我们采购早期参与,我还会使用严格的考核指标来进行量化呈现,比如对于交期,可以量化成:

- 客户要求时间多长?
- 实际该项目 / 订单完成时间多长?
- 端到端环节,报价时间 + 客户订单处理时间 + 采购订单处理时间 + 供应商交付时间 + 运输时间等。

这样 360 度无死角地呈现出每个环节的时间,采购就可以从合情合理的角度更快地介入，同样，也可以用数据呈现出具体哪个环节问题较大，比如案例讲到的销售报价时间太长，因为不用数据纯粹靠嘴说，或者举某个特殊案例，别的部门会非常反感，尤其是面对销售部门时。

此外，案例也提到项目预算问题，我的经验的是，不仅要参与，而且要发挥采购对于技术的理解，从参与设计，到能够影响设计，进而在设计阶段就能让后续的供应商报价可以在理论上更低，这个也是采购熟知的供应商早期参与概念，不过采购如果在技术上很专业，就没必要让供应商正式参与。

周海

物流&供应链专家

"菜鸟漫记供应链"公众号创建人

[点评2]

"与管理层的沟通缺乏、不畅，在公司内，采购管理的地位和价值贡献被低估，往往是被投诉、埋怨、诟病的对象。但凡项目上有状况，一说起来，都是采购的错、供应商的问题。"

这应该是很多采购经理人苦苦挣扎、立志消除的内部负面舆论。每个采购人都希望所做出的努力能被管理者认同，被内部客户尊重和信任。

本案例的亮点在于，作者从一个企业管理者的角度来解决采购所面临的痛点。中国人民大学商学院教授包政在彼得·德鲁克所著的《卓有成效的管理者》中文版的推荐序上这样写道："对于一个管理者而言，应该关注三个方面的贡献，即**扩大组织的直接成果、强化组织的存在价值，培养明天需要的人才**。"

围绕"直接成果"，作者运用了多种流程、工具及方法，归纳出了采购面临的三个痛点及原因：预算和采购成本差异明显是因为很多报价并没有在相对完整的技术要求基础上获得供应商的报价；准时交付率只有 40% 是因为没有很好的供应链安排、储备，没有按照设定的提前期释放订单；采购物料的合格率在 70% 是因为供应商的整体能力有待进一步提升。

除此之外，本案例作者实践了"横向的贡献意识"，即究竟能为其他人、其他部门乃至整个组织贡献什么？怎样使专业化的分工体系有效地协同起来？这也是本案例给出的一个解决问题的切入点：帮助销售进行销售，尽可能地利用项目评估的机会，把项目管理过程出现的主要问题、差异、可能的原因及应对措施，逐步分享给了团队和管理层，从而为采购赢得了早期介入、全程参与的机会。这也是本案例作者的高明之处。

本案例作者就采购现存的痛点，通过相应的策略、配套、业务分配、供应商开发等投入，使供应商的整体能力获得了进一步的提升，平均抽检合格率达到了 90%，准时交货率也接近 80%，而且建立了一整套的评估、跟踪办法和业务奖惩机制，使供应商群体清晰、稳定，合作意愿也大大加强了。这一系列的改善，强化了采购部存在的价值，自然也会博得管理层的信任及内部客户的认同。

成本、交期、质量是采购的核心指标。作为一名采购管理者，我们不仅要低头拉车，也要抬头看路，以全局的观点来开展采购工作，只有这样，采购才能对企业有持续的贡献，内部客户的满意度自然也不会低。

张晴雨

中国采购商学院

[点评 3]

案例标题立意新颖，一看标题，让人颇感亲切，一连串熟悉的关键词映入眼帘："老司机"（什么才是老司机）、"新问题"（遇到什么新问题了）、"提前介入"（提前到何时）、"帮助销售"（如何帮助）。带着这些问题，通过学习和品读这个案例，我能得到一些领悟和启发。

下面是我从一个采购从业实践者角度，对案例的 5 个关键词的思考：

关键词 1：困难

问题共鸣——困难（站在客户采购的维度）。

因公司业务需要，经常开展大型专案项目性采购，通过招标竞谈过程，对供应方采购的最大感受是，供方采购与销售完全脱节，销售胡乱向客户拍胸部，成本预算不准确，询价不严谨、不专业，采购信息严重滞后，正如该案例项目性采购的特点：大型设备整线配套采购，投资金额大，采购周期短、协同频率高、质量难度大等。而客户的期望值又特别高，这对供方采购综合能力的要求特别高，这些问题确实几乎成为相当比例的企业的现状写照：内部对采购满意度低、认可度低、采购管理层次粗放、人员素质不匹配等。

案例作者运用专业工具，方式方法得当，步步为营，取得了良好的效果，企业的共性问题，遇到"老司机"就不再是老问题。

关键词 2：超前

对客户端——超前。超前，即准备工作走在销售的前面，预判预测工作还要走在客户的前面，销售和客户未产生正式立项采购需求之前，采购以前瞻性眼光和对行业趋势的理解，自行超前列入计划，从而超前准备，进而才能超前理解客户的真正需求，只有理解客户真正要的是什么，采购工作才会事半功倍，因此采购 50% 的工作精力用在前期，在客户立项萌芽阶段，采购即开始提前布局（包括人员安排、资源准备）、有意识地收集相关供应资源和储备候选合作伙伴，将采购工作的重心前移，如该案例中的提前介入，更甚是超前介入，是减少和解决采购问题的根本前提，这样做可以至人而不至于人，变被动为主动。

关键词 3：走访

对供应端——走访：供应商访谈是采购管理范畴最能快速找到问题根源的重要途径，也是捋顺采购管理工作成效的基础，这在本人多年从业实践中百试不爽。正如做市场的主要时间在拜托客户的路上，从事采购的也应常常在跑供应商的路上。文中提到的供应端的各种问题，只有勤走访谈，广泛深入一线了解情况，一切问题才能解决，无论对供应市场调研、销售者需求变化、供应矛盾症结、寻求解决方案，都需要大量的供应商走访、收集第一手资料作为信息支撑。

关键词 4：协同

对销售端——协同：与销售进度等同，与销售信息同步，捆绑为统一组织整体，突破部门墙，我中有你、你中有我，既合作又分工，对外是整体，共同报价、共同投标、共同做方案，对内直接同步，中间不做传递，我们甚至将专项采购员的办公地点调整到与销售一起集中办公，如此形成协同高效作战，减少信息失真，将部门墙化解于无形中，从而建立相互依存关系，销售优势取决于采购，采购优势决定了销售效益，换言之：帮销售就是帮采购自己，用销售思维做采购，使销售更理解采购。

关键词 5：流程

对内部管理端——流程：形成固化流程保障，打破公司设立的集团人事组织架构（垂直型、交叉型、双轨型），重构作业流程，弱化行政架构，强化作业流程无缝连接，设计业绩指标捆绑考核为辅助，跳出采购做采购的局限。

总之，采购管理是一门综合学科，每位采购从业者，既要研究人和人性（采购就是与人打交道），又要广泛持续学习采购四大专业技能知识（供应商选择策略、价格分析与成本管控、双赢谈判技巧、采购合同风险等），并将知识践行运用，使经验知识化、知识结构化。

通过案例可以看出，该案例的作者知识功底深厚、实践经验丰富，而且系统接受过采购专业技能训练（从文中运用的各类专业工具可见），是一名能真正解决问题的"老司机"。

尹邦久

中饮巴比食品股份有限公司集团采购管理中心总监

[点评4]

本案例展示了该公司在项目采购中，采购管理者克服内部管理难度，降低外部供应风险，从项目管理流程再造和制度优化、分享合作成果到改善供应环境，实现供应链价值提升，具有比较全面的供应商管理理念和较高的战略思维能力。这个案例有很多值得我们借鉴的地方，总结起来有以下几点：

（1）**管理层支持**：如果没有管理层的支持，采购部门仍是组织内的"外人"，没有参与项目前期的技术标准制定、供应商评审和报价等，采购管理地位和价值贡献被低估，都给后续项目执行采购埋下隐患，不会取得优异的成果。管理层的支持对整个组织的团结协作至关重要。

（2）**标准化流程**：推荐推广六步法，加强项目前的孵化和后项目的质量评估，早期介入，全程参与，自然成了"必要的流程"。建立了制度流程标准，协调、统一认识，同步管理指标，有利于提高采购效率，降低采购风险，维护内部考核的公平、公正。

（3）**供应链优化**：会同设计、项目管理等部门联审供应商能力，择优选用配套供方，推动品类管理策略，提升供应商合作意愿，同时对更广泛地寻找供应源策略性安排有了更明确的方向和重点，切实保障了项目的顺利实施，使交期压力得到有效缓解。

（4）**跨部门协作**：事实上采购渗透到组织的各个角落，需要其他职能部门在决策时都考虑采购问题。采购工作不仅要求采购管理部门的员工有鉴别和开拓重要的采购管理机会的能力，也需要得到其他部门的支持。采购管理者越早参与新项目的研发过程，作用就越大。

（5）**精准化提升**：在新的岗位环境、变化多端的行业环境下，采购管理者能够准确找到采购执行难的痛点，并做有效提升，帮助销售做好销售，实在难能可贵。精准的改善和提高可以帮助销售有的放矢地解决了问题的"症结"，顺利完成销售业绩翻番的集团指标。

另外，在本案例中，早期介入抓痛点、理流程不仅涉及采购商务元素，更涉及高层、生产、质量、销售、研发等多个环节，本案例作者主动服务和大局意识非常强,不畏困难,牵头协调,边做边学,运用了多个成熟的采购管理理论研究成果,在实践中总结归纳出卓有成效的7色花改善模型,我认为这种经历是非常宝贵的财富,提高了职业采购经理人的职场核心竞争力,见证了个人与公司发展的完美结合与统一,值得广大采购同仁借鉴和学习!

周加兵
浙江亿利达风机有限公司供应链管理中心供应链管理部经理

[点评5]

在本案例中,采购改变了被动的工作状态,通过早期介入、主动参与营销项目,帮助销售做销售,共同服务好客户,最终在成本、交付、质量等方面取得了好的绩效,充分体现了战略采购的价值。提到采购早期介入,往往我们想到的是研发项目,但其实对于营销项目,采购早期介入也是非常重要的,因为一旦客户方案确定,后续在项目交付执行过程中,如果再想更改,就会事倍功半,最终影响的还是采购。如何做好营销项目早期介入?结合本案例,我谈一下看法。

(1)**产品规划**:采购要与产品研发、营销一起进行产品规划,建立优选产品目录,且要做好优选产品的成本确定、交付、质量保障工作,通过建立"粮仓"的方式,让营销有的放矢,引导客户尽量选择优选产品。

(2)**项目过程管理**:在项目投标时,采购早期介入,对新选型、定制、非合格供应商等场景提前进行风险分析和应对。风险主要包括质量、成本、交付等,需要与供应商共同解决,另外要建立决策流程,对于风险大、不符合采购原则(如指定采购)的情形,需要有集体决策机制。

(3)**项目交付阶段**:在项目批量交付时,需要重点关注供方产能和质量保障,并且按照齐套进行进料管控,做好运输线路规划,确保高质量、高效率交付。

客户的成功就是企业的成功,也是采购的成功,采购早期介入营销项目，在组织、流程、人员和工具方面，需要每个企业结合自身特点进行规划设计，这也是采购从小采购走向大采购、战略采购的必经之路。

李腾飞

中兴通讯股份有限公司采购管理及稽查部部长

[点评 6]

对于采购人员帮助销售做销售，实现预算、质量和交付的控制目标，本案例无疑是非常成功的。可是，如果我们进行一些深层次的思考，除采购外，其他如研发、技术、生产和质量等部门如果都同时支持销售，那么局面是不是会更好？

事实上，销售部门作为公司的代表，直接面对客户，通过合同对客户做出承诺，所依靠的就是公司内部各部门和供应商给予的业务支撑。销售目标所考验的是企业的综合竞争力，需要产品研发、供应链、质量保证、管理体系、成本控制、人力资源、市场营销等所有体系各司其职，合力共同推进目标的达成。

案例中公司的管理体制是项目制，作者所在的项目组就是一个由相关部门的专业人员组成的多功能小组，共同协调推进项目的进展。项目经理是多功能小组领导，协调项目推进过程中的资源，理顺成员单位的关系，并对项目的各项指标负全责。

如果按照案例中"采购帮助销售"的逻辑，就一定会有"质量帮助销售"或者"其他专业帮助销售"的说法，这是不是说明项目经理没有厘清小组成员职责或小组成员存在能力不足的问题？

几年前，我参加过一次丰田汽车公司组织的项目小组管理方面的培训，培训老师要求各小组成员按照组长确定的职责分工"各扫门前雪"——把自己承担的工作按要求做到位。当时有的学员就提出疑问：出现"空当"怎么办？出现"短板"怎么办？

培训老师的解释是，在进行职责设计时已经覆盖所要求的全部业务内容，也对各项指标进行了统筹考虑，通过明晰岗位职责衔接可以避免业务"真空",通过提升专业水平能够杜绝体系"短板",只要大家都按要求完成了各自的工作,就一定能保质保量完成整个项目的目标。

在项目小组里,销售代表的立场是客户,要从客户的角度向公司"挑剔"地提出要求,确保客户满意;质量代表要从专业的角度提出满足客户质量要求的方案;采购代表要对供应商的工艺情况、产能情况、价格情况和交付能力等提供决策依据;其他如人力资源、财务控制等专业也都为项目整体日程提供科学的支撑。

各专业人员"高标准"地做专业的事,才能保证多功能小组的作用,才能让销售人员做出的承诺有根有据,才可以避免日后工作的诸多隐患。以"敬业"和"专业"著称的丰田人是这方面的典范。

丰田公司的采购人员进行价格谈判时使用的"8页纸报价法",把产品成本的构成分成8个方面,如原材料、外协件、加工费、模具费、包装和物流费等,每一项形成一页明细表,通过这些明细表就可以高效精准地核算出协作件的成本和价格。由于人员具备高超的专业能力并掌握了科学的计算方法,很多供应商在供货很长时间后才发现,丰田人对其成本构成掌握的准确程度竟然胜过了供应商自己!

因此,在项目管理中,科学的组织架构、明确的业务分工、高水平的专业人员和积极向上的团队氛围,都将为项目的成功奠定基础,也将为企业的发展提供保障。最后,我希望,案例中的项目管理团队能够借鉴先进经验,在学习和思考中不断成长!

杨成延
中国第一汽车股份有限公司工程部高级物流专家

讨论与思考

○ 作为采购,你是否对公司的销售业务有充分的关注?

○ 在现实工作中,如果采购早期介入,一般会遇到什么困难?

TOP PURCHASER
IN CHINA

第五篇
数字化采购

X 公司 MRO 数字化管理演进之路

（2018 年优秀奖　祝圆圆、赵琳　上海固买）

推荐语

供应商数量众多、使用部门需求不明确、标准不统一，经常"急急急"，这是 MRO 物料采购的几大痛点，导致采购人每天忙却没有成就感，不但没功劳（降本），有时还没苦劳（经常被抱怨）。如何解决这些痛点呢？

很多公司在做这样的尝试，即通过数字化采购平台解决问题。但各个数字化平台各有所长，如何筛选供应商？如何管理海量物料号？如何选择合适的 MRO 产品？数字化采购平台又怎能有对应的解决方案？这些是采购人的疑惑，也是选择平台供应商的难点。

本案例作者选择的平台供应商是通过"SaaS 平台 + 驻场服务"的模式来解决这些问题，供大家选择数字化采购平台时参考。

宫迅伟

X 公司是世界 500 强公司之一，进入中国市场多年，在中国有多家工厂，在所属行业亦是龙头企业。我作为一名普通的采购人员，当初加入该公司，也是因为看重外企在技术创新、管理规范及未来发展上有更高的效率等优势。

然而，情况并不是我想象的那样。

MRO 采购乱象

作为在华 30 年以上的资深外企，X 公司的技术优势尚存，但"本土化的经营管理"使得 MRO 采购管理并无任何先进之处，加上全球化的决策链条过长，令我们对于市场的应变机制变得更为落后。

随着商品经济的发展和信息技术的进步，虽然企业管理基本实现了电子化，普遍使用 ERP、SAP，但这是对于内部管理、主材管理而言，我们 X 公司的 MRO 管理体系，就像是令狐冲所处的波云诡谲、刀光剑影的江湖，哪里能快意恩仇、真正笑傲。

和大多数企业一样，我们的 MRO 采购分散在不同的职能部门，集中管理实现程度较差，部门间沟通不流畅，导致工作量巨大和潜在的采购错误风险频发。

三家比价，并不是最佳方案

公司在中国有 60 多个事业部，员工人数上万，有 30 多个工厂，每个工厂独立采购。单每个工厂间接物料 SKU 就达几万个，且每天有新增物料产生，采购每天面对需求部门提出的采购需求应接不暇。这就使得总部的集中管控形同虚设。

总部的招是，规定超过 1000 元的产品必须经过三方比价。

这一规定使得采购部门更是一地鸡毛，面对一次性采购的物料，很多供应商能按时报出价格已实属不易，三方比价更是难上加难。日常的询比价，足以把工厂采购人员压趴。

这种情形产生了多少 MRO 供应商呢？总部集中采购的供应商就有上千

家，30多个工厂平均下来供应商数量也有上百家。延伸出来的问题是，每家供应商根据采购量及区域属性的不同，结算的价格与结算的方式各有不同。

其中，只有大约 10% 的供应商因是核心供应，我们还能展示正常的"甲方气质"，其他供应商，由于我们的采购量小、批次多、总价低，要货又经常很急，因此他们经常在谈判沟通中处于上风，对我们摆出一副趾高气扬，甚至指手画脚的姿态。情景请自行脑补。这也就算了，供应商的实力和服务参差不齐，还时常出现交付不及时、产品质量出现问题、发错货、无法提供售后服务等一系列问题，使我们投入的管理成本和精力都非常巨大，却效果甚微。让人气馁的是，供应商的数量和管理工作却与日俱增，想到要和某些不友善的供应商打交道、催货、要求售后，我们上班就痛苦万分。

需求模糊

这么辛苦地工作，换来的却是各部门的不理解甚至是攻击。每个工厂都是独立采购的，原则上信息并不透明，也没有官方的沟通。但人是活的，会有信息的沟通，却又没有那么彻底。这就很让人抓狂了。

需求部门经常会说：上次徐州那个厂用的刀具就挺好，先采购一批，给几个车间用用，或者某个领导说：去北京视察的时候，小张（应该是某位部长，但姓张的部长有很多啊）推荐了 A 牌子的复印机，我们也采购两台。这里面的信息量就巨大了：徐州的刀具肯定也有好几个牌子、类型、型号，具体是哪个？徐州对接人是哪位，他还能记得吗？先给哪几个车间用？每个人都用还是就几个骨干用？采购量多大？再说到复印机，"小张"是谁？是我能随便找的吗？小张推荐的复印机，是什么型号的，好在哪里？这个型号是老款不生产的话，用哪个新品能符合要求，或者同类中替代品，也能接受吗？

当 MRO 采购的痛苦之一就是，物料名称及型号没有唯一标准，对于已经采购过的物料，系统无法实现唯一记录，经常同一物料会生成不同的 SKU，加上需求人描述不准确，采购数据更是无法准确管理。莫名背上工作不专业、效率差的锅，对 MRO 采购来说是经常的事。

那么，徐州的刀具、北京的复印机，最终能采购成功吗？答案是不一定。例如，领导连小张的名字都叫不全，对复印机的重视程度是强是弱呢？当我们采购人员发扬打破砂锅问到底的勤恳积极的工作精神，一再找领导、找需求人（也许根本就没有需求人）确定产品的名称、品牌、型号，什么样的替代品可被接受时，如果这个物料没有了，我们是降本采购，还是升级采购？如果复印机是北京产的，送到南方总部加上运费花费多不说，维修服务也是问题。就买2台，我们找多个供应商比价，是找单价低的，还是本着将来也要批量采购的初衷，找批量价格低的？凡此种种，都大大降低了我们对供应商的谈判力度和降本空间。

权力分散、危害严重

MRO采购供应商的管理是人杂事多。某些时候，MRO采购供应商经常展现出雄霸一方舍我其谁的"大哥"气质。有时候，使用部门比较强势，他们会直接决定要用哪家供应商。

这样，有些供应商，没有按照正常的供应商引入流程就开始给我们供货了，导致我们在物料质量的保障上存在严重缺陷。由于缺乏管控力度，仿冒产品频繁出现，普通的高仿版可能觉得危害不大，但工厂安全第一，有时候假货的危害一旦迸发，那就是性命攸关的事情。在这种时候，事态之外的部门看"传球"奇观，事态牵涉的部门和员工可就像热锅上的蚂蚁了。我们采购部门更是首当其冲。

既然各个工厂有独立采购权，那对总部指定引进的品牌供应商就可以"将在外军令有所不受"了。满足工厂的生产需求是首要任务，需求人和采购是可以选择自己满意的供应商的。

有时候，供应商为了避免价格竞争而改动产品型号，这对其他供应商的比价是不公平的，但网开一面、睁一只眼闭一只眼的情况又的确是存在的。久而久之，信息透明、产品信息标准化、总部集中管控等都只存在于文件中。

这种情况日积月累，就像蔡桓公的病，一开始还能说"寡人无疾"，不治亦可正常生活。日子久了，痛点扩大成了痛面、成了痛体，不能再坐视不理、讳疾忌医，不治将恐深。

把 MRO 外包就可以了吗

2014 年，我们 X 公司采用了通过集团统一采购的线下 MRO 供应商整包的方式来解决这些痛点。我们确定了 3 家 MRO 外包供应商，具体通过两种方式进行：

1. 年度招投标

多次采购物料，通过线下招投标的形式，邀请 3 家供应商线下清单报价，以清单整体最低价来定标，定标之后，中标供应商与 X 公司签订年度协议，集中为 X 公司供货。

2. 日常需求

对于新增的日常需求，30 多个工厂的采购每次分别发给 3 家供应商进行线下报价，价格低的下单采购，决策权在各工厂采购手中。

然而，实施起来却并没有想象中那么顺利，我们遇到了很多困难，具体如下：

- 各工厂在实际执行过程中，对于总部提供的"空降供应商"存在敌意。工厂系统中本身就有长期合作的当地供应商，虽然 MRO 整包供应商名义上中标，但是工厂可以借由各种理由拖延、拒绝下订单给该供应商。
- 日常需求，各工厂只是把一些难啃的骨头给到 3 家供应商报价，信息在线下不共享。
- 由于信息不共享，物料还是无法从根本上实现标准化的替代及降本。
- 物料难以澄清的问题依然存在。
- 系统供应商数量有增无减，管理供应商的成本继续与日俱增。

由于没有实现"来源可追溯，历史记录明晰，去向可查证"，采购和其他部门之间沟通的协同性、实时性和复杂性，就要全靠"个人能力"去解决。但这不应该是某个人、某个部门的任务，而是整个 MRO 采购管理的任务。采购物料是否合理、能否完成交付、备品备件是否合理、物料质量有否保障等考验的是整个 MRO 供应链的有效性。

这种隔靴搔痒的管理模式执行了3年，高层终于不再对它抱有期望。只有数字化、可视化，才是达成透明、合规的关键门径。只有电子化、智能化，才是达成降本、增效的必要举措。

我们X公司作为全球能效管理与自动化领域的数字化转型专家，30年来致力于行业变革，是中国经济快速发展的见证者和贡献者。在小小的MRO解决方案上的一时挫败，只能让我们更加坚定要实现"总部集中管控、高效透明合规降本"的目的。

数字化转型才是最终方向

2017年4月，MRO供应链数字化管理模式还处于发育阶段。服务企业可谓百花齐放，各有特色，有的在国外有成熟模式和较高的口碑；有的资本实力雄厚，有市场接受度很高的电商平台；有的本身体量不大，但借助SaaS平台，具备灵活的多样性，能为客户提供定制化的个性服务。

我们梳理了MRO采购过程中的一系列痛点：日常询比价烦琐、供应商众多、历史数据难以管理、物料难以澄清、总部无法根本实现集中管控等。由负责MRO物料采购的团队提出了数字化转型的想法和雏形，目标如下：

- 实现整合MRO供应商资源的目的，通过平台化方案强化供方准入。
- 提升询比价、下单及支付效率，打通系统和流程，提升运营效率。
- 通过在线MRO采购工具，实现全程透明、可追溯，保障流程合规。
- 在运营方面，改善供应商产品交期和服务的一致性，缩短询比价周期，简化对账支付流程。
- 硬降本：通过平台化采购，每年实现MRO采购成本节省5%。
- 软降本：削减供应商数量（以长尾供应商为主要目标），统一开票结算。
- 集团所有工厂在平台一体化运行，实现集团统一管控，提高效率。

我们以此为目标寻找可以实现这一目标转型的合作伙伴。

通过前期搜寻、开发与了解，有几家公司进入了我们数字化转型的候选名单，经过几轮交流后，最后有一家公司的模式吸引了我们。这家公司是上海固买供应链管理有限公司，它提供的是一种"线上云平台实时寻源智能匹配＋线下驻场工程师协助采购服务"的模式，这种模式契合我们全程数字化、过程合规、数据透明的需求，便于我们事前预防、事中控制及事后反思，且引入"非利益攸关的第三方线下驻场工程师"，能在相对中立和客观的立场提供合理的意见和协助，对保障信息和流程的公开公正、确保举措落地见效，具有保障和强化作用（见图1）。

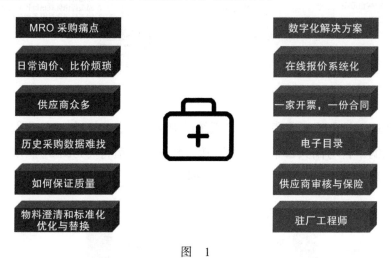

图　1

在多方研究后，我们相信这种模式应该能帮助我们解决我们的MRO供应链的陈年旧疾。经过多轮磋商，我们达成了合作的意向。

这个线上云平台是一个SaaS平台，链接企业内部管理系统、企业内部供应商、海量平台供应商，能帮助我们完成MRO供应链平台化、数字化运营。我们需要实现所有用户统一登录到平台进行操作，系统需开通询价、下单、结算三个功能模块，在这些功能实现的同时保证几个原则：单一系统、流程贯通、透明高效。

云平台需要筛选优质供应商，并且不断更新供应商资源，供我们无限使用，平台可以实现报价、核价、还价功能，在这些功能的驱动下，我们能够从平台获得优质报价和保底报价。

当我们定标下单，云平台中标，供应商送货后，固买公司能够针对所送物料统一提供售后服务，所有环节结束后，固买供应链和我们公司单点结算开票（见图2）。

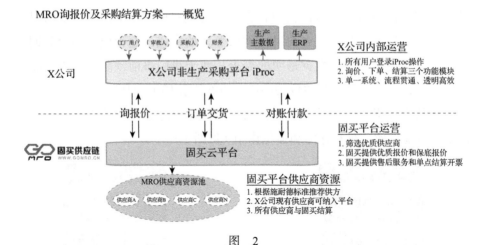

图 2

经过半年多的细致磨合及IT系统的对接开发,2018年5月我们公司非生产采购平台与固买云平台全面对接,整体上线运行(见图3)。双方在各自的系统中独立运作同时又可实现数据交互协同。

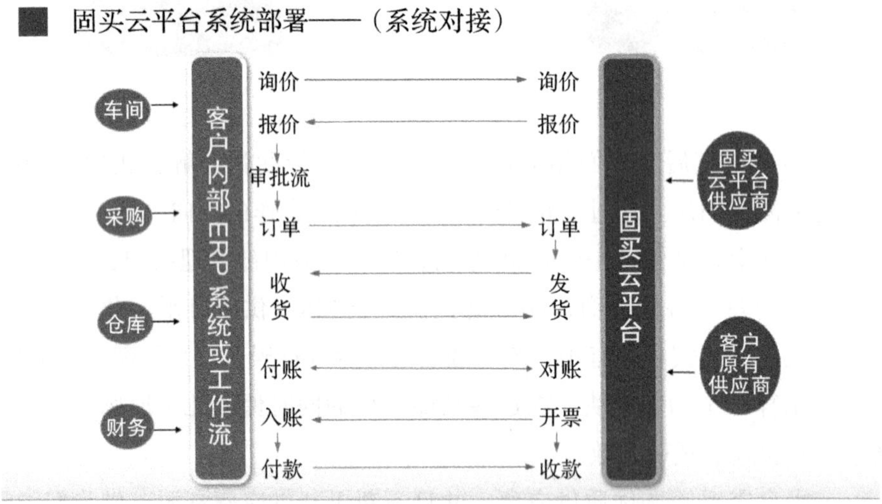

图 3

合作模式

X公司各工厂依然在各自的系统中发布采购需求,固买云平台同步接收所有需求，加上驻厂工程师线下的服务，以及固买平台供应商和客户原有供应商在线实时报价，报价信息同步到客户系统，采购和需求人根据报价结果，以最低价原则线上核价、定标、下单、收货、对账、结款，真正实现资金流、信息流、物流的透明结合（见图4）。

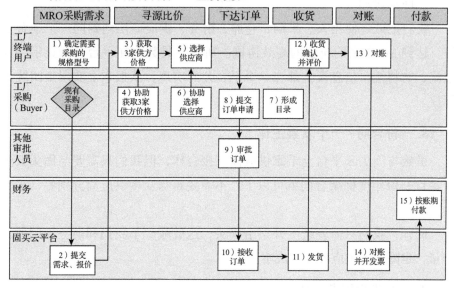

图　4

对于内部流程，总部从MRO采购需求、寻源比价、下达订单、收货、对账、付款方面，把需求人、采购、财务的权限设定出来嵌入自己的系统中，同时串联到固买云平台当中，从根本上实现集团对数据的统一管控。这一业务流程堪称采购界"民主集中制"的典范之作。

经过一年多的运营优化，我们公司当初MRO数字化转型的预期基本实现了：30多个工厂、60多个开票单位在平台上一体化运行，高效合规，实现集团统一管控，日常和年度MRO采购全部在线完成，提高效率，当初遭遇的诸多痛点逐一瓦解。

改善效果

通过实施固买线上云平台之后，我们至少有8个方面得到了优化和改善。

1. 透明降本

公司采购人员对原有供应商和固买云平台供应商在同一平台进行在线询价，整个采购过程透明合规，对降本十分有帮助。

据统计，这种方式使我们年度整体降本达到 12%。

2. 高效协同

我们把最终使用人、采购、仓库、财务、供应商协同到同一个平台工作，达到 MRO 采购流程的高效协同。所有交易数据在平台公开显示，资金流、物料流、信息流全部在一个平台公开实现，从根本上实现集团统一管控。

3. 一份合同/一个发票主体

虽然与固买云平台上千家供应商直接合作，但我们只需要与固买云平台签订一份年度框架合同就可以了，不需要再与众多供应商分别签订采购合同了。

同样，我们只需要统一开票给固买，这就减少了我们和财务部门的工作量，也降低了供应商管理成本。

4. 一个售后服务主体

所有的售后服务，由固买公司统一协调供应商为我们公司进行服务，降低我们公司供应商管理的风险及效率的提升。

5. 物料标准化

历史采购数据显示，物料标准化逐渐实现。在澄清过程中，类似物料替换成同一品牌，减少 SKU 数量。例如，针对某一个物料，我们将 65 个品牌集中替换成一个品牌。

6. 内部商城

针对需重复采购的物料，固买云平台上提供了定制化的内部商城，各工厂可以直接在商城中采购物料，提高采购效率。

7. 质量保障

固买云平台对于入驻供应商的审核有着严格的要求，所有入驻供应商在符合基本入驻资质的同时,还需要签订入驻协议并且缴纳保证金,入驻之后,固买云平台定期根据平台交易数据对供应商进行数据分析及考核。值得一提的是,固买供应链还为客户买了产品质量责任险,针对我们公司因固买云平台交易的物料所可能产生的质量问题,以及因为产品所可能导致的人员伤亡,单笔最高赔付 500 万元,大大免除了我们需求的物料在质量保障方面的后顾之忧(见图 5)。

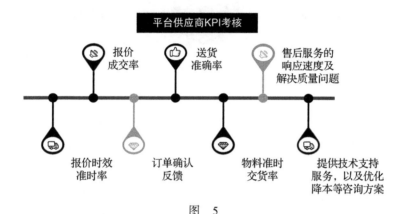

图　5

8. 驻厂工程师服务

我们公司在全国有 30 多个工厂,每个工厂物料繁杂,在澄清、交付、售后过程中会产生一系列问题。要解决这些问题,正是"外来的和尚好念经"。B 端数字化的转型离不开线下的人员支持和服务。

在人员支持和服务方面,我们的抓手是,继续采用第三方公司固买供应链的线下整包服务——驻场工程师。由第三方的驻场工程师负责采购前的澄清、采购后的交付、售后、优化,帮我们释放内部人员的压力,把具体要求落到实际操作中,解决我们难言的痛点(见图 6)。

降本收获

我们将有全球协议的合作产品及招标采购物资纳入内部商城集中下单订购,为 30 多个工厂的采购工作带来极大的便利和数据的公开;其他物料进行一键日常年度或单次寻源操作,使需求人的需求通过公司内部系统进行发布，第一时间同步到固买云平台。

图 6

固买云平台的供应商和公司原有供应商共同为寻源需求进行报价、询价、比价、核价、还价、定标、下单、发货、收货、对账、结款全流程在线进行，极大地提高了采购运营效率，让公司实现年度直接降本 12% 以上；在软降本方面，减少了 90% 以上的原有供应商数量（见图 7）。

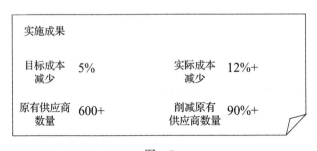

图 7

> **经验总结**
>
> MRO 的管理要注重流程中各环节的创新升级。以基于物联网的数字化技术创新驱动 MRO 管理向数字化转型，使表达更加标准、运营更加流畅，最终达到信息对称，协作高效。

> 要改变整体的采购环境，光有数字化的引领是不够的，人才优势才是真正的竞争优势，才能达到真正的智能交互。而这个人才，不一定是公司内的，也可以是行业内其他公司的。
>
> 商业模式的演进、供应链的合作布局，需要大家一起协同，可能是跨行业的，也可能是新兴行业的。把自己做大做全，独立解决所有问题的时代已经过去，智者当借力而行，与专业、灵活、走在创新技术应用前沿的第三方合作，往往能借力打力，更好地共同解决问题。
>
> 公司的 MRO 数字化管理演进之路，可谓历经百般磨难终成正果。

[点评 1]

对于 MRO 物料而言，行业做法是对物料进行分类，一类是共性物料或规模效应的物料，一类是长尾物料。共性/规模效应物料的采购方式是集中需求，框架化后制作成目录，做成内部物料 MRO 商城，一键下单，实现成本与效率的平衡。长尾物料的解决方案通常是平台化解决方案，就是通过内部采购系统与外部平台实现商品打通，以及交易信息的对接，也是实现一键下单、采购全链路可视的解决方案，这个方案的核心是解决效率和客户体验问题。这个方案背后的前提是采购业务的在线化、数字化，这个方向也是采购的大势，作者在 MRO 的数字化方向上的思考是值得推荐的。

两个需要引发关注的问题如下：

（1）把所有 MRO 的物料都放在外部平台对接，这样平台商家部分物料的成本比原厂没有竞争优势，这里要有数据分析作为前提。

（2）需要对外部平台商家物料建立核价机制，对外部平台对接的商品价格的合理性进行复核。

张厚宝

蚂蚁金服集团采购部负责人

[点评 2]

我有幸拜读了《X公司MRO数字化管理演进之路》，从一名采购实践者的角度，与作者产生了共鸣——无论是对还在发展中的民企，还是对流程成熟的外企，MRO管理一直处于分散的服务模式与巨量市场不匹配的状态。

正如案例作者所说，传统的MRO形成了供应商数量繁多但采购量小、批次多、总价低、要货急的状态，信息不透明、产品信息不标准是常态，在世界经济结构大调整的背景下，采购行业也迎来了MRO数字化管理的高潮。

数字化平台给采购管理掀开了崭新的未来：

1. 提高企业采购效率

原先MRO采购的方法超过1000元就三方比价，选出性价比最高的供应商。这种采购方法用时久，效率低，很耗精力。

如果通过数字化MRO寻找供应商，不仅可以在短时间内找到大量的供应商进行比价，还可以整合供应商资源。

2. 降低企业采购成本

原先人工的投入和需求的紧迫性，以及闲置库存同时存在，大大提高了企业的采购成本。而通过数字化MRO，实行硬性降本5%，软性降本削减供应商数量。

3. 提供完善的物流系统

数字化MRO提供驻场工程师和完善的售后服务保证，解决客户购买的后顾之忧。

从以上实践可以看出，数字化MRO在公司的应用完胜传统MRO，甚至完胜线下招投标，但也存在一定的风险：

（1）对于MRO的管理，不仅需要关注价格和外部成本、服务水平、质量，供应商专业性也是关键因素。

现场更具专业水平的产品介绍，包括参数配置、现场应用、改善建议等。从品类管理来讲，除了把标准件进行规格替代，还需要将非标准件结合生产现状进行标准化或者创新，这需要供应商有很强的技术背景且熟悉生产设备。此外，还需要将瓶颈物料往杠杆物料发展，因为数字化 MRO 的驻场工程师并不能完全满足技术背景要求。这也是木桶理论中集成化 MRO 供应商的短板，恰恰是这种短板造成很多集成化 MRO 供应商在执行中不断被挑战，以致自身生存能力不足，而需方领导层须花费大量精力提供支持。

（2）实现整合 MRO 供应商资源，削弱自身的博弈能力。

所有供应商资质的审核都把控在数字化平台上，战略联盟状态单一，杠杆物料和核心物料完全依赖数字化平台，导致自己在供求双方博弈中处于劣势；在供应源搜寻中也依赖平台，新供方的资质审核存在风险，没有细分供应商类别与管理。

当然数字化 MRO 还是发展的大趋势，物联网的发展将会使数字化管理越来越清晰化、健全化，但是在目前阶段，数字化平台并非万能的，取决于每个公司 MRO 管理现状及水平限制，尤其是管理层对 MRO 管理的认知程度。因此，建议相关 MRO 管理人员首先对本公司 MRO 管理现状进行梳理，从流程制度是否完善、管理或采购系统是否高效、内外部客户对于 MRO 管理认知水平等方面进行综合评估，找出目前制约 MRO 管理的痛点，同时放眼看外界标杆及行业发展趋势，建立逐步发展规划，不仅让 MRO 物料信息透明化，也让 MRO 递进管理过程透明化。

卢海波　AMCOR 中国间接采购经理
张红梅　AMCOR 中国间接采购专员

[点评 3]

本案例讨论的亮点在于整个 MRO 数字化管理演进过程中张红对数字化人才的重视，无论是通过数字化转型实现低效人工的成本减少，还是在运用新的数字化转型方案时对数字化人才的需求，都反映了这个观点。事实上，目前劳动力市场中数字化人才面临两方面的问题：

- 第一，拥有顶尖数字化技能的人才供不应求，无论是来自企业内部或者外部，他们都是企业成功实施数字化转型的关键，因此企业需要找到这样的顶尖人才去实施相应的方案。
- 第二，拥有数字化技术和行业经验的跨界人才非常稀缺，只懂数字化技术的人才是无法满足需求的，这也是大多数传统企业面临的问题。从通常意义上讲，我们将数字化人才分为数字化战略管理人才、数字业务分析人才、数字产品研发人才、数字化制造人才、数字化运营人才和数字化营销人才等多个类别，企业需要根据自己的数字化战略找到合适的人才，当然每个人的定位并非单一的，而是可以兼具多个角色的。

值得一提的是，案例中已经有了关于数字化平台战略如何应用的思想，从全球视角来看，无论是亚马逊、IBM、海尔还是华为，数字化能力的核心就是通过平台来构建的，这些数字化平台有助于提高基于数据决策的能力，并帮助企业建立强大的生态圈。

我们需要关注的就是如何在数字化战略实施过程中完成整个企业对市场需求响应能力的提升，数字化平台能够为直面市场与顾客的团队提供顾客洞察、服务供给、数据决策、实验创新四大能力支撑，赋能团队快速创新和响应变化，而企业的所有数字化战略正是建立于这样的基础设施之上，利用数字化人才进行实施的结果。

刘志毅
中国科学院杭州数字内容研究院研究员

[点评4]

从 X 公司 MRO 采购一路的辛酸历程来看，数字化转型也是"无奈之举"。作为国际性大公司，各个工厂独立采购的弊端显而易见，如果不能够实现信息透明、数据共享、统一监管，那么面对的就是"将在外军令有所不受""集团有政策，供应商有对策"，采购加班常态化，周围抱怨经常化。内部客户的不理解，停线的风险甚至最终客户投诉等事情层出不穷，间接采购难当已经成了采购界的共识。

X 公司推行的 MRO 数字化管理方式卓有成效，目标成本减少 5%，实际成本减少 12%，削减了 90% 以上的原有 MRO 品类供应商。整个公司在 MRO 采购环节更加标准、高效、透明与流畅。从使用效果而言，这一切看起来很完美。

不可否认，云平台提供了很大的便利性，为 X 公司的间接采购提供了更为高效的工作方式。平台数据一目了然，通过历史数据的查询、比对与分析，然后利用机器学习可以更好地帮助 X 公司实现物料标准化与精简 SKU，还可以实时追踪 PO 交付情况，协调售后，优化替代，等等。

但是，我也鼓励作者思考更多的问题。

首先就是 MRO 品类的分类问题，传统上我们说的 MRO 是指维修与作业耗材，也可解释为非生产性物资。很多时候，我们将生产工厂设备上的备品备件，以及小型自动化改造都归为 MRO 采购范畴。作为全球能耗管理与自动化领域的数字化转型专家的 X 公司自然在工厂数字化方面不甘落后，如果把自动化产线的改造、气动、液压、自动化、仪表、视觉等品类的采购完全通过云平台采购是否合适？

其次，MRO 间接采购是一项服务于企业各部门的工作，主要协调各部门之间的发展。关注内部客户甚至是外部客户的利益是间接采购很重要的工作职责。如果 MRO 品类分类不合适，平台的驻厂工程师有能力去解决这些技术性要求较强的 MRO 品类的采购吗？平台客服能够及时甄别 X 公司的需求吗？平台能够及时找到相关的技术资源来解决问题吗。忽视了这些问题，相关利益者的抱怨与不信任还会不会跟以前一样呢？平台如何有效融合供应链上下游的需求是无法回避的一个问题。由于是云平台作业，因此还需要践行企业的合规流程，完善沟通机制，将需求者排除在外的做法可能会给采购自己的工作带来诸多不愉快。

最后，作为间接采购，我们时常会为找不熟悉品类的供应商而烦恼，害怕自己的需求太少，采购频次太低导致供应商爱搭不理，但我们也害怕供应商实力过强，垄断供应。将自己公司的数据完全对接云平台的风险应该如何管控，作为采购的我们也需要思考。

一切新技术引发的变革，最高形式上都体现为组织管理模式的变革。宫老师讲过，"组织竞争的全部使命就是为组织创造竞争力"。X公司作为全球行业领导者，采购部门能否在采购数字化的帮助下对公司产能进行调整与协作，以及通过外部资源获取不断提升制造资源按需动态配置的范围、能力、水平和成效，这些都值得每一位采购管理者思考。

万曙峰

CPSM

康耐视视觉检测系统（上海）有限公司

汽车零部件行业自动化成本专家、资深大客户经理

[点评5]

本人长期参与企业的变革与管理工作，对企业各职能岗位颇为熟悉。不知你有否发现，有些岗位天生就是"背黑锅"的，在企业业绩上升期间，业务部门的光芒遮掩一切，其他部门即便有功，也不会被看到。

当企业爬坡、被诟病、整改时，必不可缺的部门总会有那么几个，这其中，人力资源部或采购部多是在劫难逃者。

说起采购板块的江湖地位还真是时也命也！早先只要贴上"采购"二字的标签，那就是领导平易近人、资源遍地的"万能交"，是甲方中的甲方；但随着经济法则的成型、组织风控体系的成熟，各种监管机制、招投标形式的科学规范，特别是领先企业管控实践的展开，采购的岗位含金量已江河日下，甚至状如案例中的同仁，多是一把辛酸泪的碎催⊖。

造成这种现状的因素有很多，以确保信息透明，产品信息标准化，而形成的总部集中管控制度，无疑是最佳举措，但也不可避免地牺牲

⊖ 碎催，是方言，是指伺候人、跑腿儿、打杂儿的。

局部的组织效率，同时也无法完全隔绝利益驱动链条，最大的难题是，缺乏足够的决策依据，因此在众多的工业品采购环节上不断上演着聪明人与聪明人的角逐。

MRO数字化平台的出现，改变的不仅是企业内部的管理效益问题，更是工业品采购平台领域的技术革命，即以企业内部需求为立足点，形成流量入口，进而形成内外平台对接、资源数据迭代。

此外，完善第三方平台的服务功能，不仅可以实现资源成本外置化，更是催生产业链做强做足的市场手段，更有甚者对提升从业者的行业操守、信用体系都将功不可没，再次印证了科技改变生活，未来是科技赋能商业的爆发时代。这其中重要的不是技术本身，而是技术和产业结合之后使产业发生的变化，希望我们都能握紧这种变化。

张伟

北大纵横管理咨询集团副总裁

讨论与思考

○ 你所在的公司的MRO物料采购合规问题，是否受到重点关注？

○ 这种云平台的方式，是否可以从根本上解决采购的痛点问题？有没有不足的地方？

通过采购电商赋能企业采购业务开启数字化采购新时代

(2018年优秀奖　程序　北京商越)

推荐语

TOP PURCHASER IN CHINA

MRO物料品种繁杂、采购频率高、需求时往往又很急,为了快速反应,很多时候企业会下放采购权,但各个部门都参与采购,尤其是在各自为政的情况下,点多面广,既形成不了规模效应,还影响"阳光采购"。

以前,人们总结了一个"系统化合同"模式,即由采购部门年度招标签署框架协议,使用部门按需分散购买。但从前这些都在线下进行,过程看不见,分别操作,可能提升了人工操作成本,还容易滋生腐败。如何解决呢?近年流行的"采购商城"模式不失为一种可以尝试的解决方案。

宫迅伟

本案例为了描述充分，涉及两家公司——A公司和B公司。以下是对两家企业的基本介绍，以及改善前采购工作中实际遇到的问题。

企业基本介绍

A公司介绍：A公司是中国大型民营汽车公司，有19个事业部、接近300个工厂、超过20万员工，其中全集团采购人员达到1300多人。

公司采购分为两大类：生产性采购和非生产性采购。

A公司5年前就开始推行集中采购及采购的五权分立，即**认证权、选择权、考核权、执行权、财权**的五权分立。在采购专业领域的复杂度方面，A公司在国内是数一数二。

B公司介绍：B公司是国内排名靠前的由房产经纪公司转型的互联网居住服务平台，是以技术驱动的品质居住服务平台，致力于为中国两亿家庭提供包括二手房、新房、租赁和装修全方位居住服务。

B公司已经在超过100家国内城市布局接近1万家线下房产经纪门店，员工超过16万人，房产经纪门店人员调转频繁，经纪人行业的平均从业时间不到1年。

采购面临的困境

事例一：分散采购的弊端

过去，A公司的采购是抓大放小，对于低值易耗品仍然是分散采购，事业部、工厂的自主权相当大，有自己的采购机构，很多采购决策都可以自行做出。以买口罩为例，由各个事业部、工厂的采购组织自行进行比价采购，不同工厂采购不同品牌或者用不同商家，造成采购额分散，供应商太多。经过调研，单口罩这一个品类，就涉及30多种型号，有40多家供应商在供货，让人吃惊的是，即使是同种型号的口罩、由同一个供应商提供，不同工厂拿到的价格也不尽相同。根源何在？分散采购惹的祸：各个工厂的采购互不通气，被供应商钻空子就不难理解了。

一句话：分散采购降低了规模效益，增加了复杂度和成本。

事例二：上了采购软件真的好吗

A公司花大价钱应用了国外某知名公司的采购软件，但是国外的采购软件都是按照用户数来进行收费的，因此，就不可能给公司每个需求部门开通账号去提报采购申请。对于非生产性采购来说，面向的是公司全体员工，任何人都可能是需求的源头。

A公司就在19个事业部安排了19个品类专员，开了19个系统账号，专门负责收集非生产性采购需求。

20万需求用户，需要先通过纸单和OA的方式提报采购申请，进行审批。审批通过后，再通过邮件、电话、OA软件等方式发送需求给品类专员，品类专员收集完需求后形成Excel表格，然后统一上传到采购软件中。

这19个品类专员的工作极其枯燥无味，就是收集需求，作为采购部门和需求的桥梁，扮演一个"代购"的角色。

事例三：集中采购的难处

A公司认识到分散采购带来的坏处，开始集中采购包括低值易耗品在内的物资。负责低值易耗物资采购的采购某部，集中了全集团汇总的采购需求，然后进行比价采购。

由于总金额达到20多亿元，日均请购单据达到6000~8000行，采购部门迅速扩大，拥有81个采购员。调研发现，每个采购员每天有1.5个小时在通过电话、邮件反馈需求部门的诉求，其中问题"东西买回来没有，我们等着用"排名第一，每个采购员每天有1个小时在向供应商催货，其中问题"东西送到没有，什么时候到"排名第一。

采购部门每天有200个工时（即25个人工）在催货和被催货，采购员抱怨人手不够、加班多、工作压力大，甚至部分采购员还认为，集中采购耗费了大量的人力，还不如分散采购。

事例四：没有软件，暗箱操作难以防范

A公司在过去没有使用采购软件之前，主要使用电子邮件与供应商进行协同，首先通过电子邮件发出询价单，其次供应商通过邮件进行报价，再由采购员根据几家的报价制作成比价单，最后进行内部会签，选择供应商。

A公司过去经常发生串标的事情，比如，乙供应商报价29万元，丙供应商报价28.8万元，这两家先报价，然后采购员将这两家的报价私下通知给甲供应商。此时甲供应商就可以根据乙、丙两家的报价以及公司间的实力对比，给出一个恰到好处的报价，而这个报价并不是甲供应商最具竞争力的报价。当然，甲供应商获取了不公平的竞争优势，那个采购员也获得了私下的利益回报。

事例五：每次都要货比三家吗

A公司提倡阳光采购，对采购腐败零容忍，花大价钱应用国外某知名公司的采购软件，实现可追溯、可审计，并且制定采购规范要求每个物料的采购，采购人员必须至少货比三家、择优采购。

采购员小明负责办公文具类物资采购，汇集全公司三天的采购申请发布一张电子询价单，由供应商进行报价。由于办公文具类几乎无法组织进行技术评估，因此基本就是价低者中标。

经过对数据进行分析，在单品A4纸的采购上，一年内发出了132条询价单。每次都有三家固定的供应商报价，其中甲供应商报了132次，每次都报14.1元（500页），乙、丙也都报了132次，乙每次报14.2元，丙每次报14.9元，所以每次都是甲供应商中标，乙、丙每次都不中。每次的比价单都经过会签审批，公司的审计处严格按照规范按单审计，每单都实现了"货比三家，择优采购"。

事例六：软件操作复杂，培训频繁

B公司的采购只有三大类：行政办公、IT设备和工程装修。最大的难题就是送货地点极其分散，公司的上万家门店分散在上百个城市。

B公司上了国产的一套SRM软件，以满足采购管理需求为主，但又面临一个问题：16万员工的平均在岗时间不到一年，几乎每天都有几十个电话打到采购部门来，问采购软件如何使用。那种需要操作手册、依赖重度培训的采购系统很难服务好B公司的用户。

事例七：采购进度反馈不便

以B公司某城市公司为例，门店用户每月定期向大区助理提报采购需求，助理汇总后提交给采购员。采购员为每家供应商制作订单，供应商据此配送到门店、仓库或者大区助理处，公司内部二次配送到门店用户处。月末供应商携带送货单前往采购部门，采购员比对订单、送货单并结合门店收货反馈完成对账。

大区助理每月收集各个门店的需求，然后提交给采购员。此时门店人员无法追踪采购进度，然后打电话给采购部门，所以采购部门每天都会接到几十个关于采购进度追问的电话，不胜其烦。

解决方案

针对 A 公司和 B 公司的 7 个事例，我们先进行如下分析：

（1）其实采购部门也知道集中采购、聚量议价的好处，但是类似口罩之类的低值易耗品，集中买回来价格是低，但是又会产生分发及库存的问题，况且企业这么大、这么多地点，领用也非常麻烦。

先来看看某款口罩在价格上的差异：

1）在某家普通便利店里面买这款口罩，3 只装是 21.5 元，单只 7.16 元。

2）在某知名 2C 自营电商平台上个人购买这款口罩，25 只装是 112 元，单只 4.48 元，"双 11"活动时，该款口罩 25 只装是 99 元，单只 3.96 元。

3）在某知名 2B 工业品电商平台上，25 只装是 88 元，单只 3.52 元。

4）A 公司某事业部比价采购的这款口罩，25 只装是 79 元，单只 3.16 元。

5）A 公司集团采购部为全集团 20 万员工采购该口罩，签订年度合同，25 只装，价格为 70 元，也就是单只 2.8 元。

这个价格差异非常明显，集中采购具有天然的聚量议价能力，尤其是在这样需求量很大的公司里面。问题就集中在如何高效、便捷、低成本地配送到需求用户的手中。

（2）因为国外的采购软件按用户收费，软件无法直接触及需求端用户，这就造成了 A 公司要额外雇用 19 个品类专员。同时，这样做还产生了另外一个问题，即需求端用户无法进行追踪，想了解采购进度就要打电话、发邮件给采购员。

A 公司的需求部门提出采购申请后，对采购进度就一无所知了。这家拥有 20 万员工的公司，哪怕有千分之一的人每周向采购部门询问采购的进度，那也是每周 220 个电话，每天就有 44 个电话。

一般情况下，需求部门的人不到万不得已，还是不太愿意去追问采购部门的。有时候，货都到了，但是需求部门的人不知道，没有办法了，就只能打采购员的电话，或者发邮件追问。

这些对于 A 公司的采购员来说，都是无效工作。最痛苦的是，采购员也不知道进度如何，他还得打电话询问供应商。负责低值易耗品采购的采购某部，每天有 200 人工时（2.5 小时 ×80 人）在进行人工追踪，就是 25 人天。

按一个采购员平均 8000 元的月薪来计算，8000 元 ×25 人 ×12 个月 = 240 万元 / 年。19 个品类专员，按 6000 元的月薪来计算，6000 元 ×19 人 × 12 个月 = 136.8 万元 / 年。

（3）如果不用采购软件，对于普通的比价采购来说，很容易出现串标的行为，因为不能实现密封比价，也无法追溯和审计。但是用了采购软件去做采购后，又出现了 132 次询价买同一款 A4 纸的事例。每次供应商的报价都一样，每次都向同一家供应商采购，而且最主要的疑问是：为什么那个每次都不中标的供应商，还要每次都报价？为什么不确定一家，签订长期协议？

（4）对于 B 公司这样的企业，能不能让需求用户自助化地选择商品，自助化地追踪采购进度？能不能让供应商直配到需求用户处？采购部门就只专注于定商定品定价。

A 公司后来应用了数字化的采购商城，如图 1 所示。

A 公司应用采购商城的效果

A 公司应用采购商城后，集团采购部作为主要的价格协议谈判单位，各个事业部也保留了一定的采购权，可以上架一部分商品。但是事业部采购部门上架的商品，只能供给该事业部，不能向其他事业部展示，只有集团采购部上架的商品才能向全集团公示，如图 2 所示。

图 1

图 2

集团需求下沉，由终端的需求用户直接在采购商城提报采购需求。A公司应用数字化采购商城前后的对比情况如表1所示。

表 1

A公司对比项	应用数字化采购商城之前	应用数字化采购商城之后1年	备注
品类专员	全集团19个事业部配备19个专职品类专员，各工厂行政助理兼任工厂品类专员约200人	1）不再兼任品类专员的岗位，工厂行政助理不再兼任品类专员 2）间接创造经济效益，节约专职类专员人工成本6000元×12个月×19人=136.8万元/年	
低值易耗采购员人数	采购某部负责全集团23亿元/年的低值易耗类物资采购资源开发和供应商管理，采购员一共81人	1）上线1年后，由于公司发展需要，全集团低值易耗类物资的采购金额增加到37亿元，但采购某部人数缩减为63人 2）假设不应用商城，人数同比增加1.6倍，人数增加了130人，相比63人节约了67人 3）间接创造经济效益，节约采购员人工成本8000元×12个月×67人=643.2万元/年	只计算了低值易耗类物资采购的经济效益，没有详细统计其他非生产采购部门的效益
比价单询价单、招标单数量	过去负责低值易耗类物资采购的采购某部，每天需处理的采购单6000~8000行，每天的比价单、询价单在220单左右，全年有4.5万单左右的比价单、询价单	上线1年后，采购某部每天需处理的采购需求为10 000~12 000行。由于企业发展规模更大，采购金额扩大1.6倍的情况下，每天的询价单却大幅减少，更多的是半年度的询价单、比价单，1年的询价单减少到8000单左右，寻源单据减少了82%	1）低值易耗类物资采购的效果最明显，其他非生产性采购的寻源单据减少的比例要小一些 2）不会再出现五倍事例的情况了

项目	过去	应用后	备注
需求提出到用户领用的时间间隔	1）过去是从提纸单的采购需求—领导审批—交给品类采购专员—转采购审批—再询价—比价—签审批—下订单—发运—仓库接收—用户领用 2）以低值易耗品为例，这个采购周期平均为17天	采购商城上线1年后，从用户购物车选品、提交申请审批，到仓库接收或自助接收，这个周期大幅缩短 1）电商型供应商+自助接收，如京东、苏宁，提出需求、当天审批通过，次日送达用户手中，采购周期为1天 2）普通供应商+自助接收，采购周期为3天 3）电商型供应商+仓库接收+用户领用，采购周期为2天 4）普通供应商+仓库接收+用户领用，采购周期为4～5天 也就是说，总的采购周期为1～5天，比过去的17天大大幅缩短	只分析统计了低值易耗类物资的采购周期
供应商数量	过去相同的品类集中物资与分散采购同时存在，也更多地使用传统本地化的经销商型供应商。公司的低值易耗类临时合格供应商加一般合格供应商总数约1.3万家，一年内有一笔交易及以上的合格供应商约7700家	应用商城后，部分事业部的低值易耗类合格供应商由于在商城上价格没有优势，没有成交，更多地选用集团采购某选择的供应商。同时，由于电商型供应商的加入，一家供应商就可以供应很多个品类。上线1年后，半年内有一笔交易及以上的合格供应商约2300家，减少了70%的供应商数量	对于低值易耗类以外的品类，没有详细统计供应商数量的变化
直接成本降低金额	涉及保密信息	1）涉及保密信息 2）只统计了三个品类的成本对比：行政办公用品采购价降低4.3%，劳保用品采购价降低17.4%，五金工具采购价降低11.9%	1）在市场价格越不透明的领域，直接价格降低越明显 2）由于应用采购监督员，所有员工都是价格偏低的物资要么不再上架，要么上架也不会被选择

B 公司后来也应用了数字化的采购商城,如图 3 所示。

图　3

B 公司应用采购商城的效果

B 公司的采购商城,由各个门店的需求人员直接在商城自助式选择商品。由于采购商城类似于淘宝、京东,对于用户基本不需要培训。

对于这样一家人员更替频繁的公司来说,不再需要专门为需求用户进行培训。需求用户可以自行追踪采购的进度,也减少了每天向采购部门拨打的几十个进度追踪电话。

与此同时,各个大区助理,不再需要收集需求,也不再做二次配送的工作,他们的工作如下:

- 提供电商式的采购体验。
- 助力降低管理成本。
- 助力实现端到端直配。
- 助力实现调旧库存线上化。

B 公司应用数字化采购商城前后的对比情况如表 2 所示。

表 2

B公司对比项	应用数字化采购商城之前	应用数字化采购商城之后4个月	备 注
大区助理的代购角色	全集团142名大区助理，大约40%的工作时间为收集需求和二配送的工作，也就是"代购"	全集团142名大区助理不再做收集需求，也不再做二次配送的工作，间接创造效益，节约大区助理人工成本9000元×12个月×142人×40% = 613.44万元	大区助理的工作，配送的工作，但并不裁员，工资支出并没有减少，只是不再为采购这个事而付出工资了
采购部每天接到的电话和收到的邮件	1) 过去16万名一线经纪人每天向采购部门拨打的电话为40~60通，最高峰的一天有约110通电话 2) 一线经纪人常在客户那里受气，在跟内部采购部门通电话时，也非常不客气，"我们那么难听的电话都能接，你们采购部门就这点儿小气都受不了啦？"	1) 采购商城上线后，关于需求提报，使用操作方面的电话几乎绝迹了，还剩余一些退换货需求的电话打到采购部门来，大约每周来自需求一线的电话在15通左右，相比过去的电话数量减少了约95% 2) 间接创造经济效益，相当于采购部一年减少了4000个工时的工作量，相当于减少2个工作岗位约30万元的间接成本支出	
需求提出到用户领用的时间间隔	过去远万家门店提交给大区助理的采购需求，大区助理一个月提交一次给采购部门，采购部门从匹配价格协议或者寻源采购、下单、发货到大区助理处，再二次配送到门店的时间平均为10天，也就是说，从需求提出到用户领到手的时间在12天到43天不等	1) 采购商城上线后，由于大量地使用电商型供应商，连接了8家 2) 门店直接在商城选择并下单，供应商直配门店，采购周期大幅缩短，由于门店位于全国上百个城市，实际采购周期为1~6天，九成在2天以内就到货了 3) 相比过去，从采购周期缩短了90%	采购周期的每缩短意味着需求端不再打"提前量"，也大幅缩少了库存，真正实现了"用的时候再买"

由于上线时间比较短，只有 4 个月，本案例对于直接成本的降低、供应商数量、寻源比价单据数量等，还没有来得及统计，请读者谅解。

经验总结

采购商城是一个功能更加全面、受众更加广泛的平台，一个无论让企业内部纵向之间还是外部横向合作伙伴之间资源利用率都进一步提高的平台，是网络化的、在线化的。

网络化、在线化、数字化的采购商城可以实现企业内部协同效率大幅提升

企业内部多部门的非生产性物资采购一直是让采购部门很伤脑筋的一个问题。

首先，各个部门统一需要的办公用品如桌、椅、电脑等，由于工作性质和部门的不同，所需要的产品各不相同，如果由采购部门统一采购则可能出现不适用的情况。

其次，如果企业为了避免个性化需求不适用的情况，将采购权下放给各个部门，则各部门由于采购量小，无法像公司集体采购那样因数量多而获得价格优惠。

采购商城可以利用目录式自助采购的方式，完美地解决这个问题，具体流程如下：

（1）**统一寻源，统一定价**。由公司采购部门统一进行供应商寻源、认证，并以集团名义获得供应商根据需求数量而细分的阶梯式价格优惠。

（2）**与供应商签订协议，并将物品的信息在采购商城网站上进行展示**。采购商城中所有的商品，都是以由采购部通过招标、比价形成的价格协议为基础的，所有的商品上架、下架、价格调整等由采购部门进行运营。而商品图片、描述、库存数量、供货区域是由供应商填写的。

（3）**各部门根据需求直接在采购商城进行选择，走审批流程后，直接向供应商下单**。对于企业中的单个需求部门来说，如果它被授权可以进行自助采购，那么必然面临一个风险问题，那就是买多了怎么办。所以，需要一个预算阀门，一旦达到就要卡住，就要重新申请预算。在提交采购申请时，预算单元的审批人就需要考虑两点：一是该不该买，二是钱够不够。

（4）**需求部门可以随时查看采购品的物流状态**，货物到达仓库后取回，并在平台上确认收货。

（5）**财务部门与供应商定期结算**，一段时间内的采购可以用一张发票和一笔付款完成，无纸化办公的同时减少了采购单、发票及付款的数量，大大减少了财务部门的工作量（见图4）。

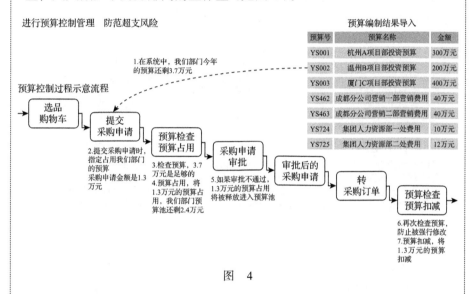

图 4

从整个过程中，我们可以看出这样的采购流程有几大特点：

（1）**集采抓手——采购权上收**。通过由集团统一寻源议价，形成商品集中上架，全集团执行该价格协议，可以将需求集中，体现集团的规模优势，与供应商谈出更好的价格。此外，这样做可以更加精简供应商数量，降低管理成本。而寻源议价则可以降低人员成本、流程成本。

（2）**电商体验——选择权下放**。基层单元按需自主选择自助采购，激发基层单元活力。而提前定商定品定价则使得交易周期大幅缩短。同时，上架商品的价格向全集团公开（部分需要保密的不公开），人人都是价格监督员,阳光透明,防止部门之间互相攀比竞争。

(3)"0"库存——去库存化。采购过程以直配为主,充分利用第三方物流,由供应商将大部分资源直发资源需求单元现场。我们以扁平化末梢仓储为辅,对物资进行扁平化末梢仓储管理,确保基层业务单元需要,减少资源浪费和库存成本。

(4)场景化采购——采购部门的专业方案。采购部门从物料专家转型为采购解决方案专家及电商运营专家,为用户提供跨品类的场景式采购解决方案,通过采购商城将所需物品呈现给企业需求部门。用户通过场景化采购,享受到一站式采购服务(见图5)。

办公生活	市场活动	员工福利
电脑 打印机 投影仪 电话机 计算器 文件夹 美工刀 笔 桌椅 台灯	鼠标 定制小礼品T恤 广告画 定制横幅 支撑架 摄影机 一次性口杯 金龙鱼 巧克力 货架	购物卡 健身卡 电影票 生日蛋糕 果盘外卖 白酒 香槟 餐饮折扣券 按摩枕 午睡床
商务定制	网维生活	商旅出差
笔记本 台历 挂历 奖杯 锦旗 金银牌 纪念笔 纪念茶具 宣传册 会议纪念品	网线 水晶头 路由器 螺丝刀 钳子 扳手 头盔 工装 手套 口罩 加油卡 摄影机	机票 酒店 头枕 口罩 眼罩 定制小礼品 宣传册 咖啡券 餐饮折扣券

图 5

另外,由于场景化采购的具体项目是由互联网大数据分析得出的,而互联网大数据由同类需求采购习惯产生,因此可以大大减少因遗漏而不得不多次进行采购的麻烦。

(5)第三方严选服务——链接外部各类电商。严选商家,即由第三方运营方进行供应商的认证。

严选商品,即由第三方运营方进行比价、议价、选择。任何单一商品,在同一条件下,应该只出现一个。

由第三方运营方向单一客户进行商品推荐,形成一个推荐池。

由企业采购方在推荐池或者全品池内进行选品,选择好了之后推送到企业采购商城内。其实不只商品,第三方服务也同样适用,如场地租赁、培训、保安保洁、商旅、咨询等。

对于市场价格比较公正透明的服务，可以在企业允许的前提下，直接进入企业采购商城。而这些服务，本质上也是采购，也需要结算对账支付。以商旅服务为例，采购商城直接展示了机票、酒店价格。企业员工在差旅申请被审批的情况下，可以直接选择机票、酒店，由公司进行统一的结算支付。

在这个过程中，由于供应商、采购部门等多方同时利用互联网协同平台，实现了供需采多方的前置管理。对于采购方而言，在多数情况下，用户部门的需求者并不是物料专家、行业专家。在采购需求提出前，用户需要采购部门、供应商的专业支持。利用互联网的社交化工具手段，可以实现实时交互：专业的采购人员或供应商的专家可以嵌入业务流程中，帮助解决业务问题；用户也可以提前了解供应商的交期、物流、售后服务等信息。

通过互联网社交工具，采购部门通过搜索、观察、信息流挖掘、大数据分析等手段可以预先介入采购需求形成初期。采购部门的预介入，可以帮助业务需求部门更精准地把握需求和采购方案，更充分地展现采购部门的服务职能。

利用互联网协同工具，可以实现需求计划与供应商的同步。供应商也可以即时反馈物资筹备计划、生产计划及交货计划。

在用户的采购申请形成初始，在未审批之前就对供应商呈现这些未确认的申请，供应商的专家不仅可以提前介入采购方案中，还可以提前预备物料、物流，缩短交易周期。这样一来，整合涉及供应商、物流商、采购、仓储等，无论是取消、变更订单，还是退货等诉求，供应商、物流商都能够早知道、早了解，在交易中一旦发生变更，将整体的损失降到最低。

[点评1]

本案例是采用从线下转到线上的方式解决小批量多品种产品的采

购问题，堪称经典。

案例中的两家公司需要采购的部门多、产品品类多、使用的地点分散。A 公司设计了五权分立的集中采购模式，来完成 20 多万员工、300 多个工厂的生产和非生产性采购是件非常不容易的事。作者对现状的描述、痛点的分析、解决方案的设计，有很多地方值得我们学习，尤其是改变工作思路，来用网络化、在线化、数字化的采购商城的解决方案实在太妙了。从案例中我们可以看到：

- 这个方案的设计和实施有很高的战略高度，得到了公司领导、人力资源部和其他各部门的全力支持。数字化采购商城改变了原有的工作流程，调整了组织框架，使得权力被重新分配。没有领导和人力资源部的支持，这些是很难做到的。
- 这个方案的切入点是信息流的高效精准对接。案例把多方集中到一个采购商城平台上，打破了岗位墙、部门墙、企业墙，让需求信息高效地传递、精准地对接，实现了端到端的直配，节约了大量的人工成本，使采购周期缩短了 90%。
- 这个项目设计的负责人对采购工作理解得非常透彻，对痛点的分析一针见血，流程上责权设置清晰明确。在采购权上收、选择权下放的同时，还设置了财务预算阀门，对采购预算控制做了有效管理。使用部门在线上采购时会考虑该不该买、钱够不够的问题，让资源得到了充分的利用。

案例给我的感触是：这么好的一个采购商城平台，不是每个企业都能建得起来的，其中的低值易耗类的常规产品有通用性，是否会考虑将采购商城平台开放给上下游企业，甚至共享给社会上的企事业单位，使平台产生更大的社会效应，也能为企业打造更有竞争优势的产业供应链更好地服务。

盛亦清

嘉兴市索贝进出口有限公司总经理

[点评2]

这个案例比较翔实和具体地讨论了数字化采购的业务流程和应用场景。目前国内大多数企业的采购业务的数字化程度有限，不仅效率较为低下，还会导致案例中所提到的数据溯源问题及合规性风险问题等。

企业信息系统的普及部分地解决了这方面的问题，与此同时带来了数据兼容和共享的问题，也就无法实现企业通过数据快速制定数字化、智能化的业务决策，导致成本较高且数字化系统的收益较低。随着人工智能、物联网、机器人流程自动化和云计算等技术的发展，企业采购流程的自动化在数字化转型过程中受到了重视，也得到了大量应用。

我们可以看到，无论是新的技术和系统的应用，还是整个采购业务的数字化流程再造，目标都是将采购部门从一个价值消耗的模块转变为一个企业新的价值创造的模块。在这个过程中如何实现预测采购需求并对企业的收支建立完整的知识库、如何通过技术实现自动化的采购执行、如何通过前瞻性的供应商管理实时监控潜在的风险，都是采购业务的数字化转型应该关注的重点。

刘志毅
中国科学院杭州数字内容研究院研究员

[点评3]

商越科技通过打造"采购商城"，创新性地借力工业互联网为企业采购业务赋能，是当今企业数字化转型升级征程中的一次有益探索和成功实践。

当全社会都在谈"数字化"的时候，面对这样一个直指未来的崭新概念，大家远没有在其定义上达成一致。广义的"数字化"其实包含了数字化（狭义）、网络化、智能化三个阶段，数字化只是开始，智能化才是终极的未来，但两者之间不可或缺的桥梁就是网络化，也就是商越科技在两个精彩案例中呈现出来的内容。

传统采购软件更多的是完成了对既有业务流程的数字化，或更准确地说，是电子化的进程，它对传统业务流程的效率提升起到了不可磨灭的作用。但是，技术的发展规律告诉我们，当一种新兴技术进入传统产业之时，我们将看到的绝不会止于传统产业对新兴技术的"应用"，随着时间的推移，我们更会看到传统产业因应新技术的到来而不断出现的自我革新与模式转变。

以采购业务转型升级为例：在数字化阶段，传统采购体系完成了对新兴技术体系的"接受"与"采纳"（传统采购软件的大量部署）；在网络化阶段，传统采购体系与新兴技术体系之间正发生着全面的"碰撞"与"融合"（去中介化、分布式决策、基于大数据的精准集约化管控等业务模式转型）；在智能化阶段，我们必将看到新兴技术体系对传统采购体系的"颠覆"与"重构"（从"人找货"到"货找人"，从基于符号主义的"专家系统"到基于行为主义的"自主进化式智能系统"，等等）。

在当前阶段，以本案例中商越科技为典型代表的网络化实践为未来的智能化升级打下了非常好的技术基础，这是一个很好的开始，但接下来的智能化升级之路仍然"道阻且长"。与下一场战役中的智能技术有着很大不同的是，网络技术在进入大规模产业化之时已经相对成熟，而在我们即将面对的智能化大战中，很多亟待突破的智能技术尚须艰巨的科研攻关，所以说智能产业不仅是"科技"产业，更是"硬科技"产业。面对"硬科技"产业对企业技术研发能力的崭新要求，很多科技公司的准备度仍然很不足够。对于诸多刚刚经历了网络化大潮的科技企业来说，如何应对智能化浪潮的全新挑战，继续中流击水，搏击风浪，是每个参与者都不得不认真思考的一项大课题。

李哲峰

中国科学院浙江数字内容研究院人工智能产业研究室主任

中国科学院自动化研究所数字内容规划主管

[点评 4]

　　无论是传统的线下采购，还是 ERP 支撑的信息化采购，都难以摆脱供应商管理复杂、采购需求零散、采购效率低下的痛点，采购员长期无法从订单执行中摆脱出来，更无法为企业带来更高的价值。

　　本案例中提到的采购商城，相信必将成为企业非生产性采购数字化转型的一种趋势，这种新型的采购模式，使采购员由传统的下单员转型为采购解决方案专家，采购职责由传统的订单执行转型为赋能业务部门。同时公司通过电子采购商城模式，可以集中协调整个公司的规模优势，将成本争取到最优，减少管理成本，优化供应商资源，提升效率。

　　总之，对于想做企业采购的数字化转型企业单位来说，这是一篇非常值得借鉴和参考的案例。近年来，我们公司也致力于供应链的数字化转型和效率的提升，通过借助电商平台的数字化、网络化、透明化的优势，对低值易耗品采购充分授权，通过审批流和预算控制的方式，将采购选择权下放到每个业务部门和驻外机构，使其可以自主购买商品，取消采购员无价值"代购"的模式，在提升采购效率的同时也大大降低了管理成本，真正实现阳光透明和简单高效的采购。

吴鹏飞
艾欧史密斯（中国）热水器有限公司供应链总监

讨论与思考

○ 对于本案例中列出的企业采购的痛点，你是否遇到过？

○ 本案例所介绍的数字化采购商城还有哪些不足？

采购数字化转型中的障碍和对策

（2018年优秀奖　霍绍由　普莱克斯）

推荐语

TOP PURCHASER IN CHINA

"职业的天花板，来自认知的局限，企业的未来，取决于企业家的视野和决断，柯达、诺基亚的教训告诉我们，时代淘汰我们，连句再见都不说。"这是我在《采购2025：数字化时代采购管理》这本书中开篇写的话。

"采购负责链接内外部供应网络，是数据交互的枢纽，领先公司已经开始数字化转型，数字化转型不是要不要转，而是怎么转的问题。"这是参与《采购2025：数字化时代采购管理》编写的专家的一致意见。

是啊，怎么转呢？

数字化转型，绝不是简单地把手工作业用IT替代，它是流程的重构、模式的创新，会触动各方关切。在转型过程中，如何破除障碍、找准对策，本案例作者用自己的亲身经历为我们做了一些探索。为"数字化转型"苦恼的朋友们，可以借鉴本案例。

宫迅伟

数字化采购的探索

本人曾经有幸在 XP 公司（一家 500 强外企）担任中国区采购总监一职。当时，公司正面临着组织结构优化和人员减少的压力，我经过对国外成功推行数字化企业的研究，认为数字化刚好可以带来流程效率的提升、人员的减少。

我在公司数字化专家的支持下进行了采购数字化可行性分析，以及实施数字化之后对公司战略目标实现的价值的分析，并重点介绍了国外数字化成功的案例及好处。

如果要在采购部成功推行数字化，光凭我个人的努力和热情是远远不够的，首先我必须获得包括 CEO 在内的公司最高管理层的接受和支持。在获得了包括 CEO 在内的公司管理层的支持之后，我们正式开启了采购的数字化之路，才有了本次的案例分享。

在准备这个案例的过程中，我曾经问过我自己，要不要介绍数字化的技术和工具，这也许是大家最感兴趣的部分。但是，结合我在采购部门推行数字化的整个历程来说，只要有专家的支持，数字化的工具和方法就是非常容易掌握的。最难的常常不是技术，而是"人"是否能接受新技术带来的工作方式和认知的转变，这也是导致很多企业新技术推行失败的原因。在推行新技术和方法时，大部分人都会把注意力放在新技术的应用方面，我们最容易忽视"人"的影响，这也是我本次案例分享的重点不是数字化的技术和工具，而是改变"人"的认知障碍的原因所在。

识别障碍、突破认知

实际上，数字化的变革并不是简单的技术革新，而是涉及业务模式的变革和管理模式的创新，在推行的过程中会遇到前所未有的障碍和挑战。我前面三年在 XP 公司推行采购数字化的经历也正说明了这点，这也是很多公司都在谈论数字化而没有真正实现它的原因。

我们要想在公司中成功促进企业数字化转型，首先必须克服团队的三层认知障碍，如图 1 所示。

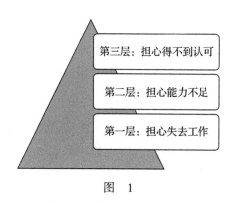

图　　1

第一层认知障碍：担心失去工作

在我有了在采购中推行数字化转型的想法之后，我并没有马上就和团队成员分享这个想法，而是首先调查团队的现状。

一个既资深又勤劳的团队成员告诉我，他是"订单王"，并且像他这样曾经是订单王的成员也非常普遍，通过他们谈话的语气可以感觉出来，他们很享受做订单的过程，并且也以做订单多为骄傲。

可是根据我对数字化的理解和对未来采购部门的定位，就是要让订单自动化，让我们的采购团队不需要做订单。我曾去试探他们对这个问题的看法，也是那位很直接的兄弟，毫不客气地顶了我一句："不做订单，那我们去干什么？"

我的脑海里马上出来一句话，"当上帝关上一扇门时，也会为你打开一扇窗。"如果要解决团队的这个顾虑，我在关上他们做订单这扇门的同时，必须为他们打开一扇窗，仅仅打开一扇窗是不够的，我经常和朋友开玩笑说：我们必须比上帝做得更好才行。

可这扇窗在哪里，我怎么为他们打开这扇窗，这个问题困扰了我一段时间。

在和团队不断接触的过程中，我能感觉到他们一方面在很辛苦地做订单，另一方面却得不到使用部门的肯定，得不到公司领导层的肯定，在大家的心里，采购就是会做订单，这个没有什么技术含量，谁都可以做采购。

用团队的话说："采购需要在公司里低调地做事情，不要招惹别的部门，遭人嫉恨。"我隐约感觉到，我找到了这扇窗，就是采购如果需要改变在公司的地位，提高自己的话语权，就必须实现下面两个转变：

- 从事务型采购向战略型采购转变，采购人员必须专业化，只有这样，采购人员才能获得其他部门的尊重，改变"采购谁都可以做"的局面。
- 从成本中心型采购向利润中心型采购转变，只有这样，才能改变采购部门在公司的地位。

为此，我组织了一次部门的讨论会，主题就是探讨如何提高采购在公司的地位，如何改变采购在其他部门心目中的形象，做强势采购，而不是做只会走流程的采购。

在讨论的过程中，我尽量让大家多说，把这么多年受到的不公正待遇都说出来，最后大家得出了一个结论：我们不能一直做订单，我们需要从订单中解放出来，去做对自己、对部门都更有意义的事情。

显然，我和团队都达成了共识，通过推行数字化的工具和方法来实现订单自动化和流程的自动化刻不容缓，不是数字化需要我们，而是我们需要数字化的工具和方法来解放我们。数字化不是让我们失去什么，而是让我们得到更多。

截至项目结束，我们采购团队的订单和流程都实现了自动化，全面释放了采购团队的资源。

图 2 是具体的数据对比。

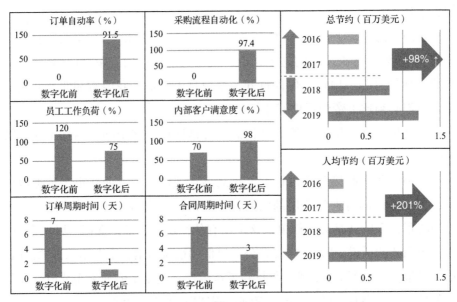

图 2

第二层认知障碍：担心能力不足

首先，作为数字化转型的倡导者，我需要克服自己的能力不足。

数字化在大多数人的眼里仍旧是个新鲜的事儿。我在开始推行数字化之前，几乎把所有数字化方面的书都买回来了，同时也买了采购和供应链专业方面的书，自己探索如何把数字化的工具和方法融入采购的管理中。我第一次感觉到什么叫"能力不足"，毕竟我也是第一次接触，第一次亲自去实践这些"高科技"。顺便提一下，我以前在公司也兼任精益六西格玛黑带大师，非常清楚地记得精益相关著作里面的一句话：首先我们需要去找一位"先生"。

在这里非常感谢总部数字化团队中的一位博士，她是运筹学博士，同时对数字化的工具和方法非常精通，包括流程机器人、Tableau数字化建模和分析，以及机器学习等。当初她也苦于我们企业还没有建立数字化的文化，包括公司领导层在内，都对数字化认识不足，数字化仅停留在技术层面，其威力无法施展。后面的事实证明，她就是我苦苦寻找的数字化"先生"，也是我们采购数字化转型的技术专家和我最好的合作伙伴。

在这里需要提醒一点，作为数字化的倡导者，你不必成为数字化方面的技术专家，也不必样样精通，但你必须知道如何用这些工具和方法，建立起它的应用场景和文化。这也是目前数字化推行中的不足，即数字化的工具和方法不能找到它的企业应用土壤。

其次，帮助团队提升专业能力。

当我刚调任采购时，团队成员基本上都是"80后""70后"，工作经历比较简单，都是做了很多年的采购工作，有丰富的现场处理订单和问题的经验。由于大家对采购有了错误的认知，包括部分管理层在内都觉得采购工作什么人都可以胜任，公司也没有太多的预算用来给大家培训。

当我提出我们将采用数字化的工具和方法，把大家解放出来，把事务型的工作交给第三方或者通过数字化手段实现时，大家的第一反应是，"不做订单，我们还会做什么"。

团队中有一个元老级的兄弟找到我说："老板建厂的时候我就来了，来的时候还是一个小伙子，现在已经是大叔中的大叔了，这么多年做采购，我除了会根据用户的需要处理订单，还能干什么，我真的不知道。你说的那些类别管理、战略型采购，我以前根本就没有听说过，更谈不上自己去做了。我们也不再年轻了，看书都看不进去，何况这些高大上的东西。"

听到这些，我在感到震惊的同时，也更坚定了带领大家转型的决心，原因正如时下比较流行的说法：时代哪天抛弃你的时候，连声招呼都不会打。

对于如何提升团队成员的专业能力，拓展他们的职业空间，为数字化推行创造有利的环境，我计划分两步走。

第一步，优化采购团队人员结构，整合采购团队的资源。

刚好部门有部分人想离开公司，虽然我们极力挽留，但无奈情怀还是没有工资来得实在。趁此机会，我招聘了四个人进入了我们的采购团队，补充新鲜的血液，优化团队内部的能力结构。其中两人来自公司内部的其他部门，他们非常熟悉公司的业务和内部 ERP 与 OA 系统，另外两个人来自公司外部，专业性很强。

- 一个是"90后"，思维开阔，爱好学习，有很强的 SQE（供应商质量工程师）背景，他的加入让大家感觉到长江后浪推前浪，从事低附加值与事务型工作的人即便不被数字化取代也会被年轻人取代，正如团队中一位资深的成员所说的，"再不进步就没有机会了"。
- 一个是"80后"，拥有10年的跨国外企采购类别管理经验，他在采购方面有丰富的理论和实践经验，他的加入对团队的冲击最大。用团队成员的话说，同样是从事采购工作这么多年，结果却差别如此之大：一个专业水平很高，竞争力很强，另外一个仍旧热衷于处理订单，不知道未来能干什么。

这两个外部员工的加入既让团队认识到危机，又完善了采购团队的能力结构。正如部门内部的一位老采购所说的："不比不知道，一比吓一跳。"

第二步，建立学习型团队，重塑采购竞争力。

经过前期的铺垫，团队要求进步和学习的意愿被激发出来。如何把团队培养起来，是摆在我面前亟须解决的问题。

为此，我专门邀请了外部资深的猎头来和团队开一次研讨会。研讨会的主题就是世界500强企业对采购的要求和未来采购的职业规划，尤其是在未来什么样的采购才有竞争力。后续我又组织了多次讨论会，主要探讨团队中的每个人未来的定位和能力培养的方向。

在采购团队中，我力求让大家达成一个共识：我们都是千里马，我们不需要伯乐，我们自己就是自己的伯乐；只要每个人认识到自己的优势，并选择适合自己的角色定位就能在短时间内做到专业的水平。

我们采购团队中有一名成员，以前一直在处理订单，并且处理订单的速度也是采购"琅琊榜"排在前三甲的，他以前没有接触过除订单以外的采购，但是他有非常好的市场敏感度，以及遇到问题的快速响应能力，而且他比较有个性和开拓精神。

我一接触到他就有一种感觉，如果把他放在采购价格和供应市场方面，他绝对是个人才，按照我们的培养计划，不出两年就可成为这个领域的专业人才。当我和他沟通这个定位时，他感觉非常诧异，也非常没有把握做好这件事情，因为供应市场和价格的管理向来就不是采购的事情，也从来没有听说过采购需要管理供应市场和价格。

首先，我和他分析了采购以前之所以在公司里面的地位比较低，没有话语权，就是因为供应商资源也是用户推荐的，价格也是用户谈好告诉采购的。采购之所以面临这样的局面，其根本原因就是采购不了解供应市场，没能发挥自己的定价权。

同时，我也推荐了很多本有关采购价格管理和采购供应市场的书给他，当然我自己也得研究。

另外，除了自我学习之外，我规定采购部门的每个成员，必须在年底之前参加一次外部的培训。这里非常感谢管理层对采购的支持，能批准这些外部培训的预算，在我担任采购之前，采购部由于成本的压力基本上没有外部培训。

对于采购来说，要想在短期内获得专业的水平，光靠参加一两次外部培训是远远不够的。为了提高大家的专业水平，我动用公司内部的一切资源，当然也包括我自己的（我是经过认证的公司内部讲师，也是美国培训师协会认证的培训师）。从我接手采购岗位开始，基本上每半年，我就会组织一次3~4天的工作坊，会邀请各方面的专家给采购团队上课，以至于其他部门说我有做老师的爱好，因此一直给部门安排培训。

经过多次反复的学习和自我学习，采购团队终于把自己的能力逐步培养起来，从以前的订单处理等事务型采购逐步扩展到供应市场管理、采购价格管理、采购类别管理、采购业务流程外包，同时编写出《供应商管理手册》《采购服务中心操作手册》《供应商质量管理手册》等指导性文件。此外，我们也设计出采购人员的能力模型，用以标准化和规范化采购团队的能力培养，如图3所示。

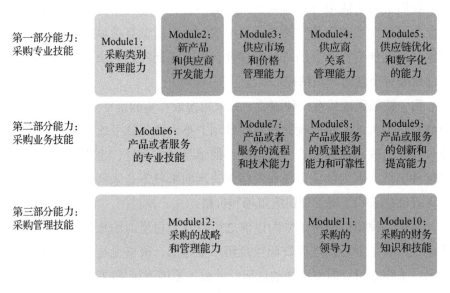

图 3

经过近两年的修炼，在一次部门聚会中，团队成员很自豪地告诉我，采购不是谁都可以做的，以前处理订单太浪费时间了，我们应该有更多的时间去做有价值的事情。大家还给我们的流程机器人起了一个很优雅的名字：小莉。有时偶尔由于系统升级等，机器人没有及时地工作，大家都会不知所措，都会统一在部门微信圈里面亲切地问："小莉怎么了？没有小莉我们该如何工作啊？赶快把小莉请回来。"

第三层认知障碍：担心得不到认可

采购数字化转型刚开始时，它毫无疑问是场攻坚战，随着数字化的逐步开展，它便成了持久战。很多公司刚开始由于管理层的重视，弄得轰轰烈烈的，更像是场政治运动，随着热情的退却，数字化也就偃旗息鼓了。

在此期间，我也有幸接触了很多从事数字化工作的朋友，他们有的准备开始推行，有的已经取得了一定的成果。有一次聚会，一个朋友向我提出了一个问题：你们的数字化确实进展迅速，你有没有考虑过，如何持续保持团队的热情，如何在部门甚至公司建立数字化的文化，让数字化能够持续地在公司生根发芽，持续推行下去？

经他这么一提，我仔细想了想，我在采购团队确实感受到了这种氛围，有些人的干劲没有以前大了，冲劲也没有以前足了，有点儿自满的情绪，或者说动力不足。

我也从侧面与团队中的部分成员交流了一下，我的一个兄弟向我吐露了大家的心声，他说：老板，我们都知道你比较喜欢创新，希望带着大家做很多前所未有的事情，但你想过没有，不是每个人都像你一样那么充满激情的，我们做了这么久，我们希望知道对我们的好处是什么，能不能加工资，能不能把我们的级别提升一点儿啊？

这确实难到了我，虽然我主管采购部门，可是涨工资和升职都得和HR商量。困难归困难，既然问题已经提出来了，就必须有办法解决。

首先，重新调整角色，获得职位认可。

采购经过这段时间的学习和进步，已经初步掌握了数字化的应用，同时采购的专业性也逐步提高了。经过和HR协商，我们应该可以按照新的角色给采购团队重新定位了，把以前事务型采购的职位提升到采购类别管理的职位，图4为前后组织职位的变化。

- 组织结构调整，采用扁平化管理，设立采购主管一职。
- 增设SQE、采购服务中心，以及采购专员和数字化采购。
- 订单外包，成立第三方服务中心。

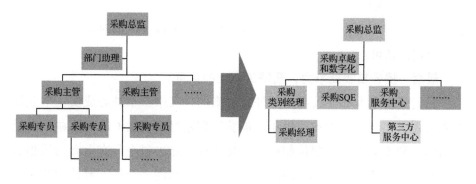

图 4

同时，我也要求大家根据我们新的分工更新名片，所有的采购成员至少是采购类别经理，我们不需要订单员。正如一位成员感慨说的，我们终于有了自己合适的身份，如果我们的名片上印的都是采购专员，怎么能去执行战略型采购的管理工作呢？"专员"这个名字，听起来就是处理日常事务和订单的。

在中国传统文化中，我们比较在意名正言顺地去做事，否则不仅对方会不重视我们，就连我们自己也会看轻自己。

其次，主导采购项目，获得领导层认可。

俗话说，酒香不怕巷子深，但是我们采购刚好相反，我们需要去推销自己，让内部用户认可我们，让公司领导层重视我们。

在公司里最快让领导层认可的途径之一是主导项目，尤其是主导代表未来方向的数字化项目。根据每个人在整个数字化转型中的贡献和未来采购中的角色定位，我和团队成员之间确定了各自的项目。

其中，有一位成员主导采购流程外包成立订单中心，随时收集项目执行过程中的资料和照片，并在项目结束时向领导层汇报了这个项目，公司领导层给出了很高的评价：这个项目实现了从人员外包向整体的业务流程外包的转变，也为公司其他部门进行业务外包提供了很好的案例。

主导这个项目的成员也理所当然地成了公司业务流程外包方面的第一人，其个人能力得到了公司管理层和其他部门的高度认可，这种认可也赋予他使命感，就像我们团队中经常说的，现在采购的每项成果都是我们自己创造起来的，我们需要像爱护孩子一样去爱护它们，不容许任何人破坏它们。

这样的项目，我们团队中每个成员至少会主导一个，如采购的价格数字化项目、采购的价值工程/价值分析项目、采购的数字化供应链终端设备开发项目等。每个人都因为各自的项目获得了成长，同时也获得了公司和领导层的认可。

最后，提升自我竞争力，获得工资上的认可。

我们团队中大部分人都是从外地过来的，其中一个核心成员一毕业就进入公司工作。大家也知道每年的加薪比例刚好会覆盖CPI的涨幅，还是税前的，和市场上同类职位相比，差得太远，除去每个月在上海的房租和生活费所剩无几，况且我们的办公室还是在高档的办公区。要让团队安心地工作、学习、成长，必须解决经济基础这个大难题。

我只能告诉大家，只要做出成绩，我一定会帮你们争取调薪的机会，说实话，每年例外涨薪的比例本就不多，能分到我们采购部门的就更少了。

虽然如此，但我还是为那些为采购付出很多，成绩也得到管理层认可的成员争取到了加薪的机会，即使远不能匹配他们为采购和为公司付出的努力。对于这点，我是非常感动的，我们采购团队是一个非常值得骄傲的集体，每个人都为了我们的采购数字化转型，为了采购的两个战略转变努力付出，可是我能为他们争取到的远不足以匹配他们的贡献。

数字化实施效果

经过近三年的努力，我和团队一起在 XP 公司比较全面和系统地实施了采购的数字化战略转型，并且取得了突破性的成绩。

在近三年的采购数字化转型的道路上，经过我和团队的不断摸索和不停试错，到目前为止，我们初步实现了采购的数字化转型，并获得了公司管理层和集团采购团队的认可，通过采购数字化的转型也实现了采购的两个重要转变：

- 从事务型采购向战略型采购转变，我们的采购人员终于从订单中解放出来，致力于实施战略型采购项目，订单的自动化率达到 90% 以上，采购的功能覆盖了供应市场、价格和质量，以及开发等多个领域。
- 从成本中心型采购向利润中心型采购转变，我们采购不再是只会花钱的部门，我们也在为公司创造利润，每年平均有 5%~10% 的价格下降，人均项目收益达 100 万美元以上。

> **经验总结**
>
> 最后分享一句我们采购在孤独的数字化转型中经常用来自我激励的话与大家共勉："不忘初心，牢记使命，群策群力，砥砺前行。"
>
> - 我们的初心就是采购数字化。
> - 我们的使命就是实现采购的两个战略性转变。

- 我们的群策群力就是克服团队三层认证障碍,始终相信每个人都是千里马,不让任何一个掉队。
- 我们的砥砺前行就是在数字化转型前进的道路上或许没有鲜花,或许没有加薪,或许没有升职,但我们在创造公司采购的历史,在为我们的未来准备!

[点评1]

这个案例让人很纠结,看到数字化转型,大家都想看到的是你是如何进行数字化转型的,从0到1,你是如何在采购全链路中实现数字化的,遇到了什么样的坑,给公司带来的价值是什么。看到流程自动化率97%+,订单平均周期1天,成本201%的节省,估计所有人都想知道到底是如何实现的,但作者显然隐藏了自己的KNOW-HOW(专业技能),很遗憾。

有采购数字化意识是重要的,但是采购数字化转型并不适合所有人,现实就是这么残酷。

在数字化的路上,我们不仅需要战略寻源专家,更需要产品化专家、数据分析专家及采购运营专家等。今天的采购人需要为未来做思考,才能持续保持采购竞争力。

张厚宝
蚂蚁金服集团采购部负责人

[点评2]

在整个时代都处于数字化的背景下,数字化技术应用于采购业务是大势所趋,大部分管理领先的企业已经率先开启了采购数字化转型之路。采购数字化转型也理所当然地成了行业内的热点话题。

不同于其他从宏观角度讨论采购数字化转型的文章,该案例另辟蹊径,从"人"的角度出发,分析如何从"人"入手,推动采购数字化转型。

虽未身处作者所在团队,但在读案例时也有身临其境之感。案例讨论的不仅是作者所在的团队在数字化转型中遇到的问题,更映射出许多采购团队转型时期所处的现状及困境。读者可以真实地感受到采购团队数字化转型改革的不易。

对于案例中所提到的三个方面我深有感触。

(1)在数字化转型中,采购团队改革跨专业的复杂性,包含但不限于以下4个专业,结合案例讨论如下。

- **数字化专业**:数字化团队介入采购数字化转型,是整个转型过程中不可或缺的。数字化团队将致力于数据建模、IT技术、应用软件开发、不断提高用户体验等方面的工作。没有数字化的工具和思维,采购数字化转型无从谈起。

- **采购专业**:无论如何转型,转型非转行,采购才是转型的主体,运用数字化的工具和思维,归根究底是为了满足"采购"这个主体的需求而服务,其中主要包含采购职能、采购活动、采购部门、采购人员所产生的一系列具体需求。

- **人力资源专业**:案例中多处出现与HR人力资源相关的信息,包括招聘、岗位调动、团队组织结构的变化、绩效考核的调整等。这些都需要团队管理者与HR部门进行协调,并要求管理者具有先进的人力资源理念。从案例中可以看出,作者有着现代化的人力资源管理观念——人人都是资源,人人都是人才,人人都可能成为人才。关键在于企业如何通过有效的管理机制将其协调整合起来。

- **职业心理学专业**:案例中作者多次列举其与团队成员的对话场景。对话的作用在于了解在转型中团队成员的真实想法,涉及职业心理学范畴。越是在经济不景气的时期,人才的培养与人才体系的建立就越关键。

（2）作者通过案例，为团队人员的转型调整指出了方向：从采购侧角度，采购部门应该更了解供应资源的状况、供应商的能力，由被动转为主动。对于采购人员，更应该培养其在转型中"不可替代"的优势，承担数字化所承担不了的工作，比如案例中提到的分析型和技术型的工作。

（3）作者通过该案例对企业管理层/决策者呼吁：面临采购部门数字化转型，企业应该重新审视采购的流程及政策，制定新的考核机制及运作方式，以更好地匹配采购部门可持续的转型发展。

孙璐芸

上海跨国采购中心有限公司国际市场部经理

[点评3]

该案例向我们讲述了一位采购总监如何带领采购团队，从传统采购逐步升级迭代，实现从"买手"到专业采购的蜕变，也实现了组织由一个成本中心逐步转向利润中心的完美逆袭。

从案例中的数据，我们可以看出改善效果特别明显，并且可以看出作者是一位既有战略眼光又富有情怀的管理者。在变革的过程当中，不放弃任何一名队友，通过引导、调岗和培训提升员工素质，达到最终的管理目标，这让我对管理者的素质有了更深刻的认同。

看完XP公司这一路走来的心路历程，和我们公司采购中心这几年走过的路竟有异曲同工之妙，所以我感同身受、倍感亲切。

我想和大家分享一下我所在的采购团队经历的变革过程。首先是集团统一采购中心平台的搭建，为后续规模化、专业化、数字化采购奠定了良好的基础。其次，建立了电子化采购平台——供应商门户系统，实现了与供应商的无缝对接。订单下发、物流追踪、账务核对、发票开具、付款推送、数据查询等所有业务流程数据化和绝大部分的自动化，大大减少了烦琐的操作性事务，实现了自动化程度的极大提升，简化了采购员日常的具体工作，让他们从繁杂、重复、低附加值的工作中解脱出来，从而有更多的时间和精力去从事寻源、供应商管理、采购分析等更有价值的工作。

通过信息系统优化，我们不断减少采购员（buyer）这个层级的人员，拓展到战略采购（sourcing）和分析型采购（analyzing）的工作当中。

如今我们的团队也在不断与时俱进，尝试与阿里巴巴大企业采购平台合作，通过互联网采购平台拓展寻源半径和议价能力，积极探索公司差旅服务的整合及弹性福利平台，借助互联网平台的工具不断创新和优化采购模式。

其实，从成本中心转向利润中心，我认为不仅是案例中提到的成本降低（cost down），我们的团队也在尝试采购中心承担部分贸易中心的角色，通过自己的优势获取的资源进行交易，产生直接利润，这也是未来采购组织发展的一个趋势之一，甚至可以演变为提供一些整体服务的诸如供应链管理公司或者第三方采购公司等。

推行采购数字化转型过程中必然受到很多阻力，根据经验总结，本人也认同案例中自上而下地实行，获得高层的同意才能加快实施。

5G时代已经来临，其实5G最大的改变并不是速度，而是它要实现万物互联。采购部门作为联通企业内外部的神经枢纽，更是需要通过数字化、信息化的工具和平台来发挥交通枢纽的作用，否则整个供应链的运作不能高效、集成和透明。

宫老师说，"数字化推动智能化，网络化造就平台化"。"数字化"对采购工作最直接的影响就是"互联网采购平台"的运用及大数据分析指导采购决策。数字化采购转型注定是一场无法躲避的变革，拥抱变化，顺势而为！

郑建波

云南白药集团股份有限公司采购中心

第二届中国好采购案例大赛二等奖获得者

[点评4]

这是一个非常生动、鲜活的进行采购变革的案例，其中所经历的种种艰难困苦、沉闷和付出只有当事人才最清楚，取得这样的成绩着实不容易，我不得不给他们点一个大大的赞。

这位采购总监通过三层认知障碍，经过三年的努力把一个只会下订单的采购团队从"辅助支持"的部门打造成一个"战略职能"的部门，并为公司创造了大量利润，充分体现了他的价值。只是，我觉得他不知何故隐去了两个关键的变革要素：我们从哪里来？我们要到哪里去？

为什么要做数字化转型？毕竟数字化只是当前各个行业、各个职能实现某种目标必不可少的技术条件和手段而已，我们不可能只是为了数字化而数字化。

另外，取得当前的成绩后，下一步要往哪里走，采购接下来要如何更进一步，为公司创造更大的价值，这就不得而知了。如果作者能把这两方面简单交代一下，细节更充分一些，就是一个非常典型的关于采购变革的案例了，同时也能让大家更有学习体会，甚至提出一些更有针对性的建议。

与此同时，我不禁想起了以前读过的一本关于变革的书，哈佛商学院终身教授约翰·科特（John Kotter）的《冰山在融化》（*Our Iceberg Is Melting*）。这本书通过一群企鹅遇到"冰山正在融化"危机，总结了面对危机成功变革的四大阶段和如何具体进行的八大步骤，充满了朴素的智慧，值得我们学习借鉴。

第一阶段：搭建舞台

- 步骤1：创造危机紧迫感，帮助大家认识到变革的必要性。
- 步骤2：创建新的领导团队，马上召集有技术能力、领导力、沟通力、数据分析能力的人才。

第二阶段：决定方向

- 步骤3：确定变革的方向，制定具体实施的策略。

第三阶段：紧密实施

- 步骤 4：充分沟通，确保团队中的绝大部分人都能接受并理解未来的方向。
- 步骤 5：激励参与，并为愿意付出的人积极扫清障碍。
- 步骤 6：创造短期成效，尽快取得一些大家都能看得到的成果。
- 步骤 7：再接再厉，取得初步成果后继续努力，不断往前推进。

第四阶段：夯实成果

- 步骤 8：固化现有的成功模式，创造新的文化，同时保持危机感，持续创新。

对照案例中的描述，我们很容易就会发现这位采购总监已经无意中按照以上八个步骤或多或少地进行了这场变革，从而获得了成功。不知道他是否学习了《冰山在融化》这本书中的智慧，但不管怎样，建议大家以后碰到类似的情况，不妨读一读此书，相信你会大有收获。

罗宏勇

博世（中国）投资有限公司采购经理

[点评5]

关于企业采购数字化转型，主要分4步走。

1. 建立管理认知

（1）采购部门只有跳出原始的局限认知，才会看到一个更为广阔的平台。采购部门也是为公司创造价值的一环，而不仅仅是花钱买东西的部门。

（2）数字化订单系统的效率优势会随着业务量的增加而愈发明显，能为公司节约大量的时间资源与人力资源。

（3）通过建立采购云平台（小规模公司可用公有云，大公司可建设私有云），打破空间和时间的局限性，利于把员工从重复劳动中解放出来，去专注一些更具有价值的事情。

2. 取得关键干系人的支持

（1）积极开展向上管理，向高层宣贯管理认知，获得理念认同。

（2）有些公司会遇到来自现有既得利益者的很大阻力，所以推行数字化转型变革必须取得公司高层的全力支持（或明或暗），取得所需资源和决策权。

（3）与各部门提早达成共识，做好配合对接准备，有利于数字化转型实施的成功。

3. 体系整合管理

（1）将员工角色从单一职能蜕变为管理业务模块，高效协同，利于个人和组织的共同成长。

（2）更新部门职能矩阵：重复性的单一事务，用电脑做；沟通协调类的事务，用人做；重大决策的事务，多讨论。

（3）管理原则标准化、制度化、书面化，符合ISO9001管理体系的做法。

（4）三个必须：

1）项目方案设计必须全过程考虑造价因素。

2）项目设计图纸必须经过多部门评审、多方案比选、对标行业平均水平。

3）各部门的项目负责人与专业工程师必须承担相应的管理责任，对其交付成果负责。

三个杜绝：

1）杜绝通过技术规范书变相指定供应商的违规行为。

2）项目采购过程中杜绝出现重大设计失误、重大方案变更、重大漏项等管理事故。

3）杜绝出现豪华配置、冗余配置等导致采购造价失控的行为。

4. 团队建设管理

（1）更新部门人员管理制度，明确员工职业发展路径，分为专业型与管理型两类，明确晋升、奖励和退出原则。有更新、有迭代、有淘汰，才会有进步。管理上要尽量避免老员工变成"老油条"，以保持团队的活力。

（2）建立项目（业务）负责人竞聘制度，调动员工自身的主观能动性。奖金收入和负责的项目执行情况挂钩。

（3）除了内部培训、外部培训，还可以和业界大拿、商学院、咨询公司联动，以案例讨论的形式分享心得与经验。创造坚持学习的氛围，培训后必须要做总结。

张蓝俊

晶澳（扬州）太阳能光伏工程有限公司技术部经理

[点评6]

这篇实践案例只能用"太棒了"形容了。作者细致地描述了整个数字化推进过程面对的问题，逻辑清晰地总结了三层认知障碍，详细描述了克服这些障碍的方法。这是一篇很好的可供其他企业参考的文章，详尽实用。

作者没有盲目地快速推进数字化，而是选择坦然面对所有障碍，找到合适的解决办法。阅读中，你能深刻感受到企业文化和作者作为一名采购总监的人性化管理。我很喜欢，也完全认同作者对数字化采购的见解——**"数字化的变革并不是简单的技术革新，而是涉及业务模式的变革和管理模式的创新"**，所以他做了组织架构的变革，就采购部门重组和 HR 做了协调，制订了员工能力培养计划和具体方法，体现了一个优秀的采购管理者在变革中该有的素质和战略思维能力，实现了对员工和企业双赢的价值创造。

作者用了三年时间，而不是一刀切地快速实现数字化，历时长了些，可是长期效果反而更好。过程中作者借用专家的能力补足自己的短板，让员工们也有充分的时间缓冲，从抗拒走向主动提升自我能力，这样的团队和管理文化才是一种优秀的、走得更远的学习文化。这些都是极具战略眼光和人性化的，希望能给变革中的企业进行人性化管理提供思路。人性化管理并不是慈善，而是长期性受益，是真正的员工、企业双赢的方案。

如果补充，我相信数字化采购只是一个起点，数字化供应链将会是下一步需要完善的。当然大家更加容易理解那更不只是简单的数字化流程、提高效率的工具而已，而是企业供应链相关流程，甚至是企业流程再造，过程中更会触碰相关职能人员能力、组织架构变革，甚至企业战略调整。

所以企业供应链数字化工作做好，很可能会借此促进企业核心竞争力提升，甚至是重塑。我相信采购与供应链人员将会发现他们不仅仅从节约成本走向了创造利润，更是在创造企业价值。

王梁燕

飞利浦前全球采购总监、采购与供应链独立讲师

[点评 7]

数字化转型的独特之处在于其核心并非某项单一技术，而是在于建立企业实现数字化战略的能力。

换言之，数字技术的力量在于企业如何集合应用这些技术来转变它们的业务和工作方式，这就是文中如何对数字化转型认知障碍进行突破的本质。在这个过程中，数字化转型的领导者和其他领导者不同的是，要想办法让数字化转型的文化成为其领导力的一部分。这既需要一个清晰且合理的数字化战略的规划，也需要领导人推动企业文化的认知边界拓展和升级。

处于数字化早期阶段的企业往往会将重点放在技术而不是战略层面，因此会将目标定位为提升效率和改善用户体验，而事实上真正重要的是将数字化转型战略作为一种文化放在战略之中，将企业转型的数字化日程明确出来，数字技术只是一种实现战略目标的手段而已。案例中所体现的正是这样一种数字化战略如何落地的路径，以及在这个过程中企业领导人关于采购数字化转型中所遇到问题的深入思考和

解决方案，非常有参考价值。

刘志毅
中国科学院杭州数字内容研究院研究员

讨论与思考

○ 你是否充分意识到数字化采购将会在未来成为一种趋势？

○ 如果企业考虑推行数字化采购，你需要做哪些准备？

参考文献

[1] 北京中交协物流人力资源培训中心. 采购与供应的组织环境 [M]. 北京：机械工业出版社，2015.

[2] 郭宝杰. 引入竞争机制 降低采购成本 [J]. 中国物资流通，1999（3）.

[3] 吴彩霞. 采购全过程的风险识别及防控措施分析 [J]. 现代商业，2012（36）.

[4] 孟春. 采购合同全生命周期管理浅析 [J]. 中国物流与采购，2016（6）.

如何专业做采购

书号	书名	作者	定价
978-7-111-49413-3	采购与供应链管理：一个实践者的角度（第2版）	刘宝红	59.00
978-7-111-48216-1	采购成本控制与供应商管理（第2版）	周云	59.00
978-7-111-51574-6	如何专业做采购	宫迅伟	49.00
978-7-111-54743-3	麦肯锡采购指南	【德】彼得·斯皮勒　尼古拉斯·赖内克　【美】德鲁·昂格曼　【西】亨里克·特谢拉	35.00
978-7-111-58520-6	中国好采购	宫迅伟 主编	49.00

华章经典 · 管理

ISBN	书名	价格	作者
978-7-111-59411-6	论领导力	50.00	（美）詹姆斯 G. 马奇 蒂里·韦尔
978-7-111-59308-9	自由竞争的未来	65.00	（美）C.K.普拉哈拉德 文卡特·拉马斯瓦米
978-7-111-41732-3	科学管理原理（珍藏版）	30.00	（美）弗雷德里克·泰勒
978-7-111-41814-6	权力与影响力（珍藏版）	39.00	（美）约翰 P. 科特
978-7-111-41878-8	管理行为（珍藏版）	59.00	（美）赫伯特 A. 西蒙
978-7-111-41900-6	彼得原理（珍藏版）	35.00	（美）劳伦斯·彼得 雷蒙德·赫尔
978-7-111-42280-8	工业管理与一般管理（珍藏版）	35.00	（法）亨利·法约尔
978-7-111-42276-1	经理人员的职能（珍藏版）	49.00	（美）切斯特 I.巴纳德
978-7-111-53046-6	转危为安	69.00	（美）W.爱德华·戴明
978-7-111-42247-1	马斯洛论管理（珍藏版）	50.00	（美）亚伯拉罕·马斯洛 德博拉 C. 斯蒂芬斯 加里·海尔
978-7-111-42275-4	Z理论（珍藏版）	40.00	（美）威廉 大内
978-7-111-45355-0	戴明的新经济观	39.00	（美）W. 爱德华·戴明
978-7-111-42277-8	决策是如何产生的（珍藏版）	40.00	（美）詹姆斯 G.马奇
978-7-111-52690-2	组织与管理	40.00	（美）切斯特·巴纳德
978-7-111-53285-9	工业文明的社会问题	40.00	（美）乔治·埃尔顿·梅奥
978-7-111-42263-1	组织（珍藏版）	45.00	（美）詹姆斯·马奇 赫伯特·西蒙